Les zones monétaires
d'Afrique de l'Ouest

Manga Fodé Touré

Les zones monétaires d'Afrique de l'Ouest

L'Harmattan

5-7, rue de l'Ecole-Polytechnique, 75005 Paris

http://www.harmattan.fr
diffusion.harmattan@wanadoo.fr
harmattan1@wanadoo.fr

ISBN : 978-2-343-04977-9
EAN : 9782343049779

« Une monnaie mal gérée et sujette à des dépréciations répétées, ne fera pas la fierté de la région, ni ne rendra les pays membres influents sur la scène mondiale. »

P. Masson & C. Portillo

Sommaire

Sigles et abréviations

ADF : Dickey Fuller Augmented
AGOA : African Growth and Opportunity Act
AMAO : Agence Monétaire de l'Afrique de l'Ouest
APC : Accord Préférentiel Commercial
APE : Accord Préférentiel Économique
BCAO : Banque Centrale de l'Afrique de l'Ouest
BCE : Banque Centrale Européenne
BCEAO : Banque Centrale des États de l'Afrique de l'Ouest
BDE : Test de Brown, Durbin et Evans
BDT : Bons du Trésor
BGCE : Banque Guinéenne du Commerce Extérieur
BND : Budget National de Développement
BNDA : Banque Nationale de Développement Agricole
BOG : Bank of Ghana
BRVM : Bourse Régionale des Valeurs Mobilières
CBN : Central Bank of Nigeria
CCAO : Chambre de Compensation de l'Afrique de l'Ouest
CEA : Commission Économique pour l'Afrique
CEDEAO : Communauté Économique des États de l'Afrique de l'Ouest
CFA : Communauté Financière de l'Afrique
CIMA : Conférence Interafricaine des Marchés d'Assurance
CNUCED : Conférence des Nations Unies pour le Commerce et le Développement
CPM/MPC : Comité de Politique Monétaire
CWN : Cukierman Webb Neypati
DPU : Dépenses Publiques
DW : Durbin Watson
EDW : Expanded Discount Windaw
EMP : Exchange Market Pressure
FEM : Foreign Exchange Market
FINEX : Financement Extérieur
FMT : Financement Monétaire du Trésor
FRF : Franc Français
GB : Guinée-Bissau
GHS : Ghana Cedi
GMT : Grilli Masciandaro Tabellini
GNF : Franc Guinéen
IADM : Initiative d'Annulation de la Dette Multinationale

IDE : Investissements Directs Étrangers
IFEM : Interbank Foreign Exchange Market
IMAO : Institut Monétaire de l'Afrique de l'Ouest
MCC : Mécanisme de Change de la CEDEAO
MCO : Moindres Carrés Ordinaires
MEF : Ministère de l'Économie et des Finances
NJP : Non Jeux de Ponzi
NTS : Nomenclature Tarifaire et Statistique
OHADA : Organisation pour l'harmonisation du droit des affaires en Afrique
OUV : Taux d'Ouverture (de l'économie)
PAS : Programme d'ajustement structurel
PCMC : Programme de critères macroéconomiques de convergence
PDC : Programme de développement commercial
PE : Prix des biens Échangeables
PIB : Produit intérieur brut
PNE : Prix des biens Non Échangeables
PNG : Position nette du gouvernement
PPA : Parité du pouvoir d'achat
PREF : Programme de réforme économique et financière
PRPC : Programme pour la réduction de la pauvreté et la croissance
PTE : Productivité
PVD : Pays en voie de développement
RCI : République de Côte d'Ivoire
SCR : Somme des carrés résiduels
TCER : Taux de change effectif réel
TCN : Taux de change nominal
TCR : Taux de change réel
TCRE : Taux de change réel externe
TCRI : Taux de change réel interne
TE : Termes de l'échange
TEC : Tarif extérieur commun
TEN : Taux d'escompte normal
TEP : Taux d'escompte préférentiel
TES : Taux d'escompte
TRM : Titre de régulation monétaire
TVA : Taxe sur la valeur ajoutée
UCAO : Unité de compte ouest-africaine
UEMOA : Union économique et monétaire ouest-africaine
UM : Union monétaire
UMOA : Union monétaire ouest-africaine
ZMAO : Zone monétaire d'Afrique de l'Ouest
ZMO : Zone monétaire optimale
ZMU : Zone monétaire unique

Résumé

L'Afrique de l'Ouest comprend deux zones monétaires distinctes : huit pays regroupés au sein de l'UEMOA avec pour monnaie commune le franc CFA en parité fixe avec l'euro, disposent d'une Banque Centrale la BCEAO depuis 1962. La seconde zone monétaire comporte six pays autour d'un projet de création de monnaie commune, la ZMAO. L'escudo du Cap-Vert est également arrimé à la monnaie européenne.

La présente étude repose sur un échantillon de six pays ou 98 % du PIB communautaire : la Côte d'Ivoire, le Mali et le Sénégal d'une part, le Ghana, la Guinée et le Nigeria d'autre part. Si les économies de l'UEMOA affichent une faible convergence macroéconomique et un niveau d'inflation tout autant faible, celles de la ZMAO avec un taux d'inflation plus fort ne convergent pas, sans doute en raison de la position dominante du Nigeria et sa forte dotation en facteurs.

La BCEAO, eu égard à son statut supranational, extériorise un niveau d'indépendance légale et économique satisfaisant, ce qui n'est pas le cas pour la BOG, la BCRG et la CBN qui ressortent une côte d'autonomie plutôt faible. Par ailleurs, l'application des critères de Mundel et Kenen sur les ZMO, révèle qu'une économie restreinte comme celle de la Guinée peut optimiser son taux de change nominal en optant pour la parité fixe, même si la parité mobile par rapport à l'euro et au dollar est une alternative. Aussi le TCER des pays de la CEDEAO est-il fortement influencé et de façon hétérogène, par les termes de l'échange, les dépenses publiques, le taux d'ouverture de l'économie, les IDE... Tandis que le niveau du mésalignement du change réel par rapport à sa valeur d'équilibre est plus prononcé en zone CFA (parité fixe) qu'en ZMAO (parité flexible).

Par ailleurs, la dévaluation du CFA en 1994, les fortes et fréquentes dévaluations et dépréciations du Naira et du Cedi... ont eu des effets importants sur les prix, les finances publiques, la balance commerciale, le taux de croissance... de ces économies.

Le commerce intracommunautaire n'excède pas 12 % du commerce international de la sous-région : est-ce un avantage ou un inconvénient à la création de la ZMU de la CEDEAO ? Les critères de convergence macroéconomique devraient à cet égard reposer simplement sur :

- La maîtrise de l'inflation,
- L'équilibre du TCER,
- Et le contrôle du taux d'endettement public.

En toute vraisemblance, pour réussir l'intégration monétaire à court et moyen termes, la CEDEAO doit adopter un système de parité fixe avec un ancrage international (euro) et en dehors du Nigeria (près de 60 % du PIB communautaire), mais avec lequel une coopération monétaire avancée doit être implémentée, le tout encadré de réelle discipline budgétaire et fiscale. Avec désormais deux Banques Centrales très indépendantes, la convergence des deux sous-ensembles de la CEDEAO devrait se réaliser à LT dans un environnement de change flexible avec les devises internationales comme l'euro, le dollar, le yen, le yuan…

INTRODUCTION GÉNÉRALE

L'Afrique de l'Ouest dispose de deux grands espaces économiques, une zone monétaire établie depuis 1962 qui regroupait alors six pays et huit aujourd'hui, ayant pour monnaie commune le franc CFA émis par une Banque Centrale régionale la BCEAO, qui comme l'escudo du Cap-Vert est rattaché avec une parité fixe à l'euro depuis 1999 et auparavant au franc français. La seconde zone monétaire, quant à elle, est composée fondamentalement de cinq pays auxquels il convient d'ajouter une adhésion récente, celle du Liberia et dont chaque État dispose de façon autonome de sa propre monnaie et de sa Banque Centrale. Mais ils ont en commun un projet de création de monnaie et de Banque Centrale communes. Le Cedi, le GNF, le Dalasi, le Naira, la Leone et le dollar libérien ne sont pas ancrés à une devise locale ou internationale, ils ont une parité flexible avec le CFA et les autres devises. Aussi faut-il mentionner le rapprochement de ces deux espaces dans le cadre de la création de la zone monétaire unique de la CEDEAO.

Quel que puisse être l'espace d'appartenance monétaire, les quinze pays de la CEDEAO sont des exportateurs de produits primaires agricoles (café, cacao, coton, oléagineux tropicaux, ananas...) et/ou miniers (pétrole, bauxite, fer, or, diamants...). On comprend aisément que ces pays demeurent très sensibles aux fluctuations des cours de ces produits sur le marché international, qui peuvent y engendrer des chocs macroéconomiques aux conséquences dévastatrices sur le niveau interne des prix, voire sur le taux de change nominal et réel. Ces instabilités ponctuelles ou structurelles peuvent être à la base d'obstacles à l'intégration économique ou monétaire.

La CEDEAO depuis sa création a eu le mérite d'administrer dans tous les États membres la libre circulation des biens et des personnes, le Tarif extérieur commun..., même si l'application est sporadiquement perfectible, elle a réussi à engager des échanges entre les parties pour la création de la monnaie commune.

Notre objectif consiste à analyser tout au long de cet ouvrage les forces et les faiblesses à la création d'une Banque Centrale commune aux quinze pays et d'une monnaie unique de la CEDEAO. À cet égard, il est utile de comprendre qu'en dépit de la similitude des économies, les écueils à la convergence macroéconomique dans la sous-région, au travers des modèles néoclassiques ou néo-keynésiens existent, tant en UEMOA que dans la seconde zone monétaire, en tant que condition *sine qua non* à la réalisation d'une zone monétaire optimale. Aussi qu'il s'agisse de la zone d'émission de la BCEAO ou de la ZMAO, nous objectivons d'appliquer le modèle de Solow pour déterminer l'état régulier dans chaque espace, afin de tirer les conclusions qui s'imposent, le tout à l'appui des méthodes économétriques qui reposent sur la convergence β et σ.

L'analyse des critères de convergence dans une zone et dans l'autre permet de cerner les stratégies d'intégration monétaire et leur respect par les États membres donne une idée précise de la vitesse de convergence macroéconomique considérée comme préalable à toute création de monnaie commune d'une part et comme assurance de stabilité d'une union monétaire déjà formée d'autre part. Dès lors notre but consistera à approfondir l'analyse des critères clés comme le niveau d'inflation, le solde budgétaire et son financement et les réserves de change des Banques Centrales.

L'analyse de l'inflation fera l'objet d'une revue au travers un modèle économétrique qui sera appliqué aux six pays qui constituent un échantillon bien représentatif de la CEDEAO à savoir le Ghana, la Guinée et le Nigeria ou près de 97 % du PIB de la ZMAO d'une part et d'autre part la Côte d'Ivoire, le Mali et le Sénégal ou plus de 2/3 des disponibilités monétaires et quasi monétaires de l'UEMOA (62 % du PIB en 2012). Ces pays contribuent à n'en pas douter pour 98 % des pondérations de l'Unité de compte ouest-africaine, toute chose qui en dit long sur la représentativité de l'échantillon. Dans cette explication de l'inflation, la masse monétaire, le taux de change et les anticipations sans omettre le solde budgétaire et la base monétaire seront au centre des variables exogènes.

Par ailleurs, les stratégies budgétaires et fiscales ne seront pas en reste dans le processus d'intégration monétaire de la CEDEAO. À cet effet, un aperçu sommaire sera fait sur la dette publique en Côte d'Ivoire et au Mali, mais aussi au Nigeria et la souténabilité de la dette publique guinéenne sera également examinée, afin de mieux comprendre la gestion de l'endettement des pays de la CEDEAO en rapport avec les jeux de Ponzi.

Par ailleurs, comme l'intégration monétaire repose sur un rôle prépondérant de la Banque Centrale, leur indépendance va pouvoir nous intéresser à plus d'un titre. Si les instruments de la politique monétaire de la BCEAO, de la BOG, de la CBN et de la BCRG sont comparables, pour influencer l'activité économique, à savoir les taux directeurs, les réserves obligatoires l'*open market* et la politique des changes, le degré de liberté accordé à chaque Banque Centrale peut faire la différence sur le plan de l'autonomie.

L'indépendance d'une Banque Centrale signifie que l'État dans sa diversité ne doit nullement se donner le pouvoir régalien d'interférer dans les décisions prises par la Banque Centrale dans l'exercice de sa mission.

En fait, après avoir présenté les structures des différentes Banques Centrales et constaté que toute autonomie repose sur quatre pieds, nous allons tenter de mesurer le degré d'autonomie de la BCEAO comme des trois autres Banques Centrales relativement à l'indépendance légale par l'indice GMT ou l'autonomie réelle par l'indice CWN et bâtir un modèle quantitatif pour mettre en exergue de façon objective le niveau d'autonomie des quatre Banques Centrales retenues de la CEDEAO.

De célèbres économistes qui ont travaillé sur la question, tels qu'A. Cukierman, Grilli *et al.*, Bade et Pakin, ont tenté de démontrer qu'une trop forte rotation des dirigeants, des changements fréquents de gouverneurs, conduisent à une faible indépendance de la Banque Centrale, alors que les Banques Centrales indépendantes produisent moins d'inflation, qu'en est-il pour les quatre instituts de la CEDEAO ?

La littérature économique atteste que les Banques Centrales d'Afrique de l'Ouest sont moins indépendantes que celles de l'Europe et de l'Amérique du Nord, cependant reconnaît-elle, que l'appartenance à une union monétaire et l'ancrage à une devise internationale du franc CFA, assurent à la BCEAO un niveau d'indépendance acceptable. Sera-t-il le cas de la BOG, de la BCRG ou de la CBN ? Ou faut-il davantage d'autonomie financière ou fiscale pour y parvenir ?

Il sera enfin judicieux d'établir une relation de cause à effet entre le degré d'indépendance d'une Banque Centrale et le niveau d'inflation en toute conformité avec la théorie économique pour la Côte d'Ivoire, le Mali et le Sénégal d'une part, le Ghana, la Guinée et le Nigeria d'autre part.

Par ailleurs, on est en droit de s'interroger dans le cadre de la politique des changes, si la pratique de parité fixe dans la zone d'émission de la BCEAO assure-t-elle plus d'indépendance à cette Banque Centrale que celle du change flexible adoptée par les trois autres instituts d'émission de la CEDEAO ?

Si le taux d'inflation occupe une place de choix dans la convergence macroéconomique pour l'intégration monétaire, la place du taux de change sous ses multiples facettes n'est pas des moindres. C'est pourquoi, après une analyse sommaire de l'évolution du taux de change nominal et réel inspirée de la parité du GNF par rapport à l'euro, un intérêt tout particulier sera accordé au mécanisme de change communautaire avec les ajustements cambiaires qu'il commande sur les différentes monnaies d'une sous-région marquée par la position dominante du Nigeria qui contrôle à lui seul, faut-il le rappeler, les 3/5 du produit réel de la communauté ouest-africaine et qu'en toute vraisemblance, quatre pays à savoir le Nigeria, le Ghana, la Côte d'Ivoire et le Sénégal vont totaliser ensemble près de 88 % du PIB de la CEDEAO. La Guinée, avec une moindre contribution au produit, constitue en soi un cas intéressant en ce sens que depuis 1960, elle a opté pour l'autonomie financière et qu'à ce titre, c'est le seul pays francophone à ne pas appartenir à l'UEMOA. Dans ces conditions, il devient intéressant d'en examiner le TCR et son évolution sur le dernier quart de siècle et de cerner quel est le régime de change optimal pour ce pays dans une application de la théorie des zones monétaires optimales qui stipule que *deux ou plusieurs pays ont intérêt à former une zone monétaire unique si et seulement si la mobilité des facteurs à l'intérieur de la zone qu'ils constituent en se réunissant est plus forte que celle qui apparait vis-à-vis de l'extérieur ?*

Dès lors, à partir de la théorie de R. Mundel (1973), des travaux de S. Black (1976), Kenen (1978)… sur les ZMO, le rattachement monétaire et la théorie de l'ancrage monétaire optimal, nous chercherons à déterminer le régime de change optimal pour la Guinée au travers une approche coût-avantage, stabilité du marché des changes, parité du pouvoir d'achat, la pression des marchés des changes, voire l'intensité de la variabilité réelle du taux de change… quel est alors le bon choix pour ce pays entre la parité fixe par rapport à une monnaie ou un panier de monnaies et/ou la parité flexible par rapport à une devise ou un panier de devises ?

Le choix définitif reposera sur les quatre déterminants suivants :

Le coût opératoire ;

Les avantages ;

Le gain relatif net ;

Et la stabilité combinée du marché des changes et de la variation réelle du taux de change.

Par ailleurs, la politique d'ancrage monétaire du franc CFA par rapport à la devise européenne va également retenir notre attention, en ce sens qu'il importe, dans la perspective de la création de la monnaie unique pour toute l'Afrique de l'Ouest, de connaitre les fondamentaux du TCER du franc CFA et quelle est l'influence des principaux déterminants sur celui-ci parmi les termes de l'échange, les dépenses publiques, le degré d'ouverture de l'économie, la productivité relative et les investissements directs étrangers ? Partant, quels sont les déterminants du TCER d'équilibre ? Pour pouvoir déterminer en tout temps et en tout lieu de l'Union, quel est le niveau de mésalignement du franc CFA et quelle influence le mésalignement de l'euro par rapport au dollar, peut avoir sur celui de TCER du franc CFA ?

Aussi de la même manière, convient-il de s'intéresser aux déterminants du taux de change des monnaies des pays de la ZMAO et leurs mésalignements par rapport au TCER d'équilibre du Cedi, du GNF et du Naira.

Enfin, comme ces économies productrices de matières premières subissent trop souvent des chocs asymétriques provenant des fluctuations des cours de ces produits, ils vont subir de nombreux ajustements cambiaires comme la dévaluation du CFA en 1994, celle du Naira en 1999 et du Cedi en 2007. Quelles sont les conséquences de ces mesures d'ordre monétaire sur l'économie réelle : l'inflation, le taux de croissance économique, la balance commerciale et l'emploi ?

Les dirigeants historiques africains ont senti, dès le lendemain des indépendances, la nécessité d'élargir l'espace économique pour accroître la demande effective, afin d'impulser une forte croissance économique et garantir une offre élevée et pérenne, nonobstant les difficultés d'asseoir un cadre de politique macroéconomique qui puisse améliorer le volume de l'emploi et réduire le chômage. Cet objectif d'intégration économique communautaire passe inéluctablement par l'intégration monétaire. Mais dans cette sous-région ouest-africaine, la fusion des instruments de la politique monétaire, l'harmonisation de la politique des agrégats monétaires et des taux d'intérêt, l'implémentation d'une politique de change commune, en d'autres termes l'intégration monétaire est d'une extrême complexité née tout d'abord de l'histoire coloniale de la sous-région qui comporte huit pays francophones, cinq anglophones et deux États lusophones ; cette différence culturelle est et demeure un véritable handicap à l'intégration monétaire. L'autre obstacle tient à l'existence de la BCEAO, institution bien structurée dotée d'une monnaie bien arrimée, dans un espace économique relativement intégré qui juxtapose un autre espace différent à bien des égards. La troisième complexité de cette intégration monétaire vient de la taille trop différente des économies, marquée par la position dominante du Nigeria... Enfin, la poussée du nationalisme exacerbé amène les dirigeants actuels à ne pas adopter de réelle volonté de changement pour accélérer la vitesse de convergence macroéconomique et asseoir rapidement la zone monétaire unique de la CEDEAO avec sa monnaie commune.

Comme les flux réels commandent les flux monétaires, un aperçu sur le commerce intracommunautaire s'impose : il convient alors d'analyser les principaux instruments de la politique commerciale de la CEDEAO tels que le TEC, les mesures de défense commerciale et de sauvegarde, ainsi que le schéma de libéralisation des échanges de la communauté, les accords préférentiels et les autres accords internationaux...

Comme ailleurs, le commerce de la CEDEAO est dominé par le Nigeria, la Côte d'Ivoire et le Ghana, mais demeure caractérisé par la faiblesse des volumes, l'absence de complémentarité, l'instabilité politique et la mauvaise gouvernance ainsi que l'importance des échanges informels. Toute chose qui se traduit par une faible part du commerce intracommunautaire dans le commerce global de la sous-région.

Au plan purement monétaire, il convient de constater une réelle similitude des instruments de la politique monétaire qui repose sur un rôle limité des taux d'intérêt dans les voies d'intégration tels que le taux de croissance économique, la mobilisation de l'épargne, le niveau de l'investissement... cet effet *King* tire son origine de la faiblesse des taux d'intérêt réel, voire de son niveau négatif par ailleurs. C'est sans doute la raison pour laquelle nombre de Banques Centrales reposent leur politique monétaire sur la combinaison des instruments directs comme les réserves obligatoires et indirects comme l'*open market* ou la politique des agrégats...

Par ailleurs, afin de mieux comprendre la problématique de la monnaie commune, il est nécessaire de passer en revue les théories dominantes comme : celle de la mobilité des facteurs de R. Mundel, du degré d'ouverture de J. Mckinon, celle du degré d'intégration des marchés financiers de Scitovsky, Ingram, enfin les critères actuels de convergence macroéconomique tels que la convergence des taux d'inflation, le degré d'intégration des politiques économiques, la stabilité des taux de change...

Il convient enfin de s'interroger sur la bonne stratégie à adopter pour réussir rapidement la création de la ZMU de la CEDEAO en sauvegardant les acquis de bien-être dans un espace comme dans l'autre, le tout dans un environnement de change dualiste.

À cet effet, nous allons examiner tour à tour :

La convergence macroéconomique dans la CEDEAO ;

L'indépendance des Banques Centrales d'Afrique de l'Ouest ;

Le taux de change optimal des monnaies de la communauté ;

Et l'intégration monétaire en Afrique de l'Ouest.

Avant de tenter d'apporter, dans une approche d'économie positive, une ébauche de conclusion à un problème dont la complexité dépasse le cadre de cet ouvrage qui se veut être une modeste contribution à la réflexion pour agrandir notre espace économique et favoriser un jour la circulation d'une monnaie unique dans les quinze pays de la CEDEAO.

Chapitre 1
Convergence macroéconomique dans la CEDEAO

De Dakar à Niamey et de Freetown à Lagos, l'Afrique-Occidentale cherche à promouvoir son unité, voire son intégration au travers la CEDEAO, qui faut-il le rappeler, comporte en son sein des divergences de toutes natures : linguistiques d'abord – l'anglais, le français et le portugais y sont pratiqués – démographiques – avec plus de 100 M d'habitants au Nigeria contre 400 000 au Cap-Vert – en dotation en facteurs – pétrole au Nigeria, RCI, Ghana... Or, diamants, bauxite en Guinée, RCI, Ghana, Sierra Leone en contraste avec des sous-sols peu dotés en certains pays de la sous-région. Monétaires – quand on sait que le CFA est la monnaie commune de 8 des 15 États de l'espace, alors que les 7 autres pays disposent d'une monnaie nationale et d'un projet de seconde zone monétaire pour 6 d'entre eux.

Pourtant indépendamment de ces différences, une volonté politique s'est exprimée depuis mai 1975 à Lagos par la création de la CEDEAO, qui depuis a enregistré, à n'en pas douter, des progrès évidents notamment au niveau de la libre circulation des biens et des personnes, du financement des projets communautaires, du pouvoir législatif... même si en d'autres domaines des résultats se font attendre ; c'est précisément le cas au niveau monétaire car les deux grands espaces ont beaucoup de mal à s'intégrer par la création d'une monnaie commune pour tout l'espace économique ouest-africain.

On peut cependant comprendre que les pays de l'UEMOA depuis la création de l'euro aient besoin davantage de discipline budgétaire et monétaire en vue d'une maîtrise de l'inflation dans la zone d'émission de la BCEAO pour préserver l'ancrage du franc CFA à la devise européenne, et qu'à cet égard, tous les États membres se doivent de respecter des critères de convergence macroéconomique, afin d'améliorer la performance des économies qui avant tout sont productrices de biens primaires agricoles ou miniers, avec un tissu industriel faible, une agriculture de subsistance peu productive et des services de moindre qualité. Pour nombre d'observateurs, le franc CFA est un facteur de stabilité économique et sociale, pour d'autres par contre, c'est un instrument pour asseoir la domination de la France sur ses anciennes colonies, qui du coup manquent totalement d'autonomie de gestion d'une monnaie nationale source de grande fierté.

Le second espace éprouve encore davantage de difficultés pour respecter les critères de convergence macroéconomique, du fait d'un manque évident de discipline budgétaire en rapport avec le niveau bas d'indépendance des Banques Centrales des pays de la seconde zone monétaire (ZMAO). Or, la création d'une Banque Centrale commune et indépendante, qui va prodiguer des avantages incontestables liés à la baisse des coûts du seigneuriage pour chaque État, conditionne des règles de gestion de la monnaie commune, qui comme chacun le sait, ne sera pas arrimée à une devise forte comme il en est du franc CFA.

Notre objectif consiste à passer en revue les différents critères de convergence tant de l'UEMOA que de la ZMAO, avant d'analyser le niveau de performance des différentes économies en vue de cerner les faiblesses à corriger et les forces à préserver pour parvenir à MT à une intégration monétaire des deux espaces économiques.

Toutefois, il convient de noter que le Liberia qui vient d'adhérer au ZMAO ne fait pas partie du champ d'application de cette analyse sommaire, encore moins le Cap-Vert dont l'ancrage de la monnaie à l'euro par le biais de l'escudo portugais, constitue en miniature une zone plutôt semblable à celle de l'UEMOA.

Il apparaît tout à fait clair que dans la seconde zone monétaire, les divergences peuvent être de taille, car elle est constituée des anciens pays de la WACB – anglophones – qui disposaient d'une Banque Centrale commune avant les indépendances et la Guinée – francophone – qui a quitté la zone CFA en 1960 et qui du reste est très peu intégrée aux économies des quatre autres pays de la ZMAO.

Mais qu'en est-il de la théorie de la convergence macroéconomique ?

1) Approche théorique de la convergence macroéconomique

La convergence économique est au centre du débat dans les pays en développement ; de nombreux travaux empiriques ont enrichi ce débat fécond, même si les fondements théoriques reposent d'une part sur les travaux des modèles de croissance économique des auteurs néoclassiques tels que Solow, Meade et Swan et d'autre part sur la convergence β, la convergence σ, voire la co-intégration des variables…

1.1) Le modèle néoclassique de croissance et la convergence : Solow

L'analyse néoclassique repose sur une fonction de production à facteurs substituables et non complémentaires comme c'est le cas chez les néokeynésien (modèle de Harod-Domar). En croissance équilibrée de plein-emploi, il y a la vérification de l'égalité s/v = n en d'autres termes…

Le modèle de Solow est souvent mis en œuvre dans la théorie de la convergence (1956). Il repose sur une fonction de production à rendements d'échelle constants mais avec des rendements marginaux décroissants. Dans ce modèle néoclassique, le capital par tête est considéré comme unique variable, tandis que le taux d'épargne, les taux de dépréciation du capital, voire de croissance démographique sont constants.

L'équation de base du modèle est une équation différentielle du type :

$$\mathbf{(dk/dt)/k = sf(k) - nk \text{ ou } k' + nk = f(k)}$$

Avec **k** : le capital par tête,
s : taux d'épargne,
n : taux de croissance naturel.

Graphique 1
Modèle néoclassique de la convergence

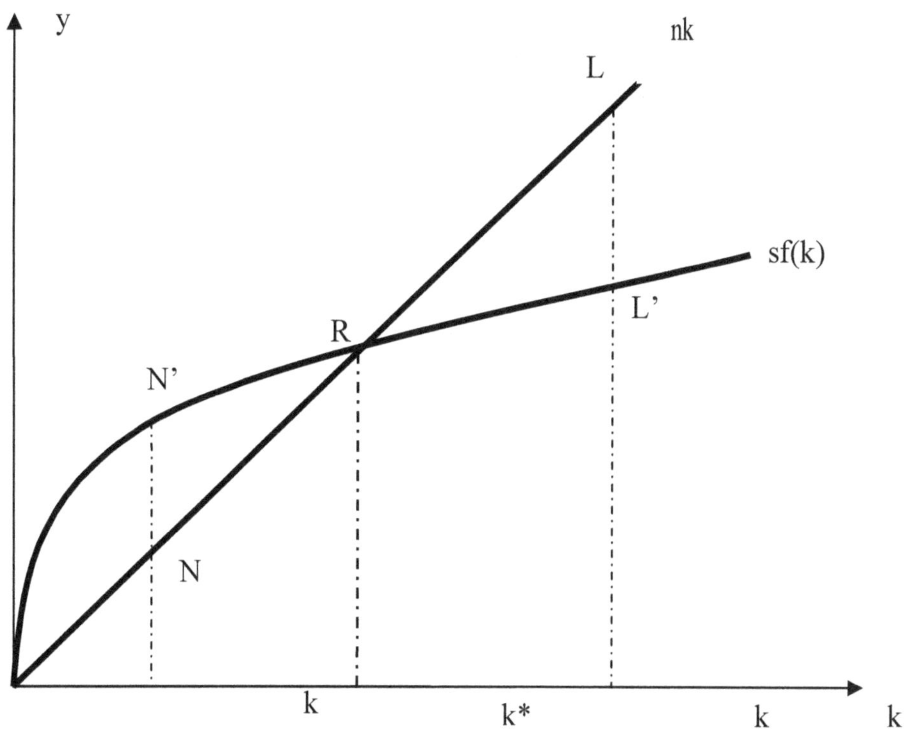

Ce modèle de Solow a toute son importance dans les pays en développement tels que ceux de la CEDEAO, les facteurs capital et travail sont substituables dans un cadre à LT où les comportements d'épargne sont sans effet sur le rythme de la croissance économique. La représentation graphique ci-dessus illustre qu'il existe un point R appelé état régulier, unique, auquel l'économie tend nécessairement, cet équilibre reflète un niveau de capital « *per capita* » k*.

En somme, si l'économie affiche un niveau de capital par habitant inférieur à k*, il y aura un emballement qui tendra à atteindre l'état régulier de l'économie R. Il en sera de même lorsque l'économie est sur un sentier où le capital par tête est supérieur à k*. Solow tire la conclusion que partant d'un niveau initial quelconque, toute économie tend nécessairement vers un état régulier qui est unique, eu égard à la concavité de la fonction de production adoptée par les économistes néoclassiques.

1.2) La théorie de la β-convergence

Le concept de β-convergence est très répandu dans la littérature économique récente, il exprime le rapprochement des niveaux de développement entre deux ou un groupe de pays en termes de taux de croissance et du revenu par habitant. Cette convergence est caractérisée par une relation négative entre le niveau initial du produit par habitant et le taux de croissance économique à LT. Ainsi β mesure la vitesse de convergence. Cependant, si les valeurs de l'état régulier sont égales pour toutes les économies ou en d'autres termes, si les βi pays ont le même état régulier, partant d'une situation initiale (Yo), tout pays devrait converger vers l'état régulier soit par le bas pour les pays moins avancés, qui afficheront une croissance économique plus élevée, soit par le haut pour les pays avancés qui ont déjà dépassé l'état régulier et qui connaîtront une régression d'autant plus rapide qu'ils sont riches.

Le modèle de Barro, Salai et Martin (1990), relatif à la β-convergence se présente de la façon suivante :

$$\mathbf{ln(Yit/Yit\text{-}1) = a - (1\text{-}\ e^{-}\ \beta)*ln(Yit) + u}$$

Avec Yit : PIB/habitant du pays i, à la date t,

a : coefficient constant de régression qui intègre la valeur à estimer,

β : la vitesse de rattrapage,

u : le terme erreur.

Dans un contexte de convergence, une valeur élevée de β est souhaitée, car plus elle est grande, plus la convergence est rapide.

La **β-convergence inconditionnelle** met en évidence une relation entre le rythme de croissance du PIB par tête et le niveau de base de celui-ci. L'hypothèse de convergence n'est valable que si le coefficient qui relie les deux variables est significativement négatif. La croissance est d'autant plus soutenue que le pays est moins avancé en début de période. Une application de cette théorie sur les économies des pays de la CEDEAO sera l'occasion d'en examiner la portée sur un échantillon hétérogène, car les estimations économétriques semblent confirmer que cette théorie n'est valable que pour les pays développés.

La **β-convergence conditionnelle,** quant à elle, considère que la relation n'est pertinente qu'à condition d'introduire d'autres variables complémentaires tels que le taux d'investissement, les ressources humaines, le volume de la population active... auxquels s'ajoute le PIB/tête initial, de telle sorte que l'influence du revenu initial devienne effectivement négative, toute chose conforme avec la thèse du rattrapage. L'implémentation d'une politique économique appropriée peut jouer un rôle important à condition que ses cibles privilégient les stratégies de la convergence économique. Plusieurs variables peuvent exercer un effet significatif sur le processus de rattrapage, il s'agit notamment des dépenses publiques, des recettes fiscales, de la politique monétaire, voire des perturbations conjoncturelles, du degré d'ouverture commerciale, du régime politique...

1.3) La théorie de la σ-convergence

La σ-convergence est l'un des premiers instruments de la mesure du rapprochement macroéconomique au travers la dispersion ou l'écart-type du logarithme du revenu par tête d'un groupe de pays ; celui-ci doit baisser sur la période cible dans un environnement homogène.

La σ-convergence est donc l'évolution temporelle d'un indicateur macroéconomique de dispersion qui décrit la répartition du PIB/tête d'un ensemble de pays. Ainsi, la baisse de l'écart-type entre deux dates retenues confirmera l'hypothèse de convergence. La théorie du rattrapage et de la marche de l'économie vers un état régulier unique de Solow à partir des situations initiales, est observée dans les pays industriels. Il nous appartient de mettre en évidence si cette hypothèse est vérifiée dans les pays de l'UEMOA comme dans ceux de la ZMAO, qui au départ marquent une différence des dotations en facteurs, des politiques économiques antérieures, voire du niveau de développement, en somme l'écart entre le produit doit demeurer la seule originalité, en ce sens que tous les autres paramètres macroéconomiques sont comparables.

Un accroissement de l'écart-type signifie une divergence des économies qui s'explique par une différence significative entre le rythme d'évolution du revenu par habitant et doit se traduire par une refonte et une harmonisation des politiques économiques, toute chose qui passe par la mise en œuvre des critères macroéconomiques dont le respect sera de nature à placer les économies sur un sentier de convergence vers un *stady state*.

2) Les critères de convergence macroéconomiques de l'UEMOA

Le passage à la monnaie unique et la création de la BCE ne sont pas restés sans influence sur les pays de la Zone Franc en général et sur ceux de l'UEMOA en particulier, car le rattachement du franc CFA à l'euro nécessite une performance des économies qui conditionne une discipline budgétaire, fiscale et monétaire et qui débouche dès 1999 sur un pacte de surveillance multilatérale et plus tard de convergence, de stabilité, de croissance et de solidarité entre les pays de la zone d'émission de la BCEAO.

Selon les rapports de la Zone Franc, ce pacte de convergence et de stabilité comprend deux phases :

- **Une phase de convergence 2000-2002 :** au cours de cette période de trente-six mois, les États membres devaient se rapprocher progressivement des normes communautaires.
- **Une phase de stabilité 2003 :** elle devrait débuter en janvier 2003, pour des raisons d'harmonisation des politiques économiques au sein de l'Union, elle a été repoussée au 1er janvier 2006 et à cette date, tous les États membres devraient respecter l'ensemble des critères de convergence, afin de garantir et consolider les performances acquises. L'amélioration continue, des critères de convergence n'est plus imposée, mais plutôt souhaitée.

Les critères du pacte de convergence, de stabilité, de croissance et de solidarité de l'UEMOA se présentent de la façon suivante :

2.1) Critères de premier rang

1. Le solde budgétaire de base rapporté au PIB nominal doit être supérieur ou égal à 0 % (critère clé).
2. L'inflation est maintenue à moins de 3 % par an.
3. L'État n'accumule pas d'arriérés de paiement intérieurs, ni extérieurs sur la gestion de la période courante. Les États doivent éliminer les stocks d'arriérés existants.
4. L'encours de la dette intérieure et extérieure rapporté au PIB nominal n'excède pas 70 % en 2002.

2.2) Critères de second rang

Quatre autres critères de second ordre sont venus compléter ce panel en vue de rendre ces économies plutôt productrices de biens primaires, plus performantes, à savoir :

1. La masse salariale n'excède pas 35 % des recettes fiscales.
2. Les investissements publics financés sur ressources internes atteignent au moins 20 % des recettes fiscales en 2002.

3. Le déficit extérieur courant, hors dons, rapporté au PIB nominal, n'excède pas 5 % en 2002.
4. Les recettes fiscales sont supérieures ou égales à 17 % du PIB nominal en 2002.

L'ensemble de ces critères de convergence repose sur la performance des finances publiques et vise à une meilleure maîtrise du déficit budgétaire, de l'endettement public et de la masse salariale, qui constituent les principaux vecteurs et canaux de transmission des dépenses publiques sur le niveau des prix des biens et services, sources de tensions inflationnistes. Le premier critère a pour fondement le solde budgétaire de base qui permet de mesurer la capacité d'un État à couvrir par ses ressources propres, l'ensemble de ses dépenses courantes y compris les charges en intérêt et ses dépenses d'investissement. L'expression d'un critère sur l'encours de la dette publique relative au PIB est de nature à administrer un meilleur suivi dans tous les États et permet d'analyser avec pertinence la soutenabilité de l'endettement de chaque État membre comme de l'ensemble de l'Union.

Ces critères de convergence macroéconomique de l'UEMOA, sont fortement inspirés de ceux du traité de Maastricht qui fixaient des conditions économiques préalables à la création de la BCE et à l'introduction de l'euro.

Il convient de préciser par ailleurs que chaque pays membre a proposé lui-même les étapes qu'il a implémentées au cours de la phase de convergence, en définissant un programme triennal qui a été soumis au Conseil des ministres de l'Union pour validation et qui est assorti d'objectifs intermédiaires annuels.

Ainsi, en plus du critère clé, trois autres critères sont élaborés comme étant de premier rang, chaque État qui ne respecte pas un des critères doit élaborer en rapport avec la commission, un programme de mesures correctrices dans un délai d'un mois. Au cours des deux phases (de convergence et de stabilité), toute dégradation d'un critère de premier ordre a nécessité l'implémentation de mesures rectificatives.

2.3) Critères de surveillance multilatérale

Par ailleurs, en 1999 alors que l'Europe adoptait une monnaie commune pour onze États, les membres de l'UEMOA élaboraient cinq critères de surveillance multilatérale qu'il convient de décliner de la manière suivante :

1. **Le solde primaire de base ne dépasse pas 15 % des recettes fiscales.**
2. **L'inflation est maintenue à moins de 3 % sur l'année.**
3. **L'État n'accumule pas d'arriérés de paiement intérieurs et extérieurs et réduit les stocks d'arriérés existants.**
4. **La masse salariale n'excède pas 40 % des recettes fiscales.**
5. **Les investissements financés sur ressources internes dépassent 20 % des recettes fiscales.**

L'un des objectifs fondamentaux du traité de l'UEMOA, vise à assurer une convergence des politiques macroéconomiques des États membres dans le cadre d'une surveillance multilatérale et d'un pacte de convergence et de stabilité qui aboutit aux résultats suivants :

- En 2000, la conjoncture économique au sein de l'Union est marquée par une récession induite par une baisse des cours mondiaux des produits primaires exportés : café, cacao, coton, oléagineux tropicaux... En somme, les produits primaires exportés par ces pays, marqués aussi par la hausse du prix du pétrole, toute chose qui affecte négativement l'activité économique qui affiche en conséquence une croissance de 0,2 % et un taux d'inflation qui n'excède pas 1,8 %. Cette situation macroéconomique peu propice, a engendré une faible convergence des économies de l'Union, car aucun État n'a pu satisfaire à l'ensemble des critères ; par contre, deux pays ont assuré le respect du critère clé relatif au solde budgétaire.

Par ailleurs, sept États sur huit n'ont pas respecté la norme communautaire relative au taux d'endettement de 70 % du PIB nominal au maximum, alors que trois autres continuent d'accumuler des arriérés importants. Grâce à la politique monétaire prudente de la BCEAO, le taux d'inflation a été contenu dans la norme communautaire de 3 % dans six pays, à mesure que les tensions sociales qui ont sévi dans certains espaces, cinq États n'ont pu observer le ratio communautaire de la masse salariale.

- En 2001, l'activité économique a été plus soutenue et l'Union a enregistré un taux de croissance économique de 3,6 %. Cette reprise économique s'explique par un flux d'investissement plus important dans l'UEMOA, en raison d'un climat sociopolitique plus favorable. Toutefois, la convergence macroéconomique a été mitigée, car là encore, aucun pays n'a pu observer la totalité des huit critères et de surcroît, nul n'a pu se conformer aux quatre indicateurs macroéconomiques de base.

Selon le rapport de la BCEAO sur la convergence au sein de l'Union, en 2002, et après neutralisation de la crise sociopolitique en RCI, les estimations de la Banque Centrale font état d'un taux de croissance de 3,4 % du produit réel, d'un taux d'inflation annuel moyen de 2,8 % pour toute l'Union. Le solde budgétaire global y compris les dons s'est dégradé de CFA 115,5 Mds pour atteindre CFA 393 Mds, les dépenses d'investissement s'accroissent de 40 % consécutivement aux arbitrages budgétaires...

En somme, *le rythme de convergence s'est ralenti dans les États de l'Union. Il apparaît ainsi qu'au cours de la période 2000-2002, la convergence macroéconomique des États membres de l'Union a été globalement insuffisante pour assurer le passage à la phase de stabilité initialement prévue pour 2003.*

2.4) Convergence σ et β en UEMOA

L'application de la convergence σ sur l'ensemble des États de l'Union au travers l'écart-type du logarithme népérien du revenu moyen par habitant lissé par la méthode des moyennes mobiles d'amplitude 3, débouche sur un constat fort intéressant :

Graphique 2

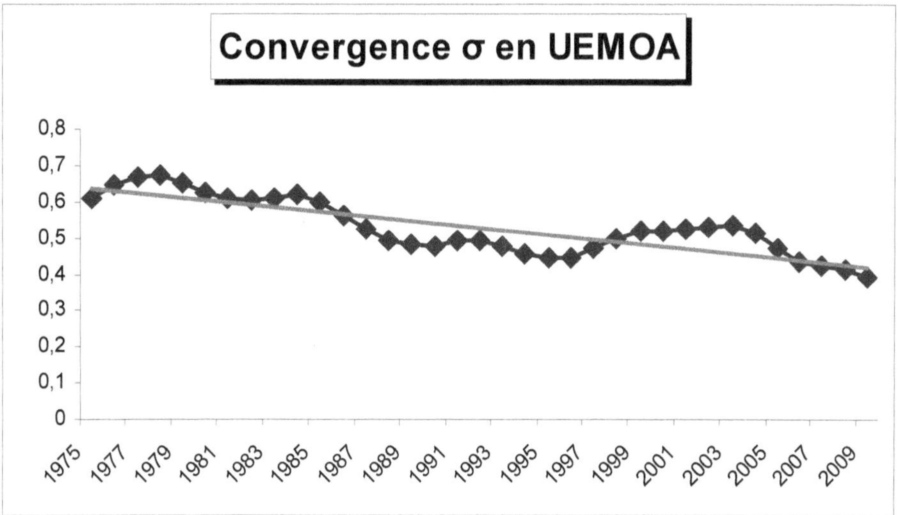

Ainsi de 1975 à 2009, on peut distinguer clairement quatre phases d'évolution du revenu qui s'inscrivent globalement dans une tendance de convergence macroéconomique :

2.4.1)La première phase débute en **1975** pour s'estomper en **1984**, elle correspond plutôt à une divergence des économies de l'UEMOA, cernée à partir du revenu moyen par habitant qui démarre à environ CFA 60 000 pour atteindre CFA 138 000 en fin de sous-période. En toute vraisemblance, ces économies ont été négativement impactées par les chocs pétroliers et leurs conséquences sur les prix des biens et services qui ont négativement affecté les pouvoirs d'achat des économiquement faibles. En somme, avant le premier choc pétrolier de 1973-74, les taux d'inflation ont été relativement faibles, le taux moyen de l'Union déterminé sur un échantillon représentatif de cinq pays n'a guère excédé 6,63 % en 1970, à la suite du choc externe lié au quadruple du cours du baril d'or noir, l'inflation a beaucoup augmenté, marquant une moyenne annuelle de 18,33 % en 1975, et 11,17 % en 1980 avec le second choc pétrolier, avant de fléchir à 6,20 % en 1985 ; le revenu par habitant a suivi un *trend* inverse.

Toutefois, l'inflation sur la période est restée faible au Niger (5,37 %), rampante au Faso et au Togo (10,50 % et 10,20 % respectivement) et forte au Sénégal (14,03 %) et en Côte d'Ivoire (13,10 %).

2.4.2) La seconde phase (1984-1996) reflète une phase de véritable convergence macroéconomique à s'en tenir à la théorie σ. En effet, l'écart-type du logarithme népérien du PIB par habitant passe ainsi de 0,63 à 0,44 alors que le revenu moyen par habitant s'accroît de 4,7 % par an pour atteindre CFA 214 000 en 1996 au lieu de CFA 138 000 en 1984. En toute vraisemblance, l'environnement macroéconomique a été propice pour les États de l'Union sans doute en raison de l'harmonisation des stratégies budgétaires et fiscales, voire de l'ajustement cambiaire intervenu en 1994, qui, quand bien même aurait engendré une forte inflation, n'aura pas impacté le revenu nominal des soixante-trois millions d'habitants de la zone. Par ailleurs, l'environnement international aura été favorable, car à mesure que les cours mondiaux du café, cacao, coton… n'ont pas reculé, ceux du pétrole ont été stables et ont même baissé sur la sous-période.

2.4.3) La troisième phase (1996-2003) : À mesure que le revenu moyen par habitant progresse pour arriver à 271 000 CFA en 2003, la disparité s'installe et conduit les économies à une divergence qui tire son origine des crises sociopolitiques en RCI et leur impact sur le revenu des États de l'Union. En effet, le taux de croissance annuel du PIB par habitant recule de 3,8 %, essentiellement attribuable au ralentissement de la croissance économique au sein de l'Union.

2.4.4) La quatrième phase (2003-2009) : Au cours de cette période, l'UEMOA se remet sur un sentier d'expansion du revenu par tête avec une réduction de la disparité, car le logarithme du PIB par habitant passe de 0,54 en 2003 pour atteindre 0,39 en 2009. Ainsi la dégradation de l'environnement international, provoquée par la crise financière, n'aura pas significativement affecté les économies de l'Union qui ont réussi à asseoir une véritable convergence macroéconomique durant ces six dernières années au cours desquelles le revenu a progressé en moyenne de 4,7 % pour chaque habitant de la zone d'émission de la BCEAO.

En somme, au cours des trente-cinq dernières années, les économies de l'UEMOA ont pu converger globalement comme l'atteste la pente de la tendance du logarithme du PIB par tête ; il est incontestable que des phases de convergence et de divergence se sont succédées selon que la conjoncture économique, sociopolitique est favorable ou peu propice à une intégration sous-régionale.

La β-convergence met en évidence le rapprochement des niveaux de développement au travers le taux de croissance du PIB par habitant, elle est caractérisée par une relation négative du modèle autorégressif de ce revenu par habitant.

L'équation de base de la β-convergence peut s'estimer par une régression économétrique de la façon suivante :

$$\mathbf{Ln(Yt) = a + b\ Ln(Yt\text{-}1) + \mu}$$

La valeur de a proposée par SOLOW est telle que :

$$\mathbf{a = g + (1\text{-}\ e^{-}\beta).\ [Ln(Yt^{*}) + g.(t\text{-}1)]}$$

g désigne le taux de croissance de Y ;

β mesure la vitesse de convergence par laquelle le produit réel d'un pays tend vers la valeur de l'État régulier Y* ;

$b = e^{-}\beta$ et g = 0 dans l'hypothèse d'un état régulier.

Ainsi une régression économétrique appliquée sur l'ensemble des États de l'Union de 1975 à 2009, soit sur les 35 dernières années, donne les résultats ci-après :

Régression 1
Le PIB/habitant en UEMOA

$$\mathbf{LnPIBH^{*}(t) = 0{,}707 + 0{,}945Ln\ PIBH(t\text{-}1)}$$
$$\mathbf{(t)\qquad (2{,}58)\qquad (41{,}55)}$$

$\bar{R}^2$ = 0,98	**DW = 1, 47**
s = 0,06	**moy(LnPIBH) = 12,07**
F = 1726,36	**N = 267**

L'analyse économétrique infère que le modèle explique 98 % de la réalité à s'en tenir à la valeur élevée du coefficient de détermination corrigé, la représentation est globalement performante eu égard à la valeur très élevée de la statistique du Fisher-Snedecor, les coefficients de régression sont significatifs au seuil de 1 %, les erreurs ne sont pas autocorrélées au regard du niveau de la statistique du DW. [1]

Comme β = - Ln (b), on tire de ce qui précède que **β = -Ln(0,945) = 0,056 soit 5,6 %.**

[1] Par ailleurs, la distribution avec une valeur de 0,198 du Skewness présente un biais positif ou une asymétrie à droite, somme toute, un indicateur de non-linéarité de la régression. Le Kurtosis donne une valeur de 3,391 qui indique une distribution légèrement plus haute que celle de la loi normale (leptokuritique). Cependant, la valeur du Jarque Bera, faible, soit 0,438, atteste de la normalité de la distribution.
Enfin, les probabilités des statistiques de Ramsey ressortent à 11,64 % et 8,74 % augurent d'une bonne spécification du modèle, tandis que les paramètres de la régression sont structurellement stables au seuil de 5 %, la courbe s'inscrivant parfaitement dans le corridor de stabilité.

Par ailleurs, **Ln PIBH* = 12,113 soit PIBH* = 182. 260 CFA soit environ 277,45 € ou 395 $.**

En somme, on retiendra que la vitesse de convergence β ressort sur cette période à 5,6 % pour un état régulier de CFA 182 260 ou $395. En d'autres termes, le niveau faible de l'État régulier montre que ces économies sont à faibles revenus, car le PIB par habitant est à peine supérieur à 1$ par jour, et convergent lentement, car protégées par l'ancrage de leur monnaie, le franc CFA lié par une parité fixe à l'euro et qui aura bénéficié d'une forte appréciation de ce dernier par rapport au dollar, toute chose qui a accru substantiellement ce revenu exprimé dans la monnaie américaine.

Le Pr M. Kassé dans une étude similaire sur un échantillon allant de 1960 à 1998 note :

Les petits pays comme ceux de l'UEMOA peuvent être considérés comme relativement stables et les simulations constatées dans le comportement des différentes économies nous rapprochent de la situation envisagée par BARRO et SALA-I-MARTIN... il débouche sur un résultat de : Ln(Yt) = 1,179 + 0,799 Ln(Yt-1) pour aboutir sur une valeur de β = 22,4% et un état Régulier de Y = 356$.*[2]

Il ressort que le PIB par tête exprimé en dollar a progressé à 395 $, mais la vitesse de convergence s'est beaucoup réduite, en somme, elle a été divisée par quatre sur la période 1975-2009 par rapport à la période 1960-1998. Il est vrai que l'espace de l'Union s'est agrandi avec l'adhésion de la Guinée-Bissau en 1998 ; la dévaluation du franc CFA survenue en 1994, voire la création de la monnaie unique européenne en 1999, ont eu une influence significative sur l'environnement économique et monétaire de l'Union. Par ailleurs, le revenu moyen par habitant (CFA 187 500) est certes supérieur à celui de l'état régulier (CFA 182 260), mais en demeure très proche, conformément à l'approche néoclassique, de la croissance équilibrée, il est tout à fait normal que la vitesse de convergence soit faible.

*

* *

La convergence macroéconomique au sein de l'UEMOA a fait l'objet de plusieurs reports par les autorités de la zone en raison du non-respect des critères fondamentaux par les États membres. C'est ainsi que l'échéance fut portée au 31 décembre 2005 sans succès, puis en 2008 et pour les mêmes raisons reportées en 2009, avant de s'accorder sur une échéance finale fixée en 2013 pour la mise en œuvre de la phase de stabilité.

---

[2] M. Kassé, in *Intégration et partenariat en Afrique de l'UEMOA au NEPAD,* pages 124 et 125.

Il convient de noter toutefois que la RCI et la G-B n'ont pu atteindre aucun critère primaire en 2008, par contre, le progrès a été remarquable l'année d'après avec le Mali qui réalise la totalité des critères de base, cinq autres États en respectaient les ¾, tandis que le Niger et le Togo n'ont pu faire que la moitié du chemin.

Au cours des quatre dernières années, s'il est incontestable que les États de la zone d'émission de la BCEAO n'ont pu réaliser qu'un taux de croissance économique moyen de 3,2 % soit largement en deçà de la moyenne du continent, ils ont fait montre d'une grande maîtrise de l'inflation si bien que hormis le Niger, tous les pays membres sont restés à l'intérieur du repère de 3 %. Le critère clé de solde budgétaire nul ou positif, synonyme d'une rigueur budgétaire à toute épreuve, a été atteint par quatre États sur huit, par contre, les deux critères relatifs à l'endettement public en dépit d'une situation de crise économique et financière, ont été tenus par six États, seuls la Guinée-Bissau et le Togo sont restés en marge.

Comme les huit pays sont déjà dans une union monétaire, le fondement de la convergence de l'UEMOA repose sur la coordination des stratégies budgétaires et fiscales d'une part et d'autre part, sur la maîtrise de l'inflation, toutes choses qui doivent faire l'objet de nos analyses ultérieures, après évidemment celles de la convergence en ZMAO.

*

* *

3) Convergence en ZMAO

Les premiers critères de convergence macroéconomiques de la seconde zone monétaire de la CEDEAO ont été implémentés en 1996, alors que la plupart des États de la future union monétaire étaient en programme d'ajustement structurel avec le FMI. Le préalable à la création de cette union monétaire doit passer par l'amélioration de l'environnement macroéconomique et le renforcement de la croissance et du développement en vue d'asseoir une convergence des différentes économies de l'Afrique de l'Ouest en dehors de l'UEMOA et du Cap-Vert.

Les quatre premiers critères mis en œuvre par la ZMAO étaient particulièrement contraignants :

- **La variation du taux de change ne doit pas excéder 10 % par rapport au dollar à fin 1998 et 5 % seulement par la suite.**
- **Le déficit budgétaire est plafonné à 5 % du PIB.**

- **Le financement du déficit budgétaire par la Banque Centrale est plafonné à 10 % des recettes fiscales de l'année précédente.**
- **Et l'inflation devrait être maintenue à un chiffre.**

Au terme de deux exercices budgétaires, le comité ad hoc de suivi de la création de la zone monétaire unique de l'Afrique de l'Ouest à l'horizon 2000, n'a pas trouvé les critères suffisamment pertinents et ses travaux suivants ont recommandé une remise en cause de ses premiers critères jugés insuffisants pour assurer la création d'une union économique et monétaire crédible à l'horizon 1999, date à laquelle une nouvelle gamme de critères de convergence macroéconomiques va être adoptée.

En conséquence, les critères primaires ont été réadaptés de la façon suivante :

- **Maintenir un taux d'inflation maximum de 5 % ;**
- **Réduire le déficit budgétaire (hors dons) par rapport au PIB à au plus 4 % ;**
- **Respecter la limite maximale de 10 % des recettes fiscales de l'année précédente pour le financement du déficit budgétaire par la Banque Centrale ;**
- **Maintenir un niveau des réserves de change couvrant au moins trois mois d'importations.**

Comme on peut le constater, le critère relatif à la variabilité du taux de change disparaît du champ des critères primaires pour devenir un des objectifs secondaires du pacte de convergence de la ZMAO et apparaît en lieu et place un critère sur le niveau requis des réserves de change, tandis que le niveau d'inflation, quand bien même demeure à un chiffre, ne doit pas excéder un maximum de 5 %, le PCMC opte ainsi pour une inflation modérée ; par ailleurs, le critère de déficit budgétaire semble doublement se durcir, la notion de solde budgétaire repose désormais sur le solde primaire au lieu du solde de base excluant les dons et les fonds de contreparties, qui comme chacun le sait, tiennent une place de choix dans les ressources budgétaires de nos pays d'une part, et d'autre part, la valeur du ratio passe de 5 % à 4 %.

Des critères de second rang ont été également élaborés en vue de la stabilisation de l'environnement macroéconomique des cinq pays candidats à la création de la seconde union monétaire ; les six critères secondaires sont les suivants :

- **Maintenir le taux d'intérêt réel positif ;**
- **Ne pas accumuler de nouveaux arriérés de paiement intérieur et apurer les anciens :**
- **Atteindre une pression fiscale d'au moins 20 % ;**
- **Maintenir le ratio masse salariale sur recettes fiscales à au plus 35 % ;**
- **Élever les investissements publics financés sur ressources intérieures à au moins 20 % des recettes fiscales ;**

- **S'assurer que le taux de change évolue dans une bande de fluctuations de plus ou moins 15 % par rapport au dollar américain.**

Un regard sur la pertinence macroéconomique de ces critères secondaires, permet de constater que même s'ils ne sont pas qualifiants au premier ressort pour le lancement de l'union monétaire, il est tout à fait évident qu'une union monétaire signifie avant tout la mise en pool des réserves de change, mais aussi une politique monétaire identique administrée par une Banque Centrale commune. Dès lors la BCAO pourrait déterminer le niveau de son taux d'intérêt en fonction du taux d'inflation réalisé dans les pays membres de la nouvelle zone monétaire de telle sorte que le taux d'intérêt réel qui en découle soit positif. Par ailleurs, la gestion en toute indépendance des réserves de change, dans un espace qui comporte aujourd'hui deux pays exportateurs de pétrole (Nigeria, Ghana), qui regorge d'importants gisements de fer et de bauxite ainsi que l'or et le diamant, sans omettre son vaste potentiel touristique, sera de nature à stabiliser le taux de change que chaque pays individuellement considéré n'a pu réussir. Peut-on le réussir ensemble ?

Par ailleurs, sur les critères purement financiers, le programme de coopération monétaire de la CEDEAO cible un niveau de pression fiscale au moins équivalent à 20 %, ce critère vise naturellement à accroître sainement les ressources budgétaires de l'État, au travers la performance de l'administration fiscale, mais dans une union monétaire, les acteurs peuvent avoir des ratios recettes fiscales/PIB différents si chacun respecte un niveau de solde primaire et d'endettement convenable pour le reste de l'union et que leur financement ne soit pas inflationniste.

Enfin, trois critères secondaires sont assujettis sur les dépenses budgétaires de l'État à savoir le critère relatif à l'endettement public qui doit être sous contrôle, la masse salariale qui doit être plafonné à environ au tiers de recettes fiscales, alors que 20 % de ces recettes fiscales doivent être consacrées aux investissements publics. En somme, 55 % de nos ressources issues des taxes et impôts, mais aussi des recettes domaniales doivent être exclusivement consacrées aux salaires des agents de l'État, comme à l'infrastructure de base d'utilité publique.

Le respect de ces critères budgétaires et monétaires primaires et secondaires est de nature à accroître la performance d'une économie, la question fondamentale à résoudre est relative au niveau actuel d'intégration de ces économies et surtout de savoir quel sera l'impact de la monnaie commune sur cette intégration économique ?

Il convient à présent d'analyser sur la phase de convergence de 1996 à 2006 comment les différents États ont intégré les critères de convergence macroéconomiques dans une zone en devenir comme la ZMAO.

3.1) L'inflation

Après une décennie de pratique de convergence macroéconomique dans la seconde zone monétaire de la CEDEAO, il est malheureux de constater que le taux d'inflation est resté élevé en ZMAO comme on peut le constater sur les données statistiques ci-après, élaborées sur la période 1996 lors du lancement du PCMC jusqu'en 2006 date à laquelle l'*eco* devrait être mis en circulation :

- **Moyenne : 13,5 %.**
- **Médiane : 13,5 %.**
- **Maximum : 20,4 %.**
- **Minimum : 7 %.**
- **Écart-type : 3,7.**

Par ailleurs, il est évident de constater que les pays de la ZMAO ont souvent réalisé les taux d'inflation de deux chiffres, soit au-delà des exigences des critères de performance à l'exception des années budgétaires de 2000 avec 9,4 % et 2002 où l'inflation s'inscrivait à 7 % en moyenne dans l'ensemble de la zone. Le niveau relativement faible de l'écart-type montre que les niveaux d'inflation des différents États de la zone sont proches les uns des autres, est-ce une cause commune ou une structure similaire des économies en question ?

Aussi les performances sont variables d'un État à un autre, comme on peut le constater sur le graphique ci-dessous :

Graphique 3

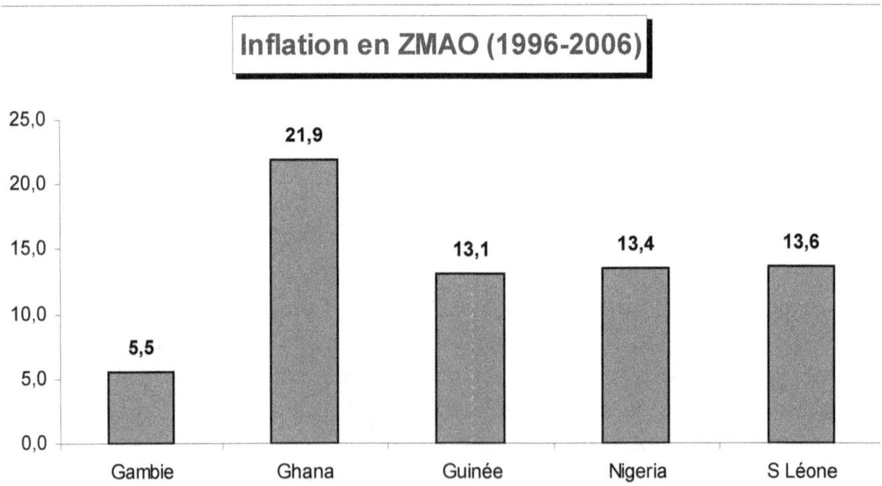

Ainsi, ce graphique infère que la Gambie demeure le seul État à extérioriser un taux d'inflation modéré presque en ligne avec les objectifs du comité de convergence de la ZMAO, ce résultat est obtenu nonobstant une forte croissance de la masse monétaire et un niveau de solde primaire plutôt relativement élevé. Le Ghana, avec près de 22 % d'évolution du niveau général des prix, soit un peu plus de quatre fois le niveau d'inflation de la Gambie, avec une pointe inflationniste allant jusqu'à 46,5 % en 1996, a réussi à implémenter une politique de lutte contre l'inflation de telle sorte qu'il est parvenu à réaliser un niveau d'inflation plutôt rampant en fin de période.

Les tensions inflationnistes ont été particulièrement importantes en 1996, hormis la Gambie et la Guinée, les trois autres pays ont connu des niveaux d'inflation galopants outrepassant toute réalisation de critères primaires de convergence. Sur la première phase de convergence, soit de 1996 à 1998, l'ensemble de la ZMAO extériorise un taux record de 15,1 %. Par ailleurs, outre la Gambie, qui respecte le critère en la matière, les quatre autres pays affichent des taux d'inflation à deux chiffres en 2005/2006 ; le niveau général des prix marquant en moyenne 15 % pour les cinq pays de la zone, sans doute en raison des chocs externes opérés d'une part sur le cours du baril de pétrole et d'autre part sur les prix des céréales importées par l'ensemble des économies.

La Guinée, le Nigeria et la Sierra Leone avec près de 13 % donc proche de la moyenne, influencent significativement la zone en termes d'inflation.

Une analyse des covariances ressort, eu égard à leur niveau élevé, dans chaque pays une forte dépendance des niveaux d'inflation d'une année à une autre soit 154,17 en Guinée, 111,43 au Ghana, 37,71 au Nigeria... toute chose qui corrobore des niveaux d'anticipation élevés dans ces pays. Cependant, les taux d'inflation sur cette période de convergence, semblent relativement indépendants entre la Gambie et le Nigeria avec une covariance très faible (0,19), voire avec le Ghana (-6,36) ; ce même phénomène est observé entre le Nigeria d'une part et la Guinée (-7,46) et la Sierra Leone (8,13) d'autre part. Enfin, cette analyse des covariances met en lumière une forte dépendance des taux d'inflation du Ghana avec ceux du Nigeria (44,43) et de la Guinée (72,60).

Les causes véritables de cette forte inflation de la ZMAO pourraient trouver leurs origines dans le niveau des soldes budgétaires des États et surtout dans leur mode de financement.

3.2) Le solde budgétaire

Alors que les premiers critères de convergence macroéconomiques portaient sur le solde budgétaire de base qui intègre dans les ressources budgétaires de l'État les dons de toute nature, mais aussi les dépenses en capital dans les charges gouvernementales globales, le critère retenu par le comité de convergence est désormais ciblé sur le solde budgétaire primaire qui ne doit pas excéder 4 % du PIB. Il s'agit alors d'un déficit budgétaire hors dons, calculé en dehors des dépenses en capital.

Ainsi, sur les différentes phases de convergence macroéconomique, de 1996 à 2006, ce critère a été d'une manière générale respecté par le Nigeria, la

Guinée et la Gambie, par contre le Ghana et la Sierra Leone n'ont pu le respecter, même s'il faut reconnaître que cette question est d'une extrême délicatesse dans une région où la plupart des États sont candidats au Programme pour la réduction de la pauvreté et la croissance, et que de fait, il leur manque des ressources budgétaires additionnelles découlant des bonnes relations avec des bailleurs de fonds. L'exclusion des dons et des fonds de contrepartie du périmètre des critères de convergence constitue un véritable handicap pour les différents États à leur réalisation, quand on sait que certains pays comme la Guinée n'ont pas atteint, sur cette période, le point d'achèvement au titre de l'initiative PPTE et de l'initiative d'allégement de la dette multilatérale (IADM).

Au cours des quinze dernières années, le solde budgétaire hors dons a évolué de la manière suivante dans les cinq États :

Tableau 1

Solde primaire (en % du PIB)

États	1996-2000	2001-2005	2006-2010	1996-2010
Gambie	-4,8	-8,5	-4,2	**-5,8**
Ghana	-4,3	-8,8	-15,2	**-9,4**
Guinée	-5,5	-5,7	-4,2	**-5,1**
Nigeria	-2,2	-1,6	-1,8	**-1,9**
Sierra Leone	6,6	-14,2	-9,7	**-5,7**

Sources : IMAO et IFS

Les tendances à LT mettent en lumière un niveau élevé du déficit budgétaire en ZMAO dont le Ghana tient la part belle avec un ratio solde primaire/PIB équivalent à -9,4 % ; avec peu d'efforts, la Guinée, la Sierra Leone et la Gambie peuvent atteindre les objectifs de la seconde zone et favoriser ainsi la création de la monnaie commune dans un délai raisonnable, car les performances réalisées par ces pays sont arrachées en l'absence d'un programme formel avec le FMI et ses conséquences positives sur les recettes budgétaires d'une part et sur l'allégement de la dette bilatérale et multilatérale d'autre part. Il convient de noter que le Nigeria, producteur et exportateur de pétrole, est largement en deçà du critère de performance avec un solde primaire structurellement en-dessous de 2 % du PIB.

En perspective, ce critère clé de la réalisation d'une union monétaire stable, pourrait être atteint par l'ensemble des États membres dès lors qu'ils ont atteint le point d'achèvement de l'initiative PPTE et qu'ils deviennent éligibles à la FRPC du FMI et à l'IADM ; par ailleurs, les récentes exploitations des gisements de pétrole au Ghana seront de nature à accroître les performances économiques de ce pays à CT, voire à MT améliorer les réserves de change de la future BCAO aux côtés des réserves en devises des autres membres.

3.3) Le financement du déficit budgétaire par la Banque Centrale

Ce critère fondamental relatif à l'indépendance financière et fiscale de la Banque Centrale a été souvent respecté par les États membres de la ZMAO. La performance des économies relativement à la limite du financement monétaire du Trésor a été satisfaisante sur la période de convergence sauf en 2003. Une analyse par États met en évidence que le Ghana, le Nigeria et la Sierra Leone ont dépassé une seule fois le repère du pacte de convergence de la seconde zone monétaire entre 2001 et 2006 : le Nigeria enregistre un ratio de 37,5 % de concours de la Banque Centrale au Trésor Public contre 22 % à la Sierra Leone en 2003 face à une norme zonale de 10 %. Le Ghana de son côté marque 12,1 % en 2001, et la Gambie assure à la même date 22 % des recettes fiscales apportées par la Banque Centrale au Trésor national ; mais ce ratio était à l'intérieur du critère soit 6,3 % en 2002. La Guinée, après une discipline budgétaire incontestable en 2001 et en 2005, enregistre le niveau le plus élevé du FMT avec une pointe de 54 % des ressources fiscales de l'année écoulée en 2006. En somme, ce critère a été respecté par l'ensemble des États 19 fois sur 30 entre 2001 et 2006 avec une part belle qui revient au Ghana, toute chose qui consolide l'indépendance de la BOG à l'égard des autorités budgétaires.

Toutefois, ce critère ne doit pas être bloquant pour l'implémentation d'une Banque Centrale commune la BCAO, qui, de toute évidence avec son caractère supranational, sera plus indépendante que chacune des Banques Centrales actuelles des pays de la ZMAO et dès lors, le financement monétaire des trésors nationaux sera sous contrôle et obéira à des règles statutaires de la future Banque Centrale et sous l'égide de son conseil d'administration.

3.4) Les réserves de change

La réalisation de ce dernier critère donne de relatives satisfactions avérées dans l'espace ZMAO comme dans le temps. Un examen rapide des résultats sur la période de convergence 2000 à 2006, révèle que tous les États à l'exception de la Guinée détiennent un niveau des réserves de change au moins équivalent à la norme zonale, soit trois mois des importations sinon nettement supérieur selon le cas :

Le Nigeria, le plus grand exportateur d'or noir du continent, a régulièrement respecté ce critère avec 11,3 mois en 2001, avant de retomber à 5,6 mois en 2002, puis 7,5 mois en 2003 et surtout 22 mois en 2006. La Gambie et la Sierra Leone ont également respecté le niveau adéquat des réserves de change sauf en 2002 pour la Gambie avec 2,9 mois d'importations et en 2003 pour la Sierra

Leone avec 2,6 mois. Le Ghana de son côté n'a pu atteindre les repères en 2001 et 2002 en enregistrant respectivement 1,4 mois et 2,6 mois de réserves internationales. La Guinée a pu respecter les normes de réserves de change en 2001 et en 2003, mais ses réserves tombèrent à 1,4 mois en 2004, puis en 1,1 et 0,8 mois d'importations respectivement en 2005 et 2006.

*

* *

Les pays de la ZMAO, en dépit des problèmes structurels de détérioration des termes de l'échange ont profité d'une conjoncture internationale favorable de hausse des cours de produits primaires dont ils sont exportateurs : pétrole, or, bauxite, cacao… toute chose qui réduit l'impact négatif du renchérissement du prix du baril du pétrole pour quatre d'entre eux, non exportateurs de brut. En tout état de cause, la richesse minière et agricole d'une part, la proximité de la mer et son impact positif sur la production et l'exportation de produits halieutiques d'autre part, constituent un véritable atout pour la ZMAO à réaliser une union monétaire avec des réserves de change abondantes et conférer à l'*eco* une valeur externe stable à condition de respecter une rigueur budgétaire pour contenir les tensions inflationnistes dans tout l'espace de la zone, et ce, indépendamment de toute stratégie d'ancrage monétaire.

3.5) Convergence σ et β en ZMAO

3.5.1) Convergence σ

Comme nous l'avons relaté plus haut, la convergence σ repose sur l'analyse de l'écart-type du revenu par habitant des différents pays d'une communauté économique ou d'une union monétaire. Dans le cas d'espèce comme dans les pays de l'UEMOA, nous avons intégré l'écart-type du logarithme népérien du revenu par habitant.

En ZMAO, le PIB par tête exprimé en dollar, est passé de 405 $ en 1975 à 1 050 $ en 2009, ainsi au cours des trente-cinq dernières années, il a été multiplié par 2,6. Mais ce résultat varie énormément d'un État à un autre et reste fortement influencé par le cours du baril du pétrole nigérian. Par exemple, on assiste à un quadruple du PIB/habitant au Ghana qui passe ainsi de 281 $ en 1975 pour atteindre près de 1 100 $ en 2009, cette forte hausse contraste avec un recul du revenu en Guinée qui démarre à 838 $ en 1985 pour tomber à 430 $ en 2009, soit une réduction de moitié du pouvoir d'achat des Guinéens en termes de dollar : la forte dépréciation du GNF par rapport à la monnaie américaine en est la cause.

Pour centrer l'analyse sur la phase de convergence 1996-2006, le revenu par habitant zonal aura été multiplié par 2,8 soit une hausse moyenne annuelle de

18 % sur la période. Le σ de convergence a évolué de la manière suivante au cours de cette période :

Graphique 4

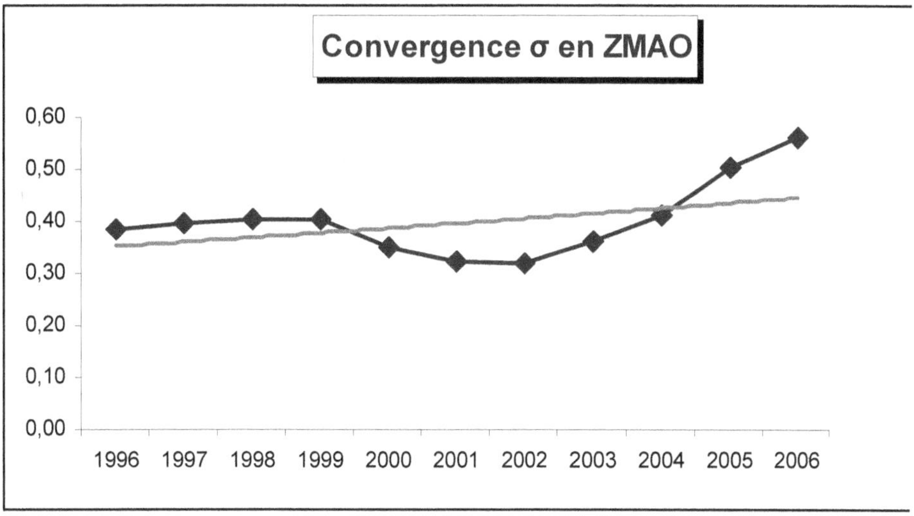

Ce graphique met clairement en évidence trois phases de convergence :

- Une **phase de stabilité** qui couvre parfaitement la première phase de convergence de la seconde zone monétaire, soit 1996 à 1999. Au cours de cette phase, le PIB par tête a reculé de -9,8 % à 303 $, en toute vraisemblance, la stabilité économique s'est traduite par un appauvrissement des différents États membres dont la cause se situe dans la dépréciation des différentes monnaies par rapport au dollar car dans chaque pays, le PIB par habitant s'est accru en monnaie nationale.
- Une **phase de convergence** couvrant 1999 à 2002, marquée par une forte croissance du revenu qui atteint 421 $ en 2002 avec un taux de croissance moyen annuel de près de 13 %. Ainsi, l'écart-type du logarithme du PIB de chaque citoyen de la ZMAO passe alors de 0,40 en 1999 pour marquer la valeur de 0,32 en 2002. Cette hausse du revenu de la zone s'explique essentiellement par celle du Nigeria qui a grimpé sur la courte période de près de 19 % par an et dans une moindre mesure par celui de la Sierra Leone qui progresse de 9 %, tandis que le PIB par habitant de la Guinée recule de -2 % à 380 $ en 2002 et surtout, ceux du Ghana et de la Gambie plongent respectivement de -8,5 % et -7,5 %. En somme, l'influence de l'économie nigérienne demeure déterminante sur l'ensemble de la ZMAO.
- Une **phase de divergence** (2002-2006) au cours de laquelle l'indicateur de convergence progresse de 0,32 à 0,56, toute chose qui met en exergue une

variation forte entre les pouvoirs d'achat des différents membres de la ZMAO. En effet le PIB par tête de la zone progresse de près de 31 % par an pour atteindre 941 $ en 2006 ; ce résultat provient de l'accroissement du revenu dans tous les États hormis la Guinée dont le PIB par tête continue à reculer de -3 % sur la période alors que la hausse est remarquable au Ghana (+50,6 % par an) et au Nigeria (+ 30,4 % par an) et la croissance du revenu est plus modeste en Gambie et en Sierra Leone.

Globalement, les politiques macroéconomiques élaborées par les États membres de la ZMAO n'ont pas favorisé la convergence au sein de la zone, même si les progrès ont été notables dans une phase de stabilité, voire de convergence entre 1996 et 2002. La divergence macroéconomique, qui sévit dans la zone de 2002 à 2006, tire son origine d'une forte disparité entre les revenus du Nigeria et du Ghana d'une part, de la Gambie, de la Sierra Leone et de la Guinée d'autre part qui ont accusé dans le meilleur des cas des taux de croissance faibles voire négatifs.

La courbe de tendance du logarithme népérien de l'écart-type du PIB par habitant confirme cette divergence macroéconomique dans la ZMAO.

3.5.2) La convergence β en ZMAO :

L'équation de la β convergence qui repose sur le modèle néoclassique de croissance équilibré au sens de Solow, s'applique également aux pays de la ZMAO, mais pour des raisons évidentes d'autocorrélation des résidus, nous avons opté pour un modèle ARMA nécessaire pour rendre les séries stationnaires[3].

Régression 2
Le PIB/habitant de la ZMAO

LogPIBHt* = -0,372 + 1,066LogPIBHt-1	
(t) (-1,096) (18,936)	
$\bar{R}^2$ =0,923	**moyLogPIBH = 6,048**
S^2= 0,103	**N= 150**
DW = 0,437	**F = 358,557**

Ce modèle explique au moins 92 % de la réalité comme l'atteste le coefficient de détermination corrigé et est très performant eu égard au niveau

[3] Pour des fins de correction de la statistique du DW, le modèle ARMA donne les résultats suivants :
LogPIBHt = 4,824 + 1,021LogPIBHt-1+ 0,766εt-1
(^{t}) (1,171) (14,833) (9,733)
R^2 = 0,957 DW = 1,764 s = 0,075 F = 344,213

très élevé de la valeur de la statistique du Fisher-snedecor et la variance de la régression est faible[4]. Cependant, le même test appliqué sur les carrés des résidus met en évidence une zone d'instabilité ponctuelle couvrant l'intervalle 1997-2003, au cours de laquelle le modèle sort du corridor. Cette instabilité s'explique par une basse conjoncture économique dans tous les pays de la zone qui ont enregistré une baisse du PIB par tête sauf le Nigeria qui en assure une hausse de 10,2 % par an sur la période : le revenu de la ZMAO s'accroît alors de 7 %. Cette instabilité ponctuelle va influencer négativement la convergence macroéconomique de la seconde zone monétaire, toute chose qui confirme le poids déterminant du Nigeria dans la ZMAO.

Comme nous le savons, $b^* = e^{-\beta}$ avec $\beta = - \mathrm{Ln}(b^*) = - 0{,}0639$ soit -6,39 %. Ce qui confirme l'absence de convergence macroéconomique entre les cinq pays, mais qui renforce plutôt la thèse de divergence tout au moins sur la longue période allant de 1976 à 2007. Si nous adaptons notre analyse sur la période 1996-2006 le résultat est significativement différent avec **une vitesse de divergence** plus élevée, équivalente à **-18,65 %** et un **état Régulier autour de 500 $ contre 435 $ sur la période initiale.**

3.6) La Déclaration de Banjul :

En mai 2005, les chefs d'État et de gouvernement de la ZMAO se sont réunis à Banjul (Gambie) pour examiner la création de leur monnaie commune l'*Eco*. Cette déclaration a été impulsée par le rapport du conseil de convergence de la ZMAO, qui stipulait que la date du 1er juillet 2005 était prématurée pour le lancement de l'*Eco*. Dès lors un autre plan d'action a été élaboré pour définir les tâches à accomplir au sein de la zone jusqu'en 2009 et qui se décline de la façon suivante :

a. la réaffirmation des États membres de leur totale adhésion au programme de la ZMAO de manière à parvenir à la création de l'union monétaire au 1er décembre 2009.
b. l'engagement des États à mettre en place un espace économique unique par la levée de toutes les barrières qui entravent la libre circulation des biens et des personnes au sein de la ZMAO en assurant notamment :
    i. la convertibilité et les paiements dans les monnaies de la zone avant décembre 2006.

---

[4] Par ailleurs, le Skewness avec une valeur de -0,406 révèle une faible asymétrie à gauche, alors que la valeur du Kurtosis de 3,000 ressort que la distribution est mesokuritique et la valeur de 0,881 du Jarque Bera atteste d'une distribution quasi normale des résidus. Aussi les probabilités des deux statistiques de Ramsey largement supérieures à 5 %, soient 72,98 % et 69,77 %, confirment la bonne spécification du modèle, enfin le test Cusum en dépit de fortes variations, nous permet d'affirmer avec certitude, que les coefficients sont structurellement stables à 5 % d'intervalle de confiance et que ce modèle peut servir pour de prévisions fiables.

ii. Cotation des entreprises dans les différentes bourses des valeurs de la ZMAO avant décembre 2006.
iii. Mise en œuvre du Tarif extérieur commun de la CEDEAO avant décembre 2007.
iv. Réalisation d'une union douanière avant décembre 2008.
v. Restructuration de l'IMAO en le dotant d'autorité et de ressources lui permettant de jouer efficacement son rôle dans la convergence zonale.

Néanmoins, le lancement de la monnaie commune l'*eco* dépendra de la performance des États relativement aux critères de convergence, même si le plan d'action constitue une feuille de route non négligeable pour la ZMAO. Eu égard aux progrès accomplis en 2005 et 2006, en toute vraisemblance, les cinq États vont pouvoir remplir les critères nécessaires à la création de l'*eco* dans la zone et des négociations seront menées avec l'UEMOA, afin de déterminer la période optimale pour l'unification des deux zones monétaires de la CEDEAO.

En somme, l'examen des différents critères de convergence des zones monétaires de la CEDEAO permet de mettre en évidence trois fondements macroéconomiques à savoir :

- L'inflation, comme critère à la lisière des domaines d'action du MEF et la Banque Centrale.
- Les critères purement financiers qui sont du domaine exclusif du département des finances à savoir : le niveau du solde budgétaire, l'endettement de l'État, la pression fiscale, les niveaux des salaires et des investissements publics dans les budgets de l'État.
- Enfin, des critères purement monétaires qui reposent sur le financement monétaire du trésor, le taux de change, les taux d'intérêt réels et le niveau des réserves de change.

Tout d'abord, nous nous intéressons à l'inflation et aux critères budgétaires, et les normes monétaires feront l'objet de nos analyses ultérieures dans le cadre de l'intégration monétaire.

4) L'inflation en Afrique de l'Ouest

Au Nigeria comme au Ghana et par moments en Côte d'Ivoire ou Sénégal… l'inflation est une réelle préoccupation des hommes d'action comme des décideurs politiques, en ce sens qu'elle impute selon son niveau, significativement le revenu réel des salariés, voire des paysans et des acteurs du secteur informel. Mais pour des raisons de simplicité et d'indisponibilité des données, nous focalisons cette analyse sur six pays de la sous-région à savoir la

Côte d'Ivoire, le Sénégal et le Mali d'une part, soit ensemble 65 % du PIB de l'UEMOA en 2009 et d'autre part, le Nigeria, le Ghana et la Guinée qui totalisent sur la même période environ 97 % du PIB de la ZMAO exprimé en US dollar. Ces échantillons étant représentatifs à des degrés divers, il est tout à loisir de comparer sur cette base comment le niveau général des prix s'est comporté dans les deux espaces monétaires.

Graphique 5

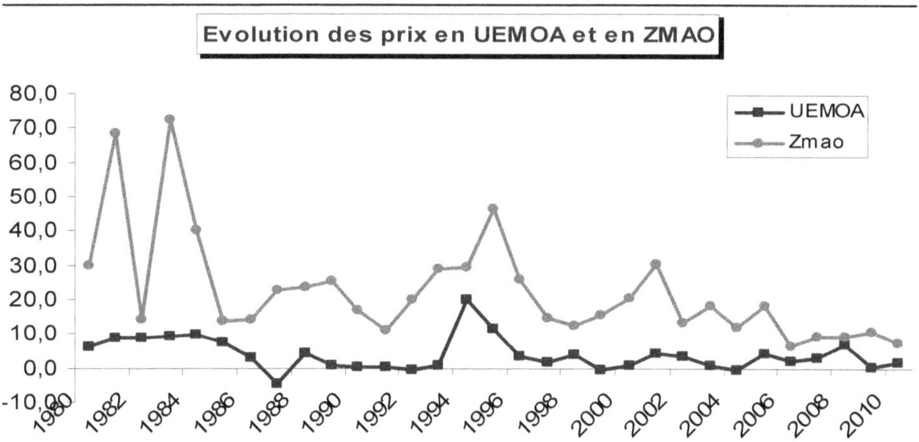

Ce graphique met en exergue que le niveau de l'inflation en ZMAO est structurellement au-dessus de celui des pays de l'Union. Ainsi, de 1980 à 2010, la moyenne des prix s'inscrit à 3,9 % dans la zone d'émission de la BCEAO contre 22,6 % en ZMAO qui connaît des variations erratiques des prix au Ghana avec des pointes de 116,5 % et 122,8 % en 1981 et en 1983. Sur les 30 dernières années, l'inflation est demeurée forte dans la seconde zone monétaire et faible dans l'Union. Au cours des dix dernières années (2001-2010), les deux zones extériorisent 2,6 % et 13,5 %, en toute vraisemblance, l'inflation naguère forte en ZMAO devient rampante sans doute en rapport avec les critères de convergence macroéconomique en vigueur dans les deux espaces économiques, car celle de l'UEMOA marque également une baisse importante sur la période de référence. Mais ces États ont connu suite à la dévaluation de 1994 un choc inflationniste qui porte le niveau des prix à 20,1 %, voire à 11,7 % en 1995.

Il est donc tout à fait normal de s'interroger sur les véritables causes de cet écart inflationniste entre les deux groupes de pays de la sous-région. À cet égard, nous avons tenté d'élaborer un modèle économétrique simple pour essayer de ressortir la spécificité de chaque zone vis-à-vis de la hausse des prix qui, faut-il le rappeler, est demeurée faible d'un côté, mais rampante, voire forte de l'autre. Les anticipations, la monnaie, le taux de change... sont-ils responsables de cette disparité entre les taux d'inflation ?

Ce modèle simplifié se présente de la façon suivante :

Modèle économétrique d'inflation

1.	**Pt = a1 + b1 Pt-1 + c1 CM2t + d1 TCHt + ε1t.**
2.	**CM2t = a2 + b2 CBat + c2 SBt + ε2t.**
3.	**TCHt = a3 + b3 Pt-1 + c3 CBat + ε3t.**
4.	**CBat = CBa0.**
5.	**SBt = SB0.**

Où **Pt** désigne le taux d'inflation,

CM2t : taux de croissance de la masse monétaire au sens large,

CBat : taux de croissance de la base monétaire,

TCHt : le taux de change nominal par rapport à l'USD à l'incertain,

SBt : le solde budgétaire base engagement, dons y compris.

a, b, c sont des paramètres et **εt** le terme erreur.

Ce modèle sera appliqué à chaque pays de notre échantillon et sera réadapté en fonction des réalités de chaque État de la CEDEAO en question, selon les règles académiques et applicables aux séries temporelles, ainsi un ordre d'intégration des variables sera préétabli pour adopter une forme définitive des équations, linéaires ou non, en niveau ou en différence.

4.1) Inflation en UEMOA.

Au regard des autres pays en Afrique au sud du Sahara, voire de la CEDEAO, les pays de l'UEMOA connaissent des taux d'inflation faibles ainsi que l'attestent les chiffres du tableau ci-dessus :

Tableau 2
Inflation en UEMOA (1980-2010)

	Mali	**RCI**	**Sénégal**	**moyenne**	**écart-type**
1980-84	8,36	6,98	10,24	***8,53***	1,64
1985-89	1,54	4,14	2,5	***2,73***	1,31
1990-94	-0,12	6,7	5,98	***4,19***	3,75
1995-99	4,2	5,08	2,78	***4,02***	1,16
2000-04	1,04	2,9	1,28	***1,74***	1,01
2005-09	4,22	3,1	2,76	***3,36***	0,76
2010	2,1	1,4	1	***1,50***	0,56
moyenne	***3,05***	***4,33***	***3,79***	**3,72**	**1,46**
écart-type	2,83	2,06	3,27	**2,36**	

Sources : IFS/FMI et rapports annuels de la Zone Franc.

Ces chiffres infèrent que les pays de l'Union ont fortement réagi au second choc pétrolier du début des années quatre-vingt ressortant sur la période 1980-1984 une moyenne d'inflation de 8,5 % mais avec un écart-type faible (1,6), en d'autres termes, la crise pétrolière a affecté ces économies de la même manière d'autant qu'elle était toute à l'époque importatrice d'or noir.

Les tensions inflationnistes ont été maîtrisées sur la période suivante, l'environnement international étant devenu favorable, l'inflation a marqué une pause dans l'Union avec une hausse moyenne de 2,7 % en Côte d'Ivoire, au Sénégal et au Mali considérés ensemble. Sur le quinquennat de la dévaluation, les pays de la zone devaient connaître un nouveau choc inflationniste relatif au changement de parité de 100 % (cotation à l'incertain) entre le franc CFA et le FRF, toute chose qui porte le niveau de l'inflation à 4,2 %, mais le niveau élevé de l'écart-type (3,8) montre que les pays ont réagi de façon disparate à cet ajustement cambiaire, le Mali y ayant réagi après un délai relativement long, marquant sur la période une stabilité des prix, voire une tendance à la baisse. Les tensions inflationnistes sont restées vives du fait des perturbations post-dévaluation et la moyenne de l'Union s'inscrivait alors à 4 % entre 1995 et 1999. Après une courte pause, les États de l'union ont été relativement affectés par la crise financière internationale avec un ravivement de la hausse du niveau général des prix à 3,3 % entre 2005 et 2009 contre 1,7 % sur la période précédente et 1,5 % en 2010 en sortie de crise. En somme, ces économies de l'Union sont très vulnérables à une mauvaise conjoncture internationale. Au cours des trente dernières années, quand bien même le niveau d'inflation aurait été faible, l'analyse de l'écart-type (1,4) semble mettre en exergue une convergence des niveaux d'inflation entre 1995 et 2010 – convergence dans le temps – tandis que les États individuellement pris ressortent un écart-type inflationniste (2,3) plus élevé allant dans le sens d'une moindre convergence dans l'espace.

4.1.1) L'inflation en Côte d'Ivoire

La Côte d'Ivoire, en dépit des perturbations politiques qu'elle a connues au cours de la décennie écoulée, demeure sur le plan économique le pays le plus important de l'UEMOA. En effet, elle contrôle à elle seule 33,5 % du PIB de l'union en 2009 et près de 33 % de la masse monétaire de la BCEAO. Au cours des trente dernières années, l'inflation y a été modérée avec une moyenne de 4,7 %. Cette inflation a été faible avant la dévaluation avec une moyenne de 1,7 % entre 1989 et 1993, modérée sur l'essentiel de cette période notamment de 1984-88 avec un niveau moyen de 4,8 %, en 2005/09 avec une moyenne de 3,1 %, mais le niveau général des prix en Côte d'Ivoire a été rampant en début de période avec 8,7 % en 1980-81, conséquence incontestable du second choc pétrolier, voire forte à la suite de la dévaluation avec un taux moyen de 20,1 % en 1994-95.

Les fortes variations de la masse monétaire, l'ajustement cambiaire, les anticipations suffisent-ils à eux seuls pour expliquer ce phénomène à LT ?

Pour appliquer notre modèle à l'économie ivoirienne, l'analyse économétrique commande de s'enquérir de l'ordre d'intégration des différentes variables ; à cet égard, nous y avons appliqué le test de Dickey-Fuller Augmenté (ADF) qui nous donne les résultats suivants :

- Pt qui désigne l'inflation est stationnaire en niveau avec ADF = -3,38*.
- TCHt est le taux de change nominal du franc CFA par rapport à l'USD, il est stationnaire en différence première avec une constante et un *trend* déterministe : ADF = - 2,05*.
- CBat ou le taux de variation de la monnaie de base est stationnaire en niveau avec une constante ; ADF = - 3,01**.
- CM2t désigne le taux de variation de la masse monétaire au sens large, est également stationnaire en niveau avec une constante, soit ADF = -2,65*.
- SBt désigne le solde budgétaire de base, il est stationnaire en niveau avec une constante et ADF = -2,66*

Tous ces tests sur la stationnarité sont réalisés avec un décalage d'une période, on peut néanmoins admettre l'ordre d'intégration ci-après de ces variables dans le modèle en RCI : **Pt, DTCHt, CBAt, CM2t et SBt**

Régression 3
Inflation en Côte d'Ivoire

Variables dépendantes	**Variables indépendantes**	$\bar{R}^2$	**s**	**F**	**DW**
Pt* (t)	1,96 + 0,48Pt-1+ 0,05CM2t + 0,03DTCHt (2,62) (3,50) (1,12) (2,53)	0,58	3,30	13,87	1,55
CM2t* (t)	-2,64 + 0,91CBat - 0,45SBt (1,00) (5,88) (-1,09)	0,55	9,86	18,09	1,55
DTCH* (t)	-26,67 + 1,45 CBat + 5,12 Pt (-2,70) (1,96) (2,62)	0,41	38,28	10,66	-
CBat	6,3 %				
SBt	-4,3 %				

Ce modèle infère que l'inflation en RCI sur la période 1980-2009 a été significativement et positivement influencée par les anticipations extrapolatives des agents économiques, ce, avec une semi-élasticité de 0,48 concluante avec moins de 1 ‰ de marge d'erreur. Toutefois dans un pays comme la Côte d'Ivoire et ailleurs en Afrique au sud du Sahara, la mesure des anticipations inflationnistes se heurte à un manque d'informations ou d'enquêtes, mais dans le cas d'espèce, il est évident que la part de l'inflation anticipée explique plus de la moitié des tensions inflationnistes (décomposition de la variance) sur les trente dernières années ; car si les prévisions extrapolatives s'accroissent de 10 %, le niveau général des prix évolue de 4,8 %, c'est dire toute l'importance de ce phénomène dans la fixation des prix des biens et services en RCI. Par contre, au cours de cette longue période, le taux de variation de la masse monétaire au sens large n'y a pas apporté une effective contribution, son coefficient est nul et de nul effet, la politique d'offre de monnaie de la BCEAO a sans doute été à la base de ce résultat combien intéressant. Le taux de variation du change du CFA par rapport au dollar n'est pas neutre sur les prix en Côte d'Ivoire, mais son impact est faible eu égard à la modicité de son coefficient : une dépréciation de 10 % du franc CFA par rapport au dollar, engendre une hausse de 0,3 % des prix intérieurs en RCI. Il convient de noter néanmoins que la pertinence d'autres variables non intégrées dans le modèle est loin d'être négligeable sur les prix et se traduit par un niveau élevé de la constante et qui explique significativement près de 52 % de l'inflation ivoirienne.

En somme, notre modèle explique tout au moins 58 % de la réalité à s'en tenir au niveau acceptable du coefficient de détermination corrigé, le modèle est globalement très performant grâce à un niveau de la statistique du Fisher-Snedecor élevé à 99 % d'intervalle de confiance. Le modèle ne présente pas de problèmes d'autocorrélation des résidus.

Par ailleurs, les tests graphiques de Brown, Durbin et Evans, sur la stabilisation, nous rassurent de la stabilité structurelle de la représentation qui s'inscrit parfaitement dans son corridor, en dépit d'une perturbation contenue en 2000 ; aucune instabilité ponctuelle n'est à signaler sur le niveau général des prix en RCI selon le même test à 5 % de significativité sur les trente dernières années.

Par ailleurs, les variations de la masse monétaire, au sens large, sont causées presque exclusivement par celles de la monnaie de base : en effet, une hausse de 10 % de la monnaie centrale se traduit par une augmentation de 9,1 % des disponibilités monétaires et quasi monétaires de la BCEAO-CI. Les tests ordinaires sont concluants, le modèle explique au moins 55 % de la réalité et sa performance globale est valable avec moins de 1 ‰ de seuil critique. La spécification de l'équation est orthodoxe, nonobstant une grande stabilité structurelle, elle présente une forte instabilité ponctuelle entre 1990 et 2007, au cours de laquelle période la masse monétaire enregistre une baisse remarquable de -3,5 % entre 1990-1992 avant de s'accroître fortement en fin de période avec une hausse de 12 %, alors que M2 s'inscrit dans une progression moyenne de 9 % sur les trente dernières années. Il est aussi intéressant de connaître que le solde budgétaire de base n'influence pas la croissance de la masse monétaire, car non seulement son coefficient est négatif, mais il n'est pas significatif même à 90 % d'intervalle de confiance.

Les variations du taux de change sont correctement, mais positivement expliquées par le taux d'inflation courant, tandis que les variations de la base y apportent un impact plus faible, mais non moins significatif. Les deux probabilités du test de Ramsey (89 % et 86,9 %) augurent d'une bonne spécification de régression qui explique 45 % de la réalité dont la performance globale s'inscrit au plus à 1 % de marge d'erreur seulement, toute chose qui nous indique l'existence d'autres variables pertinentes non intégrées dans le modèle et qui agissent significativement sur le taux de change dans le sens de l'appréciation du CFA par rapport au dollar US. Cette équation présente également une forte stabilisation structurelle, mais aussi une instabilité ponctuelle qui démarre en 1994 avec la dévaluation du franc CFA pour s'estomper en 2002 quand l'économie ivoirienne a résorbé tout l'impact de ce choc externe.

Enfin, le solde budgétaire moyen s'inscrit à -4,3 % du PIB en moyenne sur les trente dernières années et la croissance moyenne de monnaie de base à 9,3 %.

La situation au Sénégal est-elle différente ?

4.1.2) L'inflation au Sénégal

Terre de l'arachide et du phosphate, mais aussi de la démocratie et partant d'une longue stabilité politique, le Sénégal est le pays le plus important de l'UEMOA après la Côte d'Ivoire, tout au moins au plan macroéconomique ; il contrôle 18,5 % du PIB de l'Union et 21 % de sa masse monétaire en 2009. Sur les trente dernières années, son taux d'inflation s'inscrit dans la modération avec 4,2 %, même si dans le temps, cette inflation est multiforme : on peut aisément constater que la hausse du niveau général des prix rampe à 10,2 % entre 1980 et 1984, le pays ayant réagi tardivement au second choc pétrolier sans doute au prix d'une subvention du tarif du carburant à la pompe entre 1979 et 2002. Mais l'inflation est restée faible en 2000-2004 avec une moyenne de 1,3 % sur la période, voire négative entre 1986-1990 avec un taux moyen de -0,04 %. La valeur modale de l'inflation se situe avec 32 % en 1994 à la suite de la dévaluation du franc CFA et affiche à cet égard une forte sensibilité des prix aux variations du taux de change nominal.

Le test du Dickey-Fuller Augmenté donne les résultats suivants pour le Sénégal :

- Pt est stationnaire en niveau sans constante ni *trend* : ADF= -2,75**,
- CBat est stationnaire en niveau sans constante, ni *trend* : ADF = -2,99**,

- CM2t contient une racine unitaire, mais stationnaire en première différence : ADF = -2,89***, soit sans constante, ni *trend.*
- TCHt est stationnaire en première différence, sans constante, ni *trend* : ADF= -2,57*.
- SBt est stationnaire en différence première sans constante, ni *trend* : ADF = -2,84*.

L'ordre d'intégration des variables devient donc :

Pt, CBat, DCM2t, DTCHt et DSBt.

Le modèle inflationniste sur le Sénégal se décline de la façon suivante :

Régression 4
Inflation au Sénégal

Variables dépendantes	**Variables indépendantes**	$\bar{R}^2$	**s**	**F**	**DW**
Pt* (t)	0,79 + 0,68Pt-1+ 0,19DCM2t + 0,03DTCHt (0,96) (5,53) (1,23) (1,84)	0,61	5,66	14,93	1,75
DCM2t* (t)	-2,19 + 0,22CBat - 0,57DSBt (-2,00) (2,63) (0,42)	0,15	4,54	3,47	2,65
DTCHt* (t)	4,87 - 1,46CBat + 4,12 Pt (0,55) (-2,02) (3,33)	0,25	38,28	5,76	-
CBat	9,3 %				
SBt	-2,7 %				

Au Sénégal, l'inflation sur les trente dernières années, qui aura été modérée s'explique néanmoins correctement par les anticipations extrapolatives des agents économiques, qui, lorsqu'ils font une prévision pessimiste de hausse du niveau général des prix de 10 %, l'inflation courante s'accroît de près de 6,8 %, c'est dire toute l'importance de ce phénomène à Dakar, à Saint-Louis comme ailleurs au Sénégal. La variation de la masse monétaire n'est hélas pas significative au seuil de 10 % d'incertitude. Par contre, lorsque le franc CFA se déprécie de 10 % par rapport au dollar US, les prix vont progresser de 0,3 point sur l'ensemble des trois dernières décennies. Ce modèle performant au seuil critique de 1 %, explique plus de 60 % de la réalité et la statistique du DW augure d'une bonne spécification par l'absence d'une autocorrélation des résidus. Toutefois, s'il n'y a aucun doute sur la stabilisation structurelle de la régression, elle présente cependant des instabilités ponctuelles entre 1996 et 2000, période à laquelle le taux d'inflation est contenu à son niveau le plus faible (1,8 %) alors le CFA au travers le FRF a connu une dépréciation de l'ordre de 42 % au regard de son taux de change moyen de la période par rapport au dollar.

La croissance de la masse monétaire est significativement expliquée par celle de la base monétaire ainsi que par la constante négative dont l'influence est encore plus prononcée. Mais la variation du solde budgétaire de base, dons y compris, ne cause nullement les disponibilités monétaires et quasi monétaires du Sénégal. Toutefois même si la spécification du modèle est correcte au travers des statistiques des probabilités du test de Ramsey qui prennent les valeurs respectives 8,2 % et 5 %, la régression présente une instabilité structurelle en 1994, en raison d'une forte croissance de la masse monétaire suite au doublement des avoirs extérieurs consécutifs à la dévaluation du franc CFA par rapport au FRF. Par contre, la stabilisation ponctuelle est assurée sur toute la période. Il convient de relater néanmoins que ce modèle est peu performant et n'explique que 15 % de la réalité.

La variation du taux de change n'est expliquée significativement que par l'inflation courante, en effet, une inflation de l'ordre de 10 % peut exercer une dépréciation de 41 % du CFA par rapport au dollar US, indépendamment de toute intervention de la BCEAO. Cette régression ne présente pas non plus de problème de spécification avec des probabilités de Ramsey qui culminent à 38,5 % et 31,6 % alors que les tests graphiques BDE mettent en évidence une réelle stabilité structurelle, mais avec une forte instabilité ponctuelle qui précède la dévaluation en démarrant en 1992 pour s'estomper en 2002.

Enfin, le solde budgétaire, dons y compris, s'inscrit à -2,7 % du PIB et la monnaie de base ressort en moyenne à 275,5 Mds de CFA pour un taux de croissance moyen de 9,3 %.

4.1.3) L'inflation au Mali

La République du Mali est le troisième pays de notre échantillon de l'Union, mais pas des moindres. Il contrôle certes 13 % du PIB en 2009 et sa part dans les disponibilités monétaires et quasi monétaires de la BCEAO arrive à 11 %. Au cours des trente dernières années, sa bonne gestion macroéconomique lui a permis de réaliser une inflation de 3,2 %, soit l'une des plus basses de la zone d'émission. Elle va enregistrer une baisse tendancielle des prix depuis 1984 date à laquelle elle va réintégrer l'UMOA jusqu'à un plancher de -14,2 % en décembre 1987, avant de réagir après un délai de près d'une année au choc subi par les économies de l'Union suite à la dévaluation : son taux d'inflation s'inscrit alors à 12,6 % en 1995. Au cours des vingt dernières années, le Mali a fait montre d'une grande alternance politique dont les effets bénéfiques sur l'économie passent par une grande stabilité des prix des biens et services.

Le test du Dickey-Fuller Augmenté donne les résultats suivants relativement à la stationnarité des variables pour le Mali :

- Pt est stationnaire en niveau sans constante ni trend : ADF = -2,05**.
- CBat est stationnaire en niveau avec une constante : ADF = -3,42**.
- CM2t est stationnaire en niveau avec une constante : ADF = -2,75*.
- TCHt est stationnaire en première différence, sans constante, ni trend : ADF= -2,61*.
- SBt est stationnaire en niveau sans constante, ni trend : ADF = -1,83*.

L'ordre d'intégration des variables devient donc : **Pt, CBAt, CM2t, DTCHt, et SBt**.

Régression 5
Inflation au Mali

Variables dépendantes	**Variables indépendantes**	**$\bar{R}^2$**	**s**	**F**	**DW**
Pt* (t)	-0,04 + 0,50Pt-1+ 0,13CM2t + 0,01DTCHt (-0,04) (2, 98) (1,43) (1,65)	0,26	3,53	4,35	2,19
CMt* (t)	5,24 + 0,65CBat + 0,35DSBt-1 (9,15) (13,80) (3,70)	0,87	6,24	95,34	-
DTCHt* (t)	9,71 + 4,26 Pt - 2,55CBat (0,52) (1,20) (-1,65)	0,06	67,9	1,86	1,52
CBat	8,2 %				
SBt	-2,8 %				

Au cours des trente dernières années, la hausse du niveau général des prix, quand bien même faible, a été fortement influencée, comme ailleurs dans l'Union, par les anticipations extrapolatives des agents économiques du Mali ; une hausse de 10 % de prévisions pessimistes des vendeurs de biens et services, se répercute de l'ordre de 5 % sur l'inflation à 95 % d'intervalle de confiance. Le taux de change de son côté affecte également les prix à Bamako, car une dépréciation de 10 % du CFA par rapport au dollar US, dope l'inflation de 0,1 % ; par contre, les variations de la masse monétaire ne sont pas pertinentes pour expliquer cette inflation modérée. On peut constater que le modèle explique près de 30 % de la réalité, mais reste globalement performant au seuil critique de 5 %, l'absence d'autocorrélation sérielle des résidus atteste d'une bonne spécification. La régression est structurellement stable, mais présente une longue instabilité ponctuelle entre 1988 et 1998. Les séries résiduelles de la régression sont stationnaires en niveau au seuil critique de 5 % avec une statistique du ADF ressortant à -3,39**. En somme, l'existence d'une relation de co-intégration entre les variables ne fait donc aucun doute.

La variation de la masse monétaire est impactée par celle de la monnaie de base et une constante élevée et qui agit positivement sur les agrégats monétaires. Le solde budgétaire de base y est neutre. Le modèle est bien spécifié selon le test de Ramsey avec un niveau des probabilités de 8,9 % et 5,1 %. La masse monétaire ressort une grande stabilité structurelle, mais une instabilité ponctuelle en 1993/94, conséquence de la dévaluation du CFA sur les contreparties de la masse monétaire.

La variation du taux de change est faiblement et négativement influencée par la base monétaire, mais aussi par une constante élevée, alors que l'inflation courante y a un effet non déterminant. Les tests ordinaires sont concluants, la stabilité des coefficients de la régression est confirmée par les niveaux élevés des deux probabilités de Ramsey (82,9 % et 79,8 %). L'évolution du taux de change, en dépit de la réintégration du Mali à l'UMOA en 1984 et de la dévaluation en 1994, s'inscrit parfaitement dans le corridor pour marquer sa stabilité structurelle, mais le taux de change présente dès 1994 une instabilité ponctuelle en raison de la dévaluation du CFA qui ne s'estompe que trois ans après.

4.2) L'inflation dans les autres pays de l'UEMOA

Un bref aperçu sur l'évolution du niveau général des prix durant les trois dernières décennies au Bénin, au Burkina Faso, au Niger, au Togo et en Guinée-Bissau se résume dans le tableau suivant :

Tableau 3
Inflation dans les autres pays de l'UEMOA

	1980	1990	2000	2010	MOY
Bénin	3	1,9	4,2	4	**3,3**
B. Faso	12,3	-0,7	-2	-0,3	**2,3**
G. Bissau	12	7,5	8,6	5,7	**8,5**
Niger	10,3	-5,5	2,9	2,7	**2,8**
Togo	12,2	1,2	1,5	6,9	**2,6**
MOY	**10**	**0,9**	**3**	**3,8**	**3,9**

Sources : IFS/FMI et rapports annuels de la Zone Franc.

Comme en Côte d'Ivoire, au Mali et au Sénégal, l'inflation est modérée dans le reste de l'UEMOA ; mais ces pays ont été sensibles aux variations des prix engendrées par le second choc pétrolier, comme à la dévaluation du franc CFA en 1994. Sur les trente dernières années, le taux moyen d'inflation est proche de 4 %.

4.3) Inflation en ZMAO

Pour l'analyse de l'inflation dans la seconde zone monétaire de la CEDEAO, qui comme on le sait, est composée de la Gambie, du Ghana, de la Guinée, du Nigeria et de la Sierra Leone, nous allons focaliser le débat sur les trois principaux pays de la zone.

4.3.1) Inflation au Ghana

Le Ghana est le deuxième pays le plus important de la ZMAO après le Nigeria, sa part zonale dans le PIB exprimée en dollar US remonte à 12,7 % en 2009 ; de 1980 à 2009, son taux d'inflation aura été très fort, parfois galopant, avec une moyenne annuelle de 32 % partant d'une pointe de 122 % en 1983 à un plancher de 10 % en 1992. Il est tout à fait clair qu'un tel niveau d'inflation est de nature à compromettre la formation d'un niveau optimal de l'épargne nationale et partant la croissance et le développement dans un cadre d'intégration monétaire sous-régionale.

Cette hyperinflation ne trouve-t-elle pas son origine dans la monnaie, le change ou le financement du solde budgétaire ?

L'application de notre modèle inflationniste sur l'économie ghanéenne donne les résultats suivants :

Tout d'abord, l'application du test de stationnarité sur les variables du modèle se dessine de la façon suivante :

- Pt est stationnaire en niveau avec une constante : ADF= -3,46**.
- CBat est stationnaire en différence première sans constante ni trend : ADF = -2,53**.
- CM2t est stationnaire en niveau, sans constante ni trend déterministe : ADF = -1,67*.
- TCHt est stationnaire en niveau, avec constante : ADF= -3,60**.
- SBt est stationnaire en niveau sans constante, ni trend : ADF = -1,60*.

L'ordre d'intégration des variables devient donc : **Pt, DCBat, CM2t, TCHt, et SBt.**

Régression 6
Inflation au Ghana

Variables dépendantes	**Variables indépendantes**	$\bar{R}^2$	**s**	**F**	**DW**
Pt* (t)	3,51+0,78Pt-1+0,03Pt-2+0,71CM2t-1-0,63CM2t-2 – 0,00TCHt (0,59) (5,51) (2,03) (2,31) (-1,71) (-0,14)	0,78	19,29	15,4	2,0
CM2t* (t)	17,95 + 0,64DCBat - 1,37SBt (4,46) (3,65) (-1,77)	0,29	15,23	7,00	-
TCHt* (t)	5722,56 - 92,99 Pt -60,57DCBat (5,15) (-3,17) (-1,01)	0,23	3292	5,12	-
CBat	23,2 %				
SBt	-4,8 %				

Dans ce modèle, l'inflation est fortement et significativement expliquée par les anticipations des agents économiques du Ghana, mais aussi par des variations décalées de la masse monétaire au sens large qui présentent une semi-élasticité de près de 0,71 par rapport au niveau général des prix. Il convient de préciser que les disponibilités monétaires ont un effet inverse sur les prix au terme de deux ans, toutefois cette influence est faible et à peine significative à 10 % de seuil critique. Le taux de change n'y apporte aucune action significative au seuil critique de 10 %. Cependant, la pertinence du modèle est sans appel, car il explique 78 % de la réalité, avec une fiabilité globale acceptable à moins de 1 % de seuil critique au regard du niveau élevé de la statistique de Snedecor. La bonne spécification du modèle est mise en exergue par le niveau correct du DW et confirmée par le test de Ramsey dont les deux probabilités sont largement supérieures à 5 % (52,9 % et 40,4 %). La représentation de l'inflation augure d'une forte stabilisation structurelle et ponctuelle sur les trois dernières décennies. Le niveau élevé de la constante laisse apparaître la place d'autres variables explicatives non intégrées dans ce modèle et qui ont, en toute vraisemblance, un impact important sur les prix au Ghana.

À CT, sur un horizon de deux ans, l'analyse de la variance prévisionnelle infère que les innovations du taux d'inflation s'expliquent à 72 % par ses propres variations et à 28 % par celles de la masse monétaire. À LT, sur un horizon temporel de cinq ans, un choc asymétrique sur le taux d'inflation s'explique à hauteur de 53 % par les variations de l'indice des prix, toute chose assimilable aux anticipations extrapolatives des agents économiques, et à 36 % par les innovations de la masse monétaire et 10 % par le taux de change. En somme à LT, les variations de la masse monétaire influencent positivement à plus d'un tiers celles de l'inflation.

La variation de la masse monétaire au sens large au Ghana est correctement expliquée par les réserves des banques auprès de la BOG comme par la circulation fiduciaire du Cedi à telle enseigne qu'une hausse de 10 % de la monnaie de base, en données logarithmiques, se traduit par une progression de la masse monétaire de 6,4 %. Cette équation de régression globalement très performante explique au moins 29 % de la réalité, en absence de toute autocorrélation des résidus. Cette bonne spécification est confirmée par le test de Ramsey (qui ressort les probabilités de 18,1 % et 12,9 %) ; il est aussi structurellement stable et ne présente non plus aucune instabilité ponctuelle sur la période de référence.

Le taux de change du Cedi par rapport à l'US dollar, quant à lui, est fortement, mais négativement impacté par le niveau de l'inflation, qui aura joué sur cette longue période un effet de frein sur le glissement de la monnaie nationale. La bonne spécificité du modèle est assurée par les deux probabilités du test de Ramsey (7,7 % et 5,6 %). Toutefois, le taux de change, quand bien même ne contient pas de racine unitaire, fait montre d'une instabilité structurelle à partir de 2002 et surtout, des instabilités ponctuelles entre 1988 et 2002, en raison des fortes et nombreuses dépréciations du Cedi par rapport au dollar US.

4.3.2) L'inflation au Nigeria

Le niveau général des prix aura été fort au Nigeria entre 1980 et 2009, avec un taux moyen annuel de 21 %. Ce taux d'inflation a culminé à 72,7 % en 1995 avant de retomber à 5,4 % en 2007. Sur la période 1997-2006, le pays extériorise un niveau de 11,8 %, qui peut paraître élevé au regard des pays de l'UEMOA, par exemple, mais qui représente peu ou prou la moitié de l'inflation des trente dernières années, toute chose qui met en exergue le bon résultat des politiques macroéconomiques et une bonne application des critères de convergence de la ZMAO.

Il convient de préciser que le Nigeria contrôle à lui seul près de 85 % du PIB de la seconde zone monétaire de la CEDEAO exprimé en dollar US.

Le modèle inflationniste s'applique-t-il correctement à l'économie nigériane ?

Le test de stationnarité de Dickey-Fuller augmenté sur les variables du modèle donne le résultat suivant :

- Pt est stationnaire en niveau avec une constante : ADF = -3,32**.
- LogBat est stationnaire en première différence sans constante ni trend : ADF = -2,58**.
- CM2t est stationnaire en niveau avec une constante : ADF = -4,11**.
- TCHt est stationnaire en première différence, avec une constante : ADF = -2,65**.
- SBt est stationnaire en niveau avec une constante : ADF = -3,04**.

L'ordre d'intégration des variables devient donc : **Pt, DLogBat, CM2t, DTCHt, et SBt.**

Régression 7
Inflation au Nigeria

Variables dépendantes	**Variables indépendantes**	**$\bar{R}^2$**	**s**	**F**	**DW**
Pt* (t)	-3,13 + 0,74Pt-1+ 25,65LogCMt-1 -5,37DLogTCHt-1 (-1,28) (4,05) (1,81) (-0,65)	0,45	8,72	6,46	-
CMt* (t)	27,12 + 7,17DLogCBat + 1,76SBt-1 (9,03) (2,16) (2,97)	0,44	14,07	10,53	-
DTCHt* (t)	12,16 - 0,23 Pt +7,44DlogCBat-1 (3,79) (-1,99) (2,91)	0,29	10,48	5,84	-
CBat	21,4 %				
SBt	-3,9 %				

Comme le montrent les équations ci-dessus, l'inflation au Nigeria est influencée à moins de 1 % de seuil critique par les anticipations extrapolatives des agents économiques intégrées dans le modèle par le taux d'inflation décalé, qui, dans cet environnement lorsqu'elles s'accroissent de 10 %, affectent positivement les prix jusqu'à 7,4 %. Cette forte influence est amplifiée au Nigeria par les variations de la masse monétaire qui ont eu un effet fortement positif sur les prix, un tel impact ne peut s'expliquer que par la structure de la demande de monnaie. Par contre, le taux de change du Naira par rapport au dollar US n'y a pas d'influence significative même au seuil critique de 10 %. La régression explique jusqu'à 45 % de la réalité et affiche aussi une forte performance globale concluante à moins de 1 % de seuil critique. La bonne spécification du modèle est confirmée par les statistiques de Ramsey dont les deux probabilités (18,5 % et 11,8 %) sont largement supérieures à 5 %. Par ailleurs, les tests graphiques mettent en évidence une grande stabilité structurelle du modèle, qui présente toutefois des instabilités ponctuelles entre 1996 et 1998 d'une part, et en 2000/2001 d'autre part. L'analyse des données nous permet d'affirmer avec certitude que la première perturbation provient d'une forte baisse du niveau d'inflation qui passe de 29,3 % en 1995 pour s'inscrire à 10,6 % seulement l'année suivante ; la seconde instabilité s'inscrit dans un triplement du niveau général des prix à 18,8 % en 2001 contre 6,9 % une année plus tôt.

Les variations de la masse monétaire sont correctement expliquées par une constante plutôt faible, mais aussi par celles de la base monétaire et le niveau du solde budgétaire décalé, de telle sorte qu'une augmentation de 10 % du déficit budgétaire se traduit par une hausse importante jusqu'à 17,6 % des variations des disponibilités monétaires l'année suivante.

Le taux de change est fortement influencé par les variations de la base monétaire, mais les prix y exercent une influence significative mais négative. Les relations de co-intégration entre les variables qui impactent l'inflation au Nigeria sont attestées par la stationnarité des résidus de la régression qui ressortent une statistique de l'ADF équivalent à -4,47 significatif à moins de 1 % de seuil critique.

4.3.3) L'inflation en Guinée

Avec seulement 2,2 % du PIB de la ZMAO en 2009, la Guinée est une petite économie qui a été fortement perturbée entre 2007 et 2010 avant de retrouver une réelle démocratie qui, si elle perdurait, devrait remettre le pays sur un sentier de croissance qui lui a fait défaut pendant longtemps. Au cours du dernier quart de siècle, la Guinée a réalisé un taux d'inflation moyen de 17,5 %, alternant des phases de forte inflation avec un plafond de 72 % en 1985, mais aussi des périodes d'inflation modérée, voire faible comme sur la décennie 1993-2002 où le niveau général des prix n'a progressé que de 4,5 % par an avec un plancher de 1,1 % seulement en 2001.

Les causes de l'inflation en Guinée peuvent être nombreuses, comme elles ont fait l'objet de nos précédentes études, mais peuvent-elles s'inscrire dans notre modèle d'inflation ?

Le test de stationnarité de Dickey-Fuller augmenté sur les variables du modèle donne les résultats suivants sur les données statistiques en Guinée :

- Pt est stationnaire en première différence avec une constante : ADF= -3,56**.
- CBat est stationnaire en différence première avec une constante : ADF = -3,80**.
- CM2t contient une racine unitaire en niveau, mais stationnaire en différence première sans constante, ni trend : ADF = -3,60***.
- LogTCHt est stationnaire en première différence, avec constante : ADF= -5,09***.
- SBt est stationnaire en première différence sans constante, ni trend : ADF = -3,24***.

L'ordre d'intégration des variables devient donc : **DPt, DCBat, DM2t, DTCHt, et DSBt.**

Régression 8
Inflation en Guinée

Variables dépendantes	**Variables indépendantes**	**$\bar{R}^2$**	**s**	**F**	**DW**
Pt* (t)	-2,5+ 0,83Pt-1-0,26Pt-2+ 0,04CM2t-1+ 0,13CM2t-2 + 32,85LogTCHt (-2,52) (7,49) (-2,84) (1,59) (4,59) (6,39)	0,96	9,56	89,92	1,63
CM2t* (t)	15,01 + 0,59CBat + 0,89SBt-1 (1,84) (3,13) (0,52)	0,29	20,9	5,75	1,65
LogTCHt* (t)	7,32 - 0,04Pt-1 + 0,02DCBat-1 (29,69) (-2,88) (2,31)	0,40	370,4	8,05	-
CBat	26,4 %				
SBt	-2,6 %				

Ce modèle montre à suffisance que l'inflation guinéenne de 1985 à 2010 s'explique correctement par les anticipations des agents économiques, qui s'ils envisagent une hausse de 10 % dans leur prévision pessimiste sur les prix des biens et services à Conakry, l'inflation grimpe effectivement de 8,3 % à la première année avant de se comprimer de près de 2,6 % à la deuxième année, ce, avec une marge d'erreur de moins de 5 %. La hausse du niveau général des prix demeure très sensible aux variations du taux de change. En toute vraisemblance, une dépréciation de 10 % du GNF par rapport au dollar US, peut engendrer une inflation de 1 %, la masse monétaire n'y a pas d'effet significatif à la première année, par contre à la seconde année, elle exerce une forte incidence sur les prix de telle sorte qu'elle peut expliquer 1,3 % de l'inflation si les disponibilités monétaires progressent de 10 %. La constante y exerce un impact de frein. Ainsi les anticipations, la masse monétaire et le taux de change expliquent plus de 95 % de l'inflation guinéenne et cette relation est très stable car leur combinaison linéaire saisie au travers l'erreur résiduelle est stationnaire en niveau avec la statistique de ADF équivalente à -2,33**. La régression économétrique fait montre d'une bonne spécification et demeure structurellement et ponctuellement stable.

La décomposition de la variance prévisionnelle met en exergue que les innovations sur le taux d'inflation dans un horizon temporel de deux ans sont expliquées à 95 % par l'inflation elle-même, toute chose attribuable aux anticipations, alors que les variations de la masse monétaire et du taux de change n'y exercent marginalement que 5 %. Par contre à LT dans un horizon temporel de 5 ans, ces innovations sont fortement expliquées certes par les prix eux-mêmes à hauteur de 10,2 %, mais aussi par la masse monétaire pour 24 % et le taux de change pour 50,2 %.

L'évolution de la masse monétaire est fortement impactée par les variations de la base monétaire comme par une constante forte. Toutefois cette spécification présente une instabilité ponctuelle en 1997/98 qui tire son origine d'une forte réduction de la vitesse de circulation de la monnaie qui passe de 14 à 11 dans l'intervalle d'une année.

Le taux de change de son côté reste faiblement, mais négativement influencé par les évolutions de l'inflation décalée et positivement par celles de la monnaie de base sans omettre une incidence non négligeable de la constante. Si la spécification du modèle n'appelle pas d'observation particulière ainsi que sa stabilité structurelle, elle présente cependant une instabilité ponctuelle entre 1995 et 2004 qui correspond à une longue pratique de parité fixe par la BCRG qui cote sur cette période le dollar à 2000 GNF et qui s'estompe avec la dévaluation de juillet 2004. Il convient de relater une significativité moyenne de cette régression qui n'explique que 40 % de la variation du taux de change sur cette longue période.

La variation de la base monétaire s'inscrit à 26,4 % en moyenne et le solde budgétaire, dons compris, à -2,6 % du PIB.

*

* *

En somme, l'explication de l'inflation dans ces pays de la CEDEAO ne saurait être complète sans faire une analyse comparative de la variance prévisionnelle, afin de cerner la contribution marginale des variables intégrées dans le modèle pour expliquer ce phénomène pathologique. Les résultats sont résumés dans le tableau ci-après :

Tableau 4

Décomposition de la variance (en %)

Pays	**Anticipations**	**Masse monétaire**	**Taux de change**
Nigeria	85,4	2	12,6
Ghana	14,3	13,4	72,3
Guinée	10,2	24,2	65,6
ZMAO	**36,6**	**13,2**	**50,2**
RCI	55,5	38,9	5,6
Sénégal	91,6	0,2	8,2
Mali	77	16,1	6,9
UEMOA	**74,7**	**18,4**	**6,9**

Dans un horizon temporel de cinq ans, la décomposition de la variance prévisionnelle infère un rôle important des anticipations dans l'explication des tensions inflationnistes en Afrique de l'Ouest, surtout au Sénégal et au Nigeria avec des niveaux exceptionnels qui culminent respectivement à 91,6 % et 85,6 %. Elles expliquent également plus de la moitié de la hausse des prix au Mali et en Côte d'Ivoire.

Le rôle de la croissance de la masse monétaire est loin d'être négligeable dans cet environnement, à l'exception du Sénégal et du Nigeria, le poids de la variation de la masse monétaire est relativement considérable dans les deux espaces, surtout en Guinée et en Côte d'Ivoire avec 38,9 % pour l'une et 24,2 % pour l'autre.

Le taux de change de son côté a une forte influence sur la hausse du niveau général des prix selon l'espace considéré, mais cette influence est particulièrement élevée au Ghana (72,3 %) et en Guinée (65,6 %).

En définitive, à la lumière des différents résultats, on peut aisément constater dans les pays de ZMAO, que la variabilité du taux de change joue un rôle prépondérant dans l'explication de l'inflation. En effet au Nigeria, au Ghana comme en Guinée, la dépréciation régulière des monnaies locales, en l'absence d'ancrage à une monnaie forte comme l'euro ou le dollar US, explique au moins la moitié du phénomène inflationniste, dans un environnement où faut-il le rappeler, le niveau d'inflation est souvent préoccupant et de nature à compromettre la réussite de tout programme de développement, à défaut de favoriser des troubles sociaux. Par contre dans la zone UEMOA, en raison de la parité fixe du franc CFA avec l'euro et la stabilité monétaire qui en découle, l'inflation y est faible et l'impact du taux de change n'y dépasse pas 7 %.

Les anticipations extrapolatives voire adaptatives des agents économiques jouent un rôle important dans les deux cas : elles expliquent en effet 36,6 % en ZMAO et un peu plus du double en UEMOA (74,5 %) et deviennent ainsi le facteur le plus important de la hausse des prix dans la zone d'émission de la BCEAO.

Le rôle de la croissance de la masse monétaire a finalement un impact relativement limité dans les deux espaces : 18,4 % en UEMOA et 13,2 % en ZMAO. Ce résultat tire son origine de la faible monétarisation des économies ouest-africaines, de l'importance de la thésaurisation et dès lors des longs délais de réaction de la monnaie sur le niveau des prix.

Il apparaît incontestable en fait que le niveau d'inflation est un facteur stabilisant ou déstabilisant de la convergence macroéconomique dans la CEDEAO, il en est de même pour les stratégies budgétaires et fiscales ciblées sur le solde budgétaire et son financement, les problèmes de la dette…

5) Les stratégies budgétaires et fiscales

Dans les pays de la CEDEAO, la problématique du financement du développement conduit les États membres à des dépassements budgétaires avec leurs conséquences sur l'endettement public. Si cette dette en soi constitue un réel problème quant à son volume par rapport au produit national, son mode de financement peut être un véritable obstacle à une stabilité macroéconomique, s'il reposait uniquement sur les revenus de seigneuriage issus de Banques Centrales peu indépendantes. Alors qu'un déficit budgétaire important peut exercer de manière cruciale des pressions élevées sur la politique monétaire commune de l'UEMOA en dépit de règles statutaires visant à éviter la monétarisation des soldes primaires des États.

Notre analyse sommaire des stratégies budgétaires et fiscales sera essentiellement centrée sur la souténabilité de la dette publique aussi bien dans les pays de la zone d'émission de la BCEAO que dans les États de la ZMAO.

5.1) Approche théorique de la souténabilité de la stratégie budgétaire

Au prime abord, précisons que la présente analyse sera focalisée essentiellement sur la dette extérieure qui, comme chacun le sait, constitue la composante fondamentale de la dette publique aussi bien dans la zone d'émission de la BCEAO que dans la seconde zone monétaire de la CEDEAO. C'est précisément ce qui peut aussi créer la différence par rapport à l'applicabilité de la théorie dominante de la dette publique sur les économies en Afrique au sud du Sahara.

Il convient de noter que la dérive de l'endettement du secteur public amène à s'interroger sur les limites tolérables d'un tel processus et ses effets sur la stabilité macroéconomique de chaque pays, voire de toute l'union. Dans un environnement économique stable, la dette publique doit reposer sur des flux de revenus supplémentaires futurs du gouvernement pour en garantir le remboursement, dès lors si le ratio dette/PIB s'accroît sans cesse en corrélation avec un déficit budgétaire chronique, les prêteurs vont douter de la capacité de l'État à faire face à ses engagements contractuels à savoir sa contrainte budgétaire de solvabilité. Il est fréquent dans l'espace de la CEDEAO que le gouvernement s'oriente dans un processus de monétisation de la dette souveraine, toute chose qui incite à l'implémentation de politiques budgétaires insoutenables dans un contexte de faible indépendance de la Banque Centrale.

Le cadre théorique de contrainte d'endettement de l'État peut se formaliser de la façon suivante :

$$\mathbf{St = Tt - Gt.} \quad \mathbf{(1)}$$

Où St désigne le solde primaire du secteur public à la période t, soit la différence entre les recettes publiques totales et les dépenses de l'État nettes d'intérêts. La valeur négative de St correspond au déficit primaire, alors que sa valeur positive reflète un surplus budgétaire.

On peut également établir la contrainte d'endettement du secteur public par :

$$\mathbf{Bt = (1+it)Bt\text{-}1\text{-}\ St.} \quad \mathbf{(2)}$$

Où i désigne le taux d'intérêt nominal que supporte la dette extérieure publique Bt.

En termes réels, cette relation devient :

$$\mathbf{Bt/Pt = (1+it)\ Bt\text{-}1/Pt - St/Pt = (1+it)\ Bt\text{-}1/\ (1+ \pi t)Pt\text{-}1.} \quad \mathbf{(3)}$$

Cette équation peut se réécrire plus simplement en attribuant les caractères minuscules pour les grandeurs réelles de telle sorte que :

$$\mathbf{bt = (1+ rt)\ bt\text{-}1 - St.} \quad \mathbf{(4)}$$

rt = [(1+it)/(1+ πt) – 1] désigne le taux d'intérêt réel domestique sur la dette et permet d'établir la relation suivante :

$$bt\text{-}1 = bt/(1+rt) + St/(1+ rt). \quad (5).$$

Trois cas de figure sont envisageables :

- Le solde budgétaire primaire de l'État est nul (soit St = 0) : dans ces conditions, le stock de la dette réelle progresse à un taux équivalent au taux d'intérêt réel, dès lors,

$$\Delta bt = rt\ bt\text{-}1.$$

- Si le solde budgétaire primaire de l'État est déficitaire (soit St < 0), alors le stock de la dette augmente à un taux supérieur au taux d'intérêt réel. Il se posera avec acuité le problème de la souténabilité de la politique budgétaire du gouvernement.
- Si le solde budgétaire primaire est excédentaire (soit St > 0), le stock de la dette croît moins vite que le taux d'intérêt réel, si ce surplus primaire couvre plus que les paiements d'intérêts, donc le stock de la dette se réduit avec le temps.[5]

Par ailleurs, on peut également noter que **bt-1= bt/(1+rt) + St/(1+rt)** en résolvant cette équation dans un avenir pour N périodes et en faisant l'hypothèse simplificatrice que le taux d'intérêt réel est constant et dans le strict respect du non jeu de Ponzi (NJP), il va sans dire que :

Lim N → ∞, alors **bt+N/(1+rt) = 0.**

Cette condition impose que la valeur présente de la dette publique, dans un futur indéfini, converge vers zéro. En somme, la dette réelle b doit croître moins vite que le taux d'intérêt réel r, la condition du NJP est souvent justifiée par le fait que probablement, les prêteurs ne permettent pas au gouvernement de rembourser la dette publique par de nouveaux emprunts.[6]

Ainsi, la valeur de la dette publique à chaque instant doit être égale à la valeur présente du solde primaire anticipé ; et cette condition dite de transversalité définit la contrainte de solvabilité de l'État. Il convient de préciser que le taux d'intérêt réel doit être positif pour que la valeur présente du solde primaire futur soit finie.

Au plan théorique, la stratégie budgétaire et fiscale, dans un cadre rationnel de jeu de Ponzi, est contrainte par la nécessité de financer les déficits. Or virtuellement, quel que soit le niveau du solde budgétaire déficitaire, il peut être soutenable s'il était possible de payer les intérêts de la dette en empruntant de façon indéfinie. Notons que la contrainte de solvabilité inter temporelle de l'État se fonde sur l'impossibilité de financer la dette par le jeu de Ponzi. Une telle approche n'est pourtant possible dans un cadre déterministe que si

---

[5] Voir à cet égard Felwine Sarr, in *La souténabilité de la politique budgétaire dans la zone UEMOA : essai d'évaluation théorique et empirique ;* LEO, Université d'Orléans, janvier 2005.

[6] Le jeu de Ponzi décrit une situation dans laquelle les remboursements de la dette sont assurés par des nouveaux emprunts, ce qui aboutit à un accroissement perpétuel de la dette existante. Ainsi pour perdurer, le jeu doit se reproduire à l'infini.

l'économie est dynamiquement inefficiente, en d'autres termes, si les taux d'intérêt à LT de la dette publique sont inférieurs au taux de croissance de l'économie. Dans une économie dynamiquement efficiente en relation avec des prêteurs locaux et étrangers rationnels et une population constante, le financement par les jeux de Ponzi est envisageable. Dans les pays de la CEDEAO, si les économies peuvent être dynamiques, elles sont caractérisées par une forte croissance démographique, toute chose qui peut déboucher sur la limite de l'implémentation des jeux de Ponzi rationnels.

Selon O' Connell et Zeldes (1988) : « *les jeux de Ponzi rationnels sont possibles dans une économie avec une population croissante en absence d'altruisme intergénérationnel... le fait que l'individu satisfasse sa propre condition de transversalité ne suffit pas pour empêcher l'existence de jeux de Ponzi même si la richesse de chaque individu ne croît pas plus vite que l'inverse du facteur d'actualisation de la dette, la croissance démographique (au taux n) rend possible le fait que la richesse agrégée puisse croître à un taux égal ou supérieur au taux d'intérêt réel ; ils notent aussi que si les emprunteurs jouent à des jeux de Ponzi, n'infère pas forcément que les prêteurs soient lésés* ». En somme dans leur modèle, les jeux de Ponzi rationnels sont possibles dans une économie dynamiquement inefficace avec des agents à horizon de temps infini mais l'équilibre est sous optimum de Pareto.

Les conditions de transversalité des individus impliquent : Si la population croît au taux n, la dette publique doit croître à un taux inférieur à (r+n) et non à r comme l'indique la condition de NJP standard... Le gouvernement, pour satisfaire aux conditions de transversalité de tous les prêteurs de l'économie, doit s'assurer que le stock de dette par habitant croît moins vite que le taux d'intérêt.

Par ailleurs, lorsqu'il existe des contraintes sur les impôts que l'État peut lever, un équilibre inter temporel existe à condition qu'une contrainte de la dette soit vérifiée à savoir à chaque instant, le volume de la dette ne doit excéder ni la valeur du PIB courant, ni la valeur actualisée du PIB de la période suivante.

La question fondamentale réside dans l'applicabilité de toute la théorie de l'endettement valable dans les pays avancés, dans un environnement en développement marqué par des goulots d'étranglement comme dans l'espace CEDEAO. Dans ces pays de l'Afrique de l'Ouest, le revenu de seigneuriage est important, la dette a souvent un caractère concessionnel et les dons sont élevés, toutes choses qui contribuent fortement au financement des déficits budgétaires, mais qui ne sont pas prises en compte dans la plupart des modèles théoriques.

En intégrant les revenus de seigneuriage, l'expression du solde budgétaire devient :

$$\mathbf{St = Tt - Gt + \pi Bat/Pt.}$$

où Bat/Pt est la base monétaire réelle.

Dès qu'on introduit la monétisation de la dette, une stratégie budgétaire qui implique des déficits plutôt que des surplus peut être soutenable. Les pays de la CEDEAO reçoivent de volumes non négligeables de dons et de prêts concessionnels, surtout lorsqu'ils atteignent le point d'achèvement de l'initiative PPTE des Institutions de Bretton Woods, dès lors, la dette est souvent renégociée si elle n'est pas totalement annulée. D'aucuns pensent empiriquement que les séries reflétant les financements concessionnels passés vont prévaloir dans un futur indéfini. En fait, la contrainte NJP n'est pas applicable aux dons, ni à la dette concessionnelle.

Cuddington (1997), pour tester la contrainte de solvabilité de l'État, propose de séparer la dette concessionnelle et les dons (qui peuvent être considérés comme une dette à un taux de -100 %), de la dette non concessionnelle.

La contrainte de solvabilité du gouvernement devient :

$$\mathbf{B_t = (1 + r_{t-1}) B_{t-1} - S_t - B^d_t + (1 + r^d_{t-1}) B^d_{t-1}.}$$

Avec B^d_t = dette concessionnelle et r^d_t = taux d'intérêt de la dette concessionnelle.

Selon Fewine Sarr : « *En UEMOA, il existe une similitude dans l'évolution tendancielle du ratio de la dette entre 1972 et 2002, et même au-delà. C'est-à-dire que la dynamique de la dette dans ces pays est assujettie aux mêmes contraintes structurelles. Il ressort une évolution croissante du ratio dette/PIB jusqu'à un pic en 1994 du réajustement cambiaire qui a provoqué le doublement du volume de l'encours de la dette publique. On note cependant, ajoute-t-il qu'à partir de 1994 pour la plupart des pays de l'UEMOA, une tendance à la stabilisation de ce ratio et sa convergence vers une limite de 80 % du PIB nominal, en raison de l'implémentation des critères de convergence depuis 1994 qui fixe le plafond du ratio dette/PIB à 70 %. Il note également pour l'essentiel des pays un premier pic au milieu des années 80 suivi d'une rupture de tendance ; toute chose qui met en évidence la crise de la dette des années 80, et les Programmes d'ajustement structurel et leur conséquence sur la réduction de la dette* ».[7]

Dès lors, il convient de vérifier l'incidence de la dette publique sur la croissance dans quelques pays de l'UEMOA au cours des trente dernières années.

5.2) La dette publique en Côte d'Ivoire et au Mali

Le plafonnement du financement monétaire des Trésors Publics, doublé de la faiblesse des ressources budgétaires, a débouché sur une forte dépendance des

[7] Felwine Sarr, *LEO, op. cit.*.

États de l'endettement extérieur mais aussi de la dette intérieure, d'autant que le ratio dette/PIB qui s'inscrivait autour de 21 % dans les années 70 pour l'ensemble de l'Union atteignit près de 45 % au début des années 80. Or, la basse conjoncture économique de cette période, relativement à la baisse des cours des produits primaires, mais avec la hausse des cours du pétrole (second choc pétrolier), coïncide avec la fin des maturités. Cependant pour assurer le service de la dette, il est nécessaire de dégager des ressources budgétaires, de plus en plus difficiles, toute chose qui oblige les gouvernements à s'endetter davantage et à des conditions plus contraignantes.

Ce ratio a évolué de la manière suivante au cours des trente dernières années au Mali et en Côte d'Ivoire.

Graphique 6

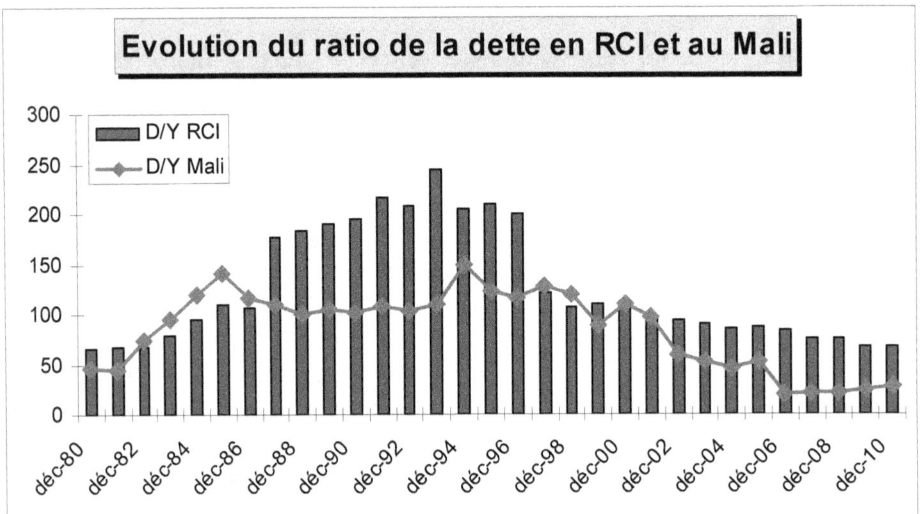

Au Mali, le ratio de la dette s'inscrit dans une moyenne de 85 % entre 1980 et 2010 présentant ainsi deux pics avant de se stabiliser en fin de période. Le premier pic ressort une valeur de 141,2 % en 1985 et met en évidence la crise de la dette des années 80. Le second choc provient de la dévaluation du franc CFA en 1994 avec le doublement de l'encours de la dette extérieure, le ratio prend alors la valeur de 149,2 %. On comprend dès lors qu'il était indispensable d'instaurer des critères de convergence sur le niveau de l'endettement, afin de rendre les stratégies budgétaires et fiscales plus soutenables. Ainsi en fin de période, discipline budgétaire aidant, le ratio de la dette se situe alors à moins du quart du PIB, soit 23,2 % sur le dernier quinquennat entre 2006 et 2010.

Une analyse économétrique des relations dette et croissance économique, nous donne les résultats suivants par la méthode du modèle vectoriel à correction d'erreurs.

Régression 9
Dette publique au Mali

TCPIB* = -9,341 + 0, 001 Debt(t-1)			
(t) (0,02)			
ec = - 0,472		**ADF = -1,707**	**VC = -2,970****
(t) (-4,213)			
$\bar{R}^2$ = 0,482	**s = 5,687**	**SCH = 5,977**	**F = 9,387*****

Il ressort dans une dynamique de LT que la dette publique du Mali n'a pas d'influence significative sur le taux de croissance économique et ne s'inscrit pas au cours de cette longue période au service du développement économique. Le test de Dickey-Fuller Augmenté nous permet de conclure à la non-stationnarité du ratio de la dette par rapport au produit et donc à la non-soutenabilité de la dette publique d'un pays qui, pourtant en fin de période, fait montre d'une rigueur budgétaire incontestable au travers le respect des critères de l'union relatifs à la dette publique. En somme, c'est depuis 2003 avec l'atteinte du point d'achèvement de l'initiative PPTE que la dette publique est devenue soutenable, car avec le bénéfice des réductions dans le cadre de l'Initiative d'allégement de la dette multilatérale (IADM), le ratio de la dette, selon le rapport annuel de la Zone Franc 2010, est passé de 58,7 % en 2005 à 29,6 % en 2009, période à laquelle la dette extérieure s'inscrivait à 2667 M$. Le service de la dette rapporté aux exportations n'excède pas 3,8 %.

En somme, le rapport de la Zone Franc note également qu'*en 2010, compte tenu de la volatilité des exportations d'or et du déclin prévisible de la production à moyen terme, l'analyse de soutenabilité de la dette menée par les services du FMI a recommandé aux autorités de recourir uniquement à des financements concessionnels.*

La dette en Côte d'Ivoire et celle du Mali présentent la même tendance sur les trente dernières années, à la différence que la dette ivoirienne s'inscrit en moyenne à 125 % du PIB entre 1980 et 2010. Pendant longtemps, l'économie de la Côte d'Ivoire a implémenté les jeux de Ponzi en remboursant les anciennes dettes par des nouvelles d'autant que de 1991 à 2000, par exemple, le ratio de la dette se chiffrait à 173 % du PIB avec une valeur modale de 244 % en 1994. Même si l'économie a enregistré un taux de croissance moyen du produit réel de 11 %, il se pose de toute évidence un véritable problème de soutenabilité de la dette en Côte d'Ivoire.

Dès lors à ce niveau d'endettement, le coût du service de la dette peut dépasser la valeur des exportations et conduire à des accumulations d'arriérés, rendant nécessaires des rééchelonnements de la dette. Même si le cas de la Côte d'Ivoire peut être légèrement différent, il n'en demeure pas moins que la charge de la dette en principal et intérêts a obéré l'équilibre des finances publiques par une réduction de plus en plus importante de la part des dépenses courantes dans le budget national.[8]

L'analyse par la méthode du modèle vectoriel à correction d'erreurs, de l'incidence de l'endettement sur la croissance économique donne les résultats ci-après.

Régression 10
Dette publique en RCI

TCPIB* = - 7,060 + 0,008DEBTt-1			
(t)		**(0,262)**	
ec = - 0,277		**ADF = -2,431**	**VC = -2,971****
(-2,395)			
$\bar{R}^2$ = 0,306	**s= 4,193**	**SCH = 5,661**	**F= 4,977****

Cette régression économétrique infère dans une dynamique de LT, que la correction d'erreurs s'applique avec un vecteur de co-intégration significativement négatif débouchant sur un délai de répercussion de la dette publique sur l'économie réelle de près de 3,6 ans, mais qui finalement n'a pas d'influence avérée sur la croissance du produit réel. Par ailleurs, le ratio dette sur PIB n'est pas stationnaire à s'en tenir au test d'ADF ; il est donc aisé de conclure que la dette publique ivoirienne n'est pas soutenable sur la période en revue et la corrélation entre dette et taux de croissance du PIB avec 0,17 % seulement ne permet pas d'affirmer que la forte croissance de l'économie de la Côte d'Ivoire émane de son taux d'endettement élevé. Sans doute le service de la dette a dû priver, l'économie de la Côte d'Ivoire, de ressources budgétaires nécessaires pour financer son développement au travers d'un niveau de taux d'investissement public convenable. Ces amortissements de la dette, selon les

[8] Alain Delage et Alain Massiera notent in *Le Franc CFA, bilan et perspectives :* Aussi, malgré les annulations de la dette publique extérieure, notamment de la part de la France, (en 1989, annulation de 20 Mds de franc pour 35 pays d'Afrique), les allégements depuis le sommet de Toronto, et les dons, la dette a continué à croître pour atteindre 98 % du PIB en 1991 avec le ralentissement de la croissance. Ces initiatives se sont cependant traduites par une baisse sensible de la charge du service de la dette extérieure, qui déjà en 1988 ne représentait plus que 3,3 % du PIB (5,1 % en 1985). Page 81.

statistiques de la CAA, ont représenté environ 258 Mds de CFA en 2009 et 2010 soit respectivement 10,43 % et 11 % des recettes publiques, dons y compris.

Il est tout à loisir de noter cependant, qu'avec l'atteinte du point de décision PRPC, que la restructuration de la dette publique a été engagée en 2009 avec le club de Paris et a abouti sur l'annulation de 845 M$ et le rééchelonnement de 1 230 M$; l'implémentation de cet accord a permis de réduire 92 % du service de la dette du club de Paris sur une période de trois ans. La restructuration de la dette du club de Londres la même année s'est traduite par l'annulation de CFA 268 Mds, la titrisation de près de 1 000 Mds de CFA rééchelonnés sur 23 ans. En conséquence à fin décembre 2009, le ratio dette extérieure/PIB s'inscrivait à 50,6 % contre 66,9 % pour l'ensemble de la dette ; c'est dire que 16,3 % de la dette ivoirienne est enregistrée sous forme d'emprunts obligataires en faveur des institutions financières et des opérateurs locaux. En tout état de cause, l'atteinte du point de décision des Institutions de Bretton Woods a permis à la Côte d'Ivoire de respecter désormais les critères d'endettement mis en œuvre par l'UEMOA dans le cadre de la convergence des économies de la zone d'émission de la BCEAO fixées à 70 % du PIB.

5.3) La dette publique du Nigeria

Il est important d'examiner si la dette publique du Nigeria approche un niveau d'insouténabilité ou si le problème de la dette souveraine commande à influencer la politique fiscale du gouvernement. Le stock de la dette publique affiche une forte tendance à la baisse entre 1985 et 2010. Le niveau de la dette extérieure n'est pas alarmant, loin s'en faut, depuis les accords de restructuration des clubs de Paris et de Londres obtenus en 2006.

Pour la dette domestique, la période 2004-2006 peut être considérée comme l'âge d'or de la politique fiscale au Nigeria, car l'administration du président Olusegun Obasanjo réduisit le niveau de la dette extérieure à près de 12 % du PIB (3 348 M$ en 2007) au lieu de 28 039 M$ en 1999 ; tandis que la dette locale augmentait de 258 % sur la même période pour arriver à ₦ 4 468 Mds en mars 2010.

Graphique 7

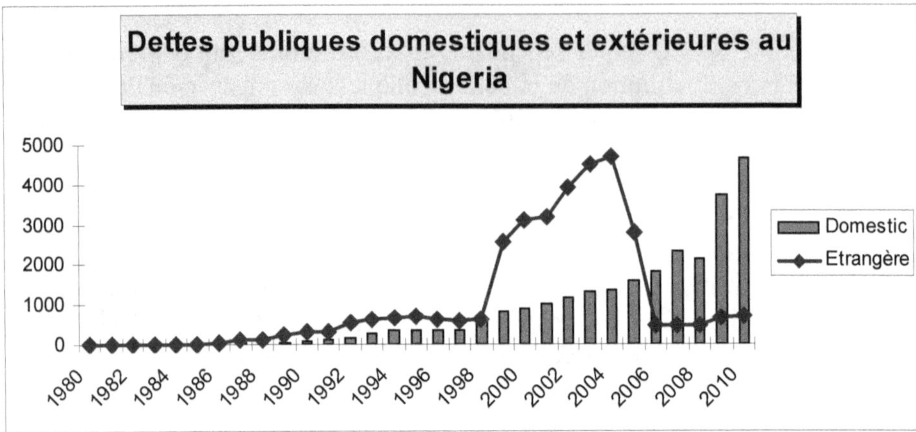

Selon l'Office de management de la dette publique du Nigeria, la dette souveraine agrégée du pays, toutes sources et toutes devises confondues, arrive à 27 420 M$ en mars 2010. Le graphique ci-dessus met en exergue une inversion de tendance entre la dette extérieure et les encours locaux après le bénéfice de la restructuration des clubs de Paris et de Londres.

La dette extérieure du Nigeria s'est accrue fortement entre 1998 et 2005 et en conséquence, le reflux, par le service de la dette, a favorisé une grande fuite des capitaux. Cette dette ressort les caractéristiques suivantes :

- Endettement extérieur élevé depuis 1980 en déphasage avec le cours du baril de pétrole.
- Inadéquation du volume de la dette avec la croissance des exportations.
- Faible fiabilité économique des projets financés par la dette extérieure.
- Faible impact de la dette sur l'économie, en raison des problèmes de mauvaise gouvernance et de capacité d'absorption.
- Inadéquation entre la maturité de la dette et la rentabilité des projets.
- Taux d'intérêt (LIBOR) élevé.

Dans ces conditions, l'accroissement de la dette publique pose de réels obstacles à la nation sur son sentier de croissance et de développement. Le service de la dette, important, pourrait compromettre la capacité de production de l'économie et impacter négativement la coordination des politiques budgétaires et monétaires et en compromettre la réalisation des objectifs désirés.

Toutefois, un niveau élevé d'endettement peut être en phase avec la réalisation d'importants programmes d'investissements en infrastructures, éducation, santé publique… Face à cette situation, il est impératif que le volume et la structure de la dette soient gérés avec prudence et en harmonie avec les objectifs de développement économique de la nation.

Au Nigeria, la dette publique présente la structure sectorielle suivante :

- Santé publique : 18,5%.
- Agriculture : 14,2%.
- Eau : 11,8%.
- Électricité : 10,4%.
- Éducation et perfectionnement : 9,6 %.
- Sciences et techniques : 5,2%.
- Routes et transport : 5,1%.
- Environnement : 4,8%.

Source : Debt management office, décembre 2009.

Le secteur social, à savoir la santé, l'éducation et la recherche scientifique s'adjuge exactement le 1/3 de la dette globale du Nigeria (33,3 %), suivi du secteur énergétique avec 22,2 % et de l'agriculture avec 14,2 %.

En 1980, le volume global de la dette publique ne dépassait pas 10,1 Mds de Naira dont 81,5 % de dette domestique, quinze ans après, soit en 1995. La dette atteint désormais 1 058 Mds de la devise nationale, cette forte augmentation s'est faite au détriment de la dette locale dont la part a fléchi à 32,2 % de l'encours global. En 2010, l'encours global ne représente plus que 5 327 Mds de Naira, la dette extérieure en représente seulement 13 % et les emprunts locaux 87 % et l'encours global atteint seulement 17,1 % du PIB.

Par ailleurs, le test de racine unitaire appliqué à la dette domestique du Nigeria ressort une valeur de ADF = -5,033 avec une VC = - 4,308**.* Cette stationnarité de la dette publique locale, avec certes une constante et un trend, augure de la souténabilité de la dette domestique. La dette extérieure est également stationnaire donc soutenable avec une valeur de ADF = -3, 307 pour une VC de - 2,266**, soit sans constante ni trend.

Dans une dynamique de LT, le modèle vectoriel à correction d'erreurs donne les résultats ci-après :

Régression 11
Dette publique au Nigeria

TCPIB* = -4,300 - 0,306 DDEBT + 0,138 EDEBT
(t) (-1,666) (2,165)

ec = -0,145
(-2,257)

$\bar{R}^2$ = 0,144 s= 1,457 F = 2,05 SCH = 3,850.

La souténabilité budgétaire

D'une manière générale, le déficit budgétaire est variable selon l'instabilité que présente l'écart entre les dépenses et les recettes publiques d'un exercice budgétaire à l'autre. Dès lors, le déficit s'accroît si les charges de l'État dépassent de manière persistante les recettes fiscales. L'accroissement dynamique des dépenses de la puissance publique sur plusieurs exercices budgétaires, alors que les ressources publiques baissent ou stagnent dans le meilleur des cas, voire progressent moins vite, il en résulte un creusement du déficit dont la valeur cumulée aggrave l'endettement public avec ses conséquences sur les intérêts payés par le gouvernement. Toutefois, la hausse du solde budgétaire est déterminée par des facteurs macroéconomiques, tels que le taux d'inflation anticipé, le cycle économique et son impact sur les impôts et taxes et la variation des dépenses publiques. En somme, les fluctuations cycliques de la production peuvent engendrer un boom ou une récession économique avec ses effets significatifs sur le solde primaire ; par exemple, en période de récession, la faiblesse du PIB tend à accroître le déficit budgétaire en raison de la baisse des recettes fiscales en rapport avec la baisse de l'activité économique. Alors, certaines dépenses publiques deviennent contra cycliques car elles augmentent au cours du retournement du cycle des affaires.

5.4) La Guinée doit-elle émettre des emprunts obligataires ?

L'environnement macroéconomique en Guinée est caractérisé par une forte récession qui tire son origine de la faiblesse de la production et affiche sur la dernière décennie un taux de croissance du produit réel qui couvre à peine celui de la croissance démographique. Au cours de la même période, le pays n'a été accompagné par les Institutions de Bretton Woods dans le cadre de l'initiative PPTE et ses avantages sur l'allégement de la dette et la réduction de la pauvreté qu'à partir de septembre 2012.

Au cours du dernier quart de siècle, le financement de l'investissement public est assuré uniquement par deux sources principales : les **ressources locales** sûres mais modestes au travers le budget national de développement et les **financements extérieurs (FINEX)** peu sûrs, ciblés, des fois imposés, même s'ils peuvent être plus importants.

Les hypothèses de croissance macroéconomiques selon la LF 2014 reposent sur les fondements ci-après :

- Un PIB au prix courant de GNF 37 620 Mds.
- Un taux de croissance du produit réel de 4,5 %.
- Un taux d'inflation de 8,5 %.
- Un taux de change à l'incertain du GNF/€ de 9686.

Par ailleurs, le solde budgétaire de base s'inscrit à -6,4 % du PIB. Alors que le financement de l'investissement public en Afrique au sud du Sahara comporte de plus en plus d'emprunts obligataires, le but de cette note sommaire est de tenter d'explorer les voies, moyens et modalités d'intégrer avec succès ce mode de financement en Guinée, quand on sait que les besoins d'investissements publics demeurent importants dans les secteurs de l'énergie, des travaux publics, de la santé, des transports…

- **La dette publique en Guinée**

L'encours global de la dette publique a atteint 105,5 % du PIB en 2010 ; le problème majeur demeure que cet encours, exprimé en monnaie locale, s'accroît avec la dépréciation du GNF par rapport aux devises de règlement à savoir le dollar et l'euro essentiellement. Ce gonflement constitue un véritable handicap pour le gouvernement à faire face aux échéances en capital et intérêts dans les délais requis.

Dans l'exercice budgétaire 2010, le service de la dette a atteint GNF 1038 Mds, dont GNF 257 Mds d'intérêts payés. La tendance pour l'exercice 2011 s'inscrit dans une réalisation de GNF 1 300 Mds. Il convient de préciser que la dette extérieure envers les créanciers publics (Club de Paris) en constitue, avec 86 % de l'endettement de la Guinée, la principale contrepartie ; le solde étant constitué de créances du secteur privé local ou étranger sur le gouvernement.

La part de la dette publique dans le PIB a évolué de la manière suivante entre 2004 et 2011 :

Graphique 8

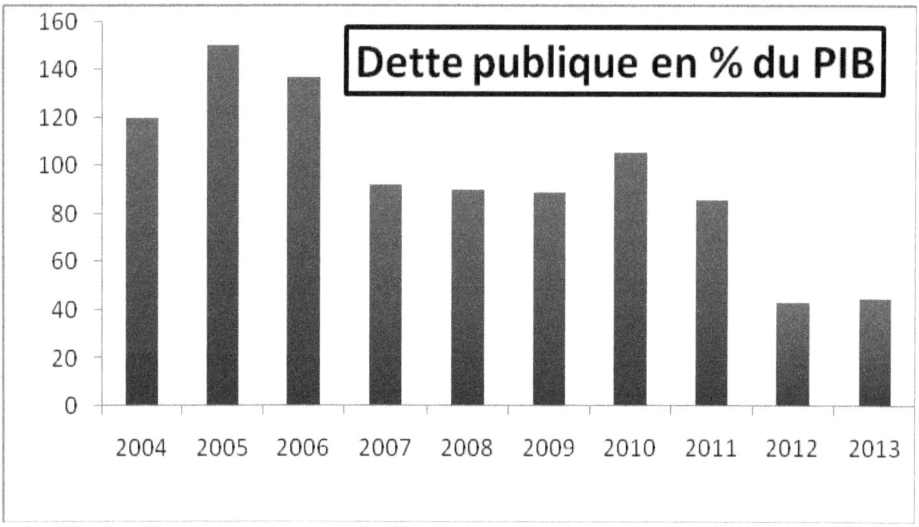

Le graphique ci-dessus met en évidence une gestion idoine de la dette qui présente un poids de plus en plus soutenable, dont la part dans le PIB a culminé à 150 % en 2005 consécutivement à une dépréciation du GNF de près de 76 % par rapport à l'us dollar, contre seulement 86 % en 2011 ; ce bon résultat est obtenu nonobstant une dépréciation régulière de notre monnaie au regard des devises de règlement, mais aussi dans un contexte de récession économique. Ce poids s'est comprimé à 43 % avec le bénéfice en septembre 2012 de l'initiative PPTE. Le développement de l'endettement local par le biais des emprunts obligataires à l'adresse des agents économiques nationaux, sera de nature à assurer une couverture et une transparence à l'égard de la valeur externe de la monnaie.

En somme, cette tendance indépendamment de la conclusion d'un programme formel avec le FMI, est de nature à asseoir une plus grande solvabilité du gouvernement et une meilleure convergence des stratégies budgétaires et fiscales de la Guinée au regard des critères de performance macroéconomiques de la ZMAO.

5.4.1) Solvabilité et soutenabilité budgétaires

- **Solvabilité budgétaire**

Pour être solvable, l'État guinéen a besoin de remplir dans le temps une contrainte budgétaire et doit satisfaire à la relation suivante :

$$S = B/Y(r-y)$$

Où S désigne la solvabilité du secteur public, B le stock de la dette publique, Y le PIB, r le taux d'intérêt réel et y le taux de croissance du produit réel. En tant que pays débiteur net, un surplus budgétaire est nécessaire pour atteindre la solvabilité budgétaire, car le taux d'intérêt réel est souvent supérieur au taux de croissance économique.

En 2001, l'État guinéen a eu besoin de générer un solde primaire de 6,2 % du PIB pour un solde primaire effectif de 0,7 % du produit ; ainsi l'ajustement de solvabilité budgétaire, selon la Banque Mondiale, s'inscrit autour de 5,5 % du PIB. Cet ajustement ressort alors à 5,9 % du PIB en 2005 et est estimé à 5,1 % du produit réel, soit GNF **1 647 Mds** en 2010.

Les résultats macroéconomiques pour 2013 s'inscrivent, comme le précise l'annexe 1, entre autres, autour d'un taux de croissance de 2,5 % du produit réel, mais avec une forte réduction de la dette extérieure consécutivement à la conclusion d'un programme formel avec le FMI. Néanmoins, en raison des longs délais d'adaptation, nous retenons un ratio de la dette publique de l'ordre de 43 %. Eu égard à la rigueur dans la gestion de la politique monétaire, le taux d'inflation s'établit à 10,5 % et le taux de variation du change est estimé à 4,5 % par rapport à l'euro avec un degré de liquidité macroéconomique (1/V) de 6 % relativement à une maîtrise de la déviation de la base monétaire. En conséquence, il ressort un coefficient de solvabilité du secteur public de 6,3 % du PIB. Lorsque le solde primaire effectif ressort à 1,3 % du PIB en 2013, toute chose qui permettra le respect, les critères zonaux, l'ajustement lié à la contrainte budgétaire publique atteint ainsi **GNF 2 285 Mds**. De même dans les prévisions 2014, comme les soldes primaires de solvabilité et de souténabilité sont négatifs, l'État guinéen pourrait se rendetter jusqu'à **GNF 1 616 Mds** sans altérer son niveau de solvabilité et de souténabilité.

Trois principales sources de financement locales peuvent être alors envisagées :

- Le financement par **l'émission des bons du Trésor et des titres d'État** pour le premier quart, sera destiné à couvrir les besoins de trésorerie de la puissance publique ; ce système est en vigueur depuis 1994 et constitue aujourd'hui le mode de financement le plus orthodoxe du gouvernement, en raison de son caractère peu inflationniste.
- **La création monétaire** dans le cadre d'une avance statutaire de la Banque Centrale au Trésor Public, reste la seconde solution, également dans une proportion qui ne doit pas excéder le quart de l'ajustement budgétaire, soit 1,5 % du PIB, mobilisable par trimestre civil. Ce plan de décaissement sera de nature à atténuer tant soit peu, les tensions inflationnistes inhérentes à ce type de financement qui pourrait être destiné également en bonne partie à résorber les tensions de liquidité du Trésor Public.
- **L'emprunt obligataire** doit être, comme ailleurs dans la sous-région, la troisième source de financement du solde primaire des finances publiques. Il doit être orienté uniquement sur les investissements publics, dans une stratégie de ciblage adéquat. Il doit être en Guinée aussi le meilleur moyen de mobilisation de l'épargne publique pour des fins de formation brute du capital fixe. Ce mode de financement peut être un moyen efficace, de couvrir nos besoins cruciaux en matière d'énergie, sans laquelle aucun progrès économique n'est possible, à cela s'ajoutent les financements des défaillances des BTP, des transports, de santé publique et même la qualité de l'éducation… il doit couvrir la moitié des besoins de financement du trésor, soit environ GNF 800 Mds.

5.4.2) La souténabilité budgétaire

Une politique budgétaire est soutenable si elle assure sur une longue période la solvabilité de l'État ; en d'autres termes, si elle garantit que la dette publique ne croît pas de façon excessive de telle sorte que l'État ne puisse plus assurer son remboursement.

L'émission de la dette publique traduit la conséquence d'une insuffisance des recettes par rapport aux dépenses. Or, l'État ne peut pas toujours lever les impôts ou réduire ses dépenses à cause des principes budgétaires et des marges de manœuvre propres aux démocraties, toute chose qui rend difficile le respect de la contrainte de solvabilité.

Par ailleurs, une forte inflation se traduit par une baisse de la proportion de la dette dans le produit national et implique un accroissement du seuil de souténabilité de la dette publique ; car l'inflation fonctionne comme une taxe qui procure des revenus importants à l'État. Dans le cadre d'une moindre indépendance de la Banque Centrale, l'État peut acquérir des revenus de seigneuriage par une augmentation de la masse monétaire (monnaie externe). Cette autre manœuvre qui se traduit par une hausse du seuil de soutenabilité de la dette publique, engendre une progression de l'inflation, un accroissement de la vitesse de circulation de la monnaie et provoque à LT une crise de l'endettement nécessitant des corrections budgétaires radicales et brutales, voire des ajustements cambiaires.

Le niveau du surplus primaire de solvabilité de l'État, le niveau des exportations et dons, mais aussi la variation du taux de change, le taux d'inflation et le degré de liquidité de l'économie sont là tant de facteurs qui influencent significativement la souténabilité budgétaire (*cf.* annexe 1). Un nombre positif montre que le besoin d'ajustement budgétaire est indispensable, alors que si le nombre est négatif, aucun ajustement n'est nécessaire pour la souténabilité budgétaire.

En Guinée, le solde primaire de souténabilité est estimé à -0,7 % du PIB en 2010 et nos prévisions 2014 le ressortent au même niveau, lorsque le solde primaire effectif s'inscrit respectivement à -5,8 % et -5 % du PIB, alors le déficit primaire d'ajustement de souténabilité atteint 12,2 % en 2010 soit **GNF 3 954 Mds** pour ressortir seulement à 4,1 % en 2014 pour **GNF 1 560 Mds**.

En somme, on peut remarquer que si les déficits budgétaires de solvabilité et de souténabilité sont proches en 2014, l'écart entre les deux ajustements était important, car le solde primaire durable se comprime de GNF 620 Mds par rapport au déficit de solvabilité (annexe1). Mais en tout état de cause, les scénarios mis en œuvre montrent clairement que les stratégies budgétaires et fiscales de la République de Guinée sont soutenables et que le secteur public est solvable nonobstant l'inflation rampante qui s'inscrit dans un environnement macroéconomique récessionniste.

Dès lors, la contrainte budgétaire locale de la solvabilité ponctuelle et durable du secteur public peut s'inscrire dans les maturités optimales ci-après :

- **Bons du Trésor : 365 jours au maximum ;**
- **Titres d'État : 1 an minimum, 3 ans maximum ;**
- **Obligations d'État : 3 ans minimum et 10 maximum.**

Tous ces instruments doivent être dématérialisés et négociables afin d'assurer une plus grande fluidité du marché des titres de Guinée.

*

* *

L'émission d'un emprunt obligataire sur le marché local peut assurer au gouvernement la levée d'importantes ressources budgétaires pour faire face au financement des infrastructures de base (*cf.* annexe 2) ; elle doit être adressée uniquement aux institutions financières et aux sociétés pour en garantir le succès, il est vrai, dans un marché étroit mais profond, eu égard à la surliquidité du système bancaire. Comme les stratégies budgétaires et fiscales de la Guinée peuvent être qualifiées de pérennes, eu égard à leur bon niveau de soutenabilité, le gouvernement peut objectiver de lancer des emprunts obligataires équivalents à la contre-valeur de 50 à 100 M$ à chaque exercice budgétaire, toute chose qui sera de nature à réduire le poids de l'endettement extérieur en devises. Le préalable est d'éviter les effets d'éviction d'une part et d'optimiser d'autre part le niveau des réserves obligatoires, afin de libérer les ressources additionnelles nécessaires pour des fins de financement des infrastructures d'utilité collective dans le cadre de l'aménagement du territoire national.

Synthèse et conclusion

À la lumière de ce qui précède, les critères de convergence gagneraient à être simplifiés et unifiés en Afrique de l'Ouest, même si les problématiques sont différentes et la dualité entre les deux zones une évidente réalité. La convergence macroéconomique β met en exergue sur les trente dernières années tout au moins, une faible convergence des économies de l'UEMOA et une divergence de celles de la ZMAO qui, du reste, s'accélère dans le temps : la position dominante du Nigeria, grand exportateur de pétrole, en est la cause : peut-il jouer un rôle de locomotive dans le processus d'intégration monétaire de la sous-région ? Par ailleurs, un focus sur l'évolution du niveau général des prix infère sur la période de l'étude, que l'inflation est faible en UEMOA avec une moyenne de l'ordre de 3,9 % entre 1980 et 2010, avec une pointe de 20,1 % en 1994 (année de la dévaluation), toute chose qui en dit long sur le rôle fondamental du taux de change dans la formation des tensions inflationnistes en Afrique de l'Ouest. Sur la même période, les pays de la ZMAO extériorisent un taux moyen d'inflation de 22,6 % avec une pointe de 122,8 % au Ghana en 1983. Cette forte inflation, si elle n'est pas endiguée, sera de nature à compromettre tout élan de croissance économique tant elle est néfaste pour le revenu réel des ménages et le pouvoir d'achat des consommateurs. Une analyse des causes de l'inflation, dans les deux espaces au travers la décomposition de la variance prévisionnelle, ressort que la variation du taux de change explique 50 % de la hausse des prix dans les trois pays de la ZMAO (parité flexible) contre 7 % seulement en RCI, au Mali et au Sénégal (parité fixe) ; alors que les anticipations extrapolatives s'adjugent 75 % de la hausse des prix en UEMOA contre 36 % en ZMAO. Dans les deux cas, la contribution de la croissance de la masse monétaire est inférieure à 20 % (18 % dans la zone d'émission de la BCEAO contre 14 % sur l'espace d'autonomie financière). Ce différentiel d'inflation entre les deux zones constitue un obstacle majeur à l'intégration monétaire.

Le tableau de la dette, somme toute, affiche globalement une convergence grâce à l'initiative PPTE et au PRPC du FMI, car le niveau d'endettement baisse dans tous les pays, même si là aussi des différences persistent : le Mali et la Côte d'Ivoire vont connaitre un ratio d'endettement supérieur à 100 % du PIB entre 1988 et 1998, avec toutefois une moyenne de 125 % pour l'une et 75 % pour l'autre entre 1980 et 2010. Le niveau d'endettement de la RCI va même connaitre sa valeur modale en 1994 avec 244 % du PIB et le pays qui affiche pourtant un taux de croissance important va recourir aux jeux de Ponzi à savoir le remboursement des anciennes dettes par les nouvelles. Par ailleurs, l'ensemble des pays de l'UEMOA vont connaitre le double de leur endettement extérieur en 1994 avec la dévaluation du franc CFA. Même si aujourd'hui le niveau d'endettement a baissé, grâce au PRPC, l'annulation et rééchelonnement d'une partie de la dette extérieure, son impact n'est pas significatif sur la croissance économique.

Le Nigeria de son côté va connaitre une forte hausse de sa dette à partir de 1998, mais avec l'éligibilité au PRPC du FMI et la restructuration du club de Paris, le ratio de la dette publique s'est inscrit à 12 % et la dette domestique a progressivement augmenté. L'endettement extérieur au Nigeria a été en phase avec d'importants programmes d'investissements en infrastructures, éducation, santé publique… de telle sorte qu'une augmentation de 10 % de ce volet assure une hausse de 1,4 % du PIB, contre une baisse de -0,3 % pour la dette domestique dans les mêmes conditions. La dette publique globale du Nigeria cause la croissance économique.

Le PRPC en 2012 a rendu la dette publique guinéenne également soutenable, grâce à l'IPPTE et aux annulations et rééchelonnements du club de Paris ; le ratio de la dette s'inscrit à 43 % en 2012 contre 150 % suite à une forte dépréciation du GNF par rapport au dollar US en 2006 puis à 75 % en 2010. Toute chose qui offre une opportunité à la Guinée d'émettre les obligations d'État pour financer les investissements d'infrastructures, d'énergie, de santé publique, d'éducation et d'environnement…

Chapitre 2
Indépendance des Banques Centrales d'Afrique de l'Ouest

Introduction

Pour mieux cerner la notion d'indépendance d'une Banque Centrale, il est nécessaire de comprendre les principales missions dévouées à cette institution :

Une Banque Centrale est avant tout la banque du Trésor Public et qui occupe une position de leader au sein du système bancaire, on l'appelle à cet égard la banque des banques, car non seulement elle détient le monopole de l'émission, toute chose qui lui permet d'être le prêteur en dernier ressort des institutions financières et à cet effet, elle exerce aussi une action prépondérante sur la liquidité bancaire.

En tant qu'institut d'émission, elle dispose d'un droit de seigneuriage qui lui assure le monopole de l'émission de la monnaie fiduciaire à savoir les billets et les pièces de monnaie qui font partie de son patrimoine. Dès lors, il est tout à fait naturel pour une Banque Centrale d'assurer la gestion de l'usage des moyens de paiement des banques primaires, elle est donc la seule à même de juguler une crise de liquidité par une intervention directe ou indirecte – *open market* – auprès des banques.

Pour des raisons évidentes de stabilité du système financier, la Banque Centrale est particulièrement impliquée dans la mise en œuvre et la surveillance des normes prudentielles relatives, entre autres à, la liquidité, la division et la concentration des risques, la solvabilité, voire la limitation du risque de change…

Toute Banque Centrale dispose d'une politique monétaire qui repose sur les instruments suivants : les taux d'intérêt, les réserves obligatoires, les agrégats monétaires, l'*open market*… et fixe chaque année des objectifs finals tels que la stabilité des prix, le plein-emploi, le niveau des taux d'intérêt à LT… Son rôle consiste également à déterminer les objectifs intermédiaires comme le niveau du taux de change, le contrôle des agrégats et le ciblage du taux d'inflation.

La Banque Centrale assure donc un rôle important dans la mise en œuvre et la gestion du taux de change dans le cadre de ses relations financières avec l'étranger. À ce titre, elle gère les réserves de change de la nation et intervient régulièrement sur le marché des changes, toute chose qui a une influence déterminante sur la valeur externe de la monnaie.

Dans l'exécution de sa mission, la Banque Centrale a une influence directe sur l'activité économique.

Ainsi, le taux directeur d'une Banque Centrale influe sur le niveau des taux de base bancaires, et par le mécanisme des voies d'intégration, lorsque les taux d'intérêt baissent, les opérateurs économiques empruntent davantage pour des fins de consommation ou d'investissement, la demande globale augmente, face à une offre rigide à CT, les prix marquent une tendance à la hausse. Inversement, une augmentation du loyer de l'argent conduit les agents à s'endetter moins, donc à réduire leurs dépenses, la demande baisse et les prix suivent la même tendance. On comprend aisément que le taux d'intérêt est le principal instrument dont dispose la Banque Centrale pour agir sur l'activité économique. C'est aussi un instrument de stabilité de la valeur interne de la monnaie dont l'indice des prix à la consommation est la principale mesure ; en d'autres termes, lorsque le niveau général des prix est stable, il y a maintien du pouvoir d'achat. Ainsi, le taux d'intérêt et le prix des biens et services et/ou cours des actions et obligations… varient en sens inverse. Il est donc tout à fait clair que le niveau optimal du taux d'intérêt est celui qui encourage l'épargne, qui doit donc être réellement rémunérée, tout en évitant la surchauffe de l'économie par une expansion trop forte du crédit.

La Banque Centrale est la banque du Trésor Public qui dispose sur ses livres d'un ou plusieurs comptes d'opérations et avec lequel elle établit une convention de fonctionnement de manière à clarifier la nature de leur relation quant au niveau des avances à lui accordées, ainsi que les modalités y applicables. D'une manière générale, les avances consenties au Trésor par la Banque Centrale n'excèdent pas 10 % des recettes fiscales de l'exercice budgétaire précèdent pour une durée moyenne de six mois au taux d'intérêt proche du marché ou concessionnel selon la situation.

En somme, une Banque Centrale met en œuvre sa politique monétaire au moyen de différentes actions sur les instruments tels que :

- Le taux directeur ;
- Les réserves obligatoires ;
- Les opérations d'*open market* ;
- Les interventions sur le marché des changes.

L'objectif de ce document répond à une nécessité permanente de mesurer le degré d'autonomie des Banques Centrales en Afrique de l'Ouest, qui, faut-il le signaler, opèrent dans un environnement politique et social instable par rapport à leurs homologues d'Europe, d'Amérique du Nord… Toutefois, après une analyse théorique et empirique sur la notion d'indépendance de la Banque Centrale, nous présenterons les principales Banques Centrales de notre sous-région avant de tenter de mesurer leur indépendance vis-à-vis des pouvoirs politiques et financiers et surtout son évolution dans l'espace et le temps, pour enfin jeter un regard objectif sur la crédibilité et la transparence de ces institutions.

1) Approche théorique et empirique de l'indépendance de la Banque Centrale

Quand bien même la Banque Centrale est l'émanation du gouvernement avec lequel elle entretient une relation verticale et cordiale, il n'en demeure pas moins que depuis les années 80, d'abord dans le monde anglo-saxon, notamment en Allemagne et aux USA et bien plus tard en France, qu'une plus grande autonomie s'est avérée nécessaire pour permettre à cette institution de jouer pleinement son rôle dans l'économie et accroître sa crédibilité et sa transparence.

La notion d'indépendance de la Banque Centrale fait l'objet d'une littérature théorique et empirique riche, variée et féconde. Notons cependant que cette indépendance peut avoir plusieurs formes à savoir : l'indépendance légale, l'autonomie relative à l'implémentation de la politique monétaire au travers le choix et la mise en œuvre des instruments, de l'indépendance de la stratégie des changes et enfin l'indépendance vis-à-vis du Trésor Public communément appelée indépendance financière ou fiscale.

1.1) Indépendance Légale

Accorder l'indépendance à une Banque Centrale signifie que l'État sous ses multiples facettes – gouvernement, parlement, justice… – ne doit en aucun cas se donner le pouvoir régalien d'interférer dans les décisions prises par la Banque Centrale dans l'exercice de sa mission. Dans le cas d'espèce, l'indépendance légale concerne le mode organisationnel de la Banque Centrale, en d'autres termes, l'État ne doit point intervenir dans l'organisation institutionnelle, à savoir dans la composition des instances de décision, dans le mode de recrutement ou de révocation de ses dirigeants, au cours de la durée de leur mandat ainsi que dans les comités de décision constitués au sein de la Banque Centrale, sans omettre le degré de liberté dans le cadre de la communication des résultats au public.

Plusieurs économistes se sont penchés sur la mesure de l'indépendance d'une Banque Centrale. Trois indicateurs principaux retiennent particulièrement notre attention :

- L'index de Victor Grilli, Donato Masciandaro, et Guido Tabellini (1991) est communément reconnu dans la littérature économique comme indicateur **GMT** provenant de l'initiale des noms des trois auteurs. Cet indice est composé de deux sous-indices relatifs à l'indépendance politique et à l'indépendance économique ; le concept d'indépendance politique dans l'approche GMT couvre trois éléments essentiels dont la procédure de nomination des dirigeants de la Banque Centrale, les relations entre son conseil d'administration et le gouvernement et les responsabilités officielles assignées à la Banque Centrale.

- Afin de mesurer l'indépendance réelle de la Banque Centrale, Cukierman/ Webb/Neypati (CWN) – 1992 – calculent le taux de rotation des gouverneurs des Banques Centrales de 72 pays développés et en développement sur la période 1950-1989, pour conclure qu'un changement plus fréquent de gouverneurs, signifie une plus faible indépendance de la Banque Centrale ; ils estiment qu'un mandat long ne veut pas systématiquement dire davantage d'autonomie, mais des durées d'exercice plus courtes que le cycle électoral engendrent une faible indépendance. Ils précisent que l'indépendance légale est déterminante pour la stabilité des prix en pays industriels, ce qui n'est pas le cas dans les PVD.
- **Grilli *et al.*** (1991) ont élaboré un indicateur d'autonomie des Banques Centrales basé sur l'indépendance politique et l'indépendance économique appliqué aux Banques Centrales de l'OCDE, y compris la BCEAO. Ils notent que les Banques Centrales indépendantes ont maintenu, au cours de la période 1950-1989, un niveau faible d'inflation.
- Trois autres auteurs de l'université Monash d'Australie, à savoir Amirul Ahsan, Michael Skully et J. Wickramanayake dans leur article « Les déterminants de l'indépendance et de la gouvernance de la Banque Centrale (1990) : problèmes et implications politiques », notent en substance que l'indépendance et la gouvernance de la Banque Centrale sont relatées par deux termes clés à savoir la latitude pour la Banque Centrale d'utiliser librement ses instruments de contrôle monétaire sans interférence aucune de l'État d'une part et que d'autre part, la bonne gouvernance de la Banque Centrale repose de son côté sur trois piliers, à savoir l'indépendance, la responsabilité et la transparence. Ainsi, une bonne gouvernance de l'institut d'émission est fonction de son indépendance comme d'autres facteurs, en somme, indépendance et transparence vont de pair. La controverse vient de ce que plusieurs économistes dans leurs travaux empiriques ne semblent pas mettre en évidence une forte corrélation entre la politique monétaire et la législation de la Banque Centrale ; par ailleurs, Bade et Parkin (1988) n'ont pas pu mettre en exergue un lien causal fort entre l'indépendance légale de la Banque Centrale et le niveau général des prix et/ou l'inflation ; c'est dire que quand bien même le renforcement légal des statuts d'une Banque Centrale est nécessaire pour son bon fonctionnement, il n'est pas suffisant, en raison de sa portée limitée sur les objectifs intermédiaires et finals de cette institution.
- Alex Cukierman (1992) mit en œuvre un indice comportant seize indicateurs de mesure de l'indépendance légale d'une Banque Centrale qui peuvent être regroupés en quatre thématiques principales :

1) les variables sur le statut du gouverneur (mode de nomination et de révocation, durée du mandat, clauses d'incompatibilité...),
2) les variables concernant la formulation de la politique monétaire,
3) les objectifs finals de la Banque Centrale,
4) et les règles concernant les limitations d'emprunts au Trésor Public.

A chacun des seize sous-indices qui en découlent est affecté un score allant de 0 à 1, cet index se veut plus complet et plus précis que l'indice GMT. Toutefois, ces évaluations contiennent certaines limites qui ont été regroupées en trois catégories par Mangano (1998) qui estime que l'évaluation de Cukierman pourrait être biaisée par les critères contenus dans l'indice, l'interprétation et l'effectivité de la loi liée à chaque critère retenu ainsi que par le choix des pondérations contenues dans le score global.

En somme, faut-il le repréciser, toute cette littérature abondante sur l'indépendance légale de la Banque Centrale repose essentiellement sur quatre points focaux :

- le critère de nomination des dirigeants de la Banque Centrale, est-il suffisamment ou non indépendant du pouvoir politique ?
- La révocation du gouverneur, est-elle transparente ou liée à son manque de performance ? Cette révocation, est-elle préalablement approuvée par le parlement ?
- Le mandat du gouverneur, est-il suffisamment long pour lui permettre d'assurer sa mission en toute transparence ?
- La nomination, la composition du conseil d'administration de la Banque Centrale ainsi que le mandat de celui-ci, sont-ils de nature à en garantir sa crédibilité et son indépendance ?

Pour être efficace, cette autonomie légale doit être complétée par l'indépendance de la politique monétaire, par celle de la stratégie des changes, comme celle relative au financement monétaire du trésor, soit l'indépendance financière ou fiscale.

1.2) Indépendance relative à la politique monétaire

L'indépendance de la politique monétaire d'une Banque Centrale se réfère à la flexibilité dont dispose l'institution dans la formulation et l'exécution de la politique monétaire. Nombre de célèbres économistes tels que Rogoff (1985), Bernanke *et al.* (1999), Mishkin *et al.* (2001)... dans leurs travaux théoriques ont mis en exergue une liaison négative entre l'indépendance de la Banque Centrale et le taux d'inflation dans les pays développés. Il en est ainsi car selon eux, l'assurance d'une meilleure coordination institutionnelle, entre la politique monétaire et la politique budgétaire et fiscale, doublée de la transparence et la responsabilité de la Banque Centrale, sera de nature à garantir une plus grande indépendance économique de celle-ci.

L'indépendance de la politique monétaire rime avec l'indépendance réelle ou de fait par opposition à l'indépendance de droit, elle tire son origine du premier choc pétrolier avec son incidence sur l'accélération de l'inflation mondiale des années 70, conjuguée à l'intégration financière et qui a conduit les pouvoirs politiques à focaliser l'action de la Banque Centrale sur l'impératif de stabilité des prix. Les pouvoirs publics vont lui accorder tout d'abord une indépendance réelle pour atteindre cet objectif final, avant de lui concéder son indépendance de droit pour mieux discipliner les actions du gouvernement, fournissant ainsi une base de crédibilité à la Banque Centrale en assurant les agents économiques et les marchés de la cohérence des décisions de ses dirigeants dans le temps. On se rappellera du concept keynésien des courbes IS-LM qui aboutissent à des préconisations de politique économique dont la principale leçon traduit que la politique monétaire, coordonnée avec les stratégies budgétaires et fiscales, affecte les variables réelles comme l'emploi et le produit réel.

Comme chacun le sait, la politique monétaire se ramène essentiellement à la nature des instruments dont dispose la Banque Centrale pour atteindre ses objectifs intermédiaires et finals, tels que les taux d'intérêt, la politique d'*open market*... En conséquence, plus une Banque Centrale finance le déficit budgétaire par la création monétaire sans contrepartie en faveur du Trésor Public, moins elle est indépendante, et plus faible est son degré d'autonomie vis-à-vis du gouvernement.

Alphanda et Honig (2007) mettent en évidence que la politique monétaire peut être manipulée pour des raisons de politique politicienne, et testent sur plusieurs économies la possibilité de la pertinence de cycles monétaires politiques entre 1972 et 2001. Ils observent ainsi l'évolution des agrégats monétaires lors des périodes de campagnes électorales et aboutissent à l'existence de ces cycles surtout dans les pays en développement ; ce qui signifie selon eux une faible indépendance politique de ces Banques Centrales.

En somme, quatre principaux critères peuvent contribuer à mesurer le degré d'indépendance relative à la politique monétaire :

- La mise en œuvre d'une politique de stabilité des prix ;
- L'implémentation d'un objectif de niveau cible de l'inflation ;
- L'élaboration d'une politique des taux d'intérêt à LT ;
- L'autonomie dans l'élaboration et dans le choix des instruments de la politique monétaire, y compris les taux d'intérêt à CT,

En définitive, l'indépendance économique et monétaire de la Banque Centrale s'exerce au niveau de la politique monétaire et se décline en matière d'indépendance d'objectifs et/ou d'indépendance d'instruments essentiellement ; le degré d'autonomie de la Banque Centrale varie selon les pays : dans leurs statuts, il est stipulé qu'elle doit poursuivre un triple objectif final : assurer le plein-emploi, la stabilité des prix et la modération des taux d'intérêt à LT. Cette autonomie de la politique monétaire reste intimement liée à celle relative au financement monétaire du Trésor.

1.2.1) Indépendance financière ou fiscale :

La Banque Centrale et le ministère de l'économie et des finances jouent des partitions contraires dans une économie : un déficit budgétaire public important conduit généralement à un taux de croissance plus fort du PIB, et partant une création d'emplois élevée avec ses conséquences sur la réduction du chômage ; or, ce déficit peut être financé certes par l'emprunt intérieur et/ou extérieur, mais il l'est souvent et davantage par la Banque Centrale avec ce que cela comporte comme impact inflationniste et entame de crédibilité pour cette institution.

L'indépendance, en matière fiscale ou financière de la Banque Centrale, relate sa liberté formelle ou informelle de rationner les concours au gouvernement. Les avances directes au Trésor Public, à défaut d'être formellement interdites, doivent être sous contrôle en termes de volume, de durée et de taux, et surtout être en harmonie avec les objectifs de la politique monétaire. En somme, ces concours doivent être explicitement limités à une faible part des recettes fiscales. Par ailleurs, la Banque Centrale ne doit pas contre garantir, ni arranger des emprunts sur le marché primaire en faveur du Trésor Public, au risque de compromettre son autonomie, même s'il apparaît naturel, qu'en tant qu'émanation publique, elle a tendance à minimiser le coût de l'emprunt, empêchant ainsi le Trésor de supporter un taux d'intérêt élevé, en fait, celui du marché. Au total, la Banque Centrale doit être capable d'optimiser son intervention de manière à éviter le risque d'administrer une politique monétaire expansionniste et d'appliquer un niveau trop élevé du loyer de l'argent.

GMT estiment, comme il a été précisé plus haut, qu'une forte implication du gouvernement dans le financement monétaire du déficit budgétaire est de nature à accroître la dépendance de la Banque Centrale vis-à-vis de l'État : Si la politique monétaire est manipulée par les autorités politiques, les prix sur le marché des biens et services auront tendance à grimper rapidement ; par contre, un niveau faible de l'inflation contribue fortement à asseoir à LT une stabilité financière. En somme, le déficit budgétaire peut engendrer une inflation d'autant plus forte que le marché financier est embryonnaire, voire inexistant, ce qui est le cas de la plupart des pays en développement. Il est donc établi que les pays dont la Banque Centrale est moins autonome, sont ceux qui contrôlent moins de flux d'investissements privés. À cet égard, selon A. Cukierman, le niveau du développement du marché financier et celui du degré d'indépendance de la Banque Centrale influencent fortement et positivement le taux de croissance économique d'un pays. Il apparaît tout à fait clair que le développement du marché financier et le niveau élevé d'autonomie financière de l'Institut d'Emission, affectent non seulement le degré d'accommodation de la politique monétaire sur le financement du déficit budgétaire, mais aussi son anticipation sur les financements futurs du solde budgétaire.

Six variables clés peuvent servir de déterminants à la mesure de l'indépendance financière et fiscale d'une BC :

- Le niveau des avances accordées au Trésor Public ;
- La durée des concours consentis au Trésor Public ;
- Le niveau des taux d'intérêt y applicables ;
- Les conditions de prêts, sont-elles assurées par la Banque Centrale ?
- L'arbitrage en cas de conflit, est-il effectué par la Banque Centrale ?
- La responsabilité de la politique monétaire, est-elle assumée par la Banque Centrale ?

Au terme de ces commentaires liminaires, on peut aisément cerner que l'indépendance financière ou fiscale est l'épine dorsale de l'autonomie d'une Banque Centrale, en raison de son lien étroit avec l'indépendance des instruments et des objectifs intermédiaires et finals d'une part et d'autre part du fait que quand elle est correctement assurée, plus que toutes les autres, elle procure davantage de crédibilité et de transparence à son action. Toutefois, l'autonomie de la stratégie des changes n'est pas des moindres.

1.2.2) Indépendance de la politique des changes

Traditionnellement, la responsabilité finale de la gestion de la stratégie des changes incombe à l'autorité financière ou au Trésor Public dans un pays, elle est donc rarement partagée avec la Banque Centrale. La manipulation du taux de change peut être un moyen pour le gouvernement d'accroître ses recettes en monnaie locale au travers d'une contre-valeur plus importante des avoirs en devises par le biais d'une dévaluation ou d'une dépréciation de celle-là. Dès lors le degré d'indépendance accordée à la Banque Centrale ne peut être que limité si le gouvernement poursuit à imposer un taux de change cible pour une raison ou pour une autre.

Kuttner et Posen (2001) stipulent que l'autonomie d'une Banque Centrale est intimement associée à davantage de stabilité du cours de change et par ricochet, à celle du niveau général des prix. À cet égard, plusieurs économistes ont mis en évidence une corrélation négative entre l'indépendance d'une Banque Centrale et son intervention sur le marché des changes. En d'autres termes, tout porte à croire qu'un régime de flexibilité du change, couplé avec l'indépendance de l'autorité monétaire et le ciblage du niveau d'inflation, peut être assimilable à un modèle Paretien de progrès du système financier des pays en développement.

Le rôle de la Banque Centrale dans la stratégie du change, dépend de la nature du régime de change adopté, à savoir régime de change fixe, flexible ou flottant, ou contrôle des changes… L'autre enjeu est de savoir comment s'opère l'intervention de la Banque Centrale sur le marché des changes…

En fait, il est possible de mesurer l'indépendance relative à la stratégie des changes de la façon suivante :

- L'intervention sur le marché des changes, est-elle initiée par la Banque Centrale ?
- La régulation du marché des changes, est-elle assurée par la Banque Centrale ?
- L'emprunt sur le marché des changes, relève-t-il de la Banque Centrale ?
- La responsabilité de la gestion de la stratégie des changes, est-elle assumée par la Banque Centrale ?

En somme, il n'est guère de doute que fondamentalement, l'indépendance d'une Banque Centrale repose sur les quatre racines que nous venons de décrire ci-dessus et qu'on peut schématiser de la façon suivante :

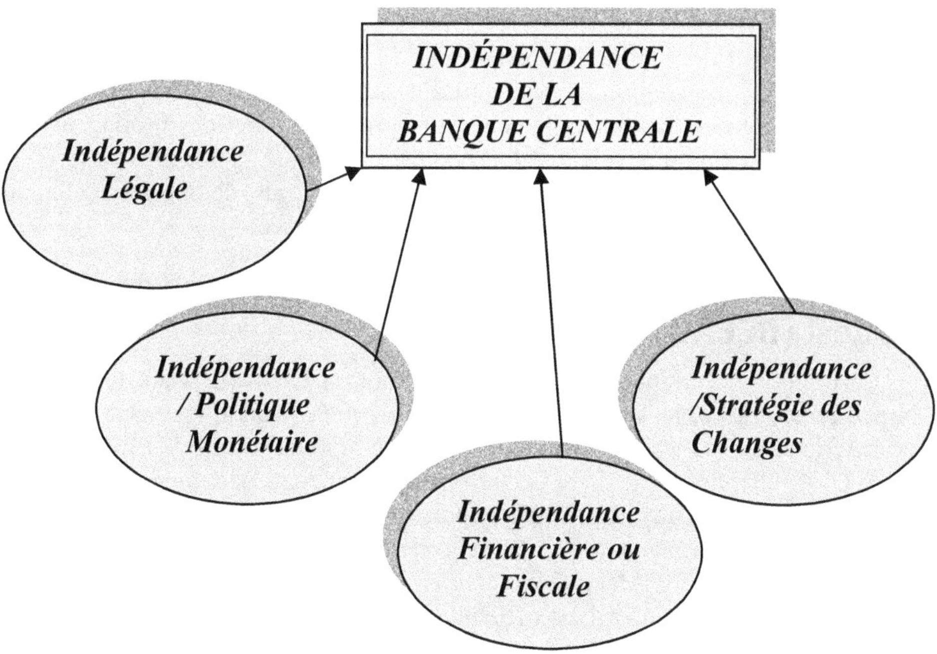

L'indépendance d'une Banque Centrale est d'autant plus solide qu'elle repose librement sur ces quatre pieds, même si davantage de pondération doit être accordée à l'indépendance fiscale et financière, l'indépendance légale et celle relative à la stratégie des changes demeurent des pièces indispensables de l'autonomie monétaire d'un pays au risque de la rendre bancale, voire totalement inopérante.

2) Les Banques Centrales de l'Afrique de l'Ouest

Les pays de la CEDEAO disposent de huit Banques Centrales qu'il est possible de regrouper en deux grands espaces monétaires :

Le premier espace est caractérisé par l'ancrage de sa monnaie à une devise forte, l'euro, il s'agit tout d'abord du franc CFA que partagent les huit pays de l'UEMOA. Ce sont les pays de la zone d'émission de la BCEAO et qui appartiennent à la Zone Franc. Cet espace intègre indirectement les îles du Cap-Vert dont la monnaie (l'escudo cap-verdien) initialement rattachée à l'escudo portugais est de facto également accrochée à l'euro depuis sa création.

Le second espace regroupe les six pays à autonomie monétaire dont les Banques Centrales sont totalement autonomes tout au moins des grandes institutions étrangères à la CEDEAO ; tous ces États sont également regroupés dans le projet de création de la seconde zone monétaire de l'Afrique de l'Ouest.

Il nous paraît donc utile de présenter et d'analyser les principales Banques Centrales de la sous-région en se focalisant essentiellement sur un échantillon représentatif de ces économies, qui, faut-il le rappeler, sont des producteurs et exportateurs de produits primaires agricoles ou miniers. C'est ainsi que nous retenons naturellement la BCEAO, la Banque Centrale du Ghana, celle du Nigeria et la Banque Centrale de la République de Guinée.

2.1) La Banque Centrale des États de l'Afrique de l'Ouest (BCEAO)

Le Bénin, le Burkina Faso, la Côte d'Ivoire, la Guinée-Bissau, le Mali, le Niger, le Sénégal et le Togo appartiennent à l'Union Économique et Monétaire de l'Afrique de l'Ouest (UEMOA) et ont en commun la BCEAO qui émet le franc CFA rebaptisé franc de la Communauté Financière Africaine dont le code ISO 4217 est **XOF**, arrimé à l'euro depuis 1999. Les disponibilités monétaires de cette zone n'excèdent pas 2 % de celle de la zone euro. Le franc CFA (Colonies Françaises d'Afrique) est créé en 1939, mais avec les hostilités de la Seconde Guerre mondiale, il est officiellement lancé le 26 décembre 1945 avec la ratification par la France des accords de Bretton Woods. Ainsi dans toutes les colonies, circulaient des billets différents mais avec une parité fixe de **1 franc français = 50 francs CFA** (Communauté Financière Africaine) pour les sept États de l'Afrique de l'Ouest francophone ; le CFA jouit de la libre convertibilité avec toutes les monnaies. La Banque de France aura une mission de surveillance de la politique monétaire de la BCEAO comme des autres Banques Centrales d'Afrique de la Zone Franc. Pour beaucoup, après l'avènement des indépendances en 1960, le CFA pérennise les relations économiques et financières entre les anciennes colonies et la métropole, toute chose qui est de nature à empêcher ces États nouvellement autonomes de disposer d'un réel pouvoir monétaire, corollaire d'une indépendance effective. Le Mali s'en dégage en 1962 pour réintégrer en 1984 après de sérieuses difficultés financières et de gestion de la monnaie nationale en dehors de l'union et du bénéfice de la convertibilité. La Guinée-Bissau intègre l'UEMOA en 1998, la libre convertibilité est abolie.

Le fonctionnement du système met en exergue une dépendance monétaire et politique de l'UEMOA vis-à-vis de la France, car aucune décision importante n'est prise à la BCEAO sans l'accord de la France, qui siège au Conseil d'Administration de la Banque, cela est d'autant plus compréhensible qu'émettre le CFA, c'est mettre en circulation le franc français ou depuis 1999 l'euro. Le fonctionnement de l'Union repose sur la mise en pool des réserves de change, même s'il faut constater que ce sont les mêmes pays du reste les producteurs de pétrole qui sont créditeurs. Ainsi depuis 1999, la nouvelle parité fixe devient **1 € = 655,957 CFA.**

Un euro fort se traduit par une réduction des exportations africaines vers des destinations outre que la zone euro, alors les importations auront tendance à augmenter car elles seront acquises à moindre coût.

Lorsque l'euro s'apprécie, la quantité de monnaie par rapport au dollar, par exemple, augmente, la BCEAO crédite son compte d'opérations auprès du Trésor français diminuant ainsi les réserves locales, réduisant le mécanisme de distribution du crédit et contrecarrant l'effet inflationniste de l'euro fort ; mais si l'euro devient faible, le Trésor français débite le compte d'opérations pour alimenter le compte de la BCEAO, entretenant une expansion du crédit au travers l'augmentation de la quantité de monnaie.

Le mécanisme de convertibilité du franc CFA repose sur les fondamentaux suivants :

1. Garantie en euro par le Trésor français ;
2. Acquisition des devises sur le marché des changes de Paris avec l'euro comme étalon ;
3. Liberté de transfert au sein de l'UEMOA ;
4. Suspension de rachat des billets de banque CFA à partir du 2 août 1993 ;
5. Suspension de rachat des billets CFA de la zone CEMAC à partir de septembre 1993.

La gouvernance de la BCEAO est assurée par un gouverneur assisté de deux vice-gouverneurs, d'un secrétariat général, d'un directeur de cabinet du gouverneur et des conseillers. Le gouverneur de la Banque Centrale est nommé par le conseil des ministres pour un mandat de six ans renouvelable. Sa mission consiste à faire exécuter les décisions prises par le conseil des ministres ainsi que celles qui émanent du conseil d'administration dont il assume la présidence. Ce Conseil d'Administration est composé d'administrateurs, en raison de deux membres par États ; les directives visent à préciser les opérations de la Banque Centrale, fixer le niveau des taux d'intérêt et ses modalités d'exécution, arrêter les règles applicables aux comités nationaux du crédit. Le conseil des ministres et le conseil d'administration déterminent le montant global des concours que la BCEAO peut accorder au financement de l'économie dans chaque État membre, ils autorisent les opérations de patrimoine de la Banque et arrêtent les comptes de celle-ci. Le conseil d'administration détermine également les modalités de modifications des statuts, avant la ratification par le conseil des ministres.

Sauf modifications récentes, l'organisation interne de la BCEAO repose sur quatre départements principaux à savoir :

- **Le secrétariat général** qui comporte la direction des affaires juridiques, la direction de la communication, celle de l'informatique et la direction de la sécurité et des services généraux.
- **Le Département des Études Économiques et de la Monnaie :** qui se subdivise en trois directions dont la direction du crédit, la direction des études et la direction de la recherche et de la statistique.
- **Le Département de l'Émission, de la Comptabilité et de la Finance :** qui comprend la direction de la comptabilité et du budget, la direction de l'émission, la direction des opérations financières.
- **Enfin, le Département de l'Administration Générale et de la Formation :** qui intègre la direction de la formation, la direction des ressources humaines et la direction des affaires administratives et du patrimoine.

Depuis le traité de 1973, le siège de la BCEAO est transféré à Dakar ; comme toutes les Banques Centrales, les principales missions de la BCEAO, outre sa fonction d'émission des signes monétaires sont :

- La centralisation des réserves en devises de l'Union,
- La gestion de la politique monétaire des pays membres de l'union ;
- La tenue des comptes des Trésors des États membres de l'UEMOA ;
- Enfin, la définition de la loi bancaire applicable aux banques et établissements financiers de la zone d'émission.

Est-il besoin de rappeler que la BCEAO jouit de l'exclusivité de l'émission monétaire dans l'ensemble des huit pays qui composent aujourd'hui l'Union, à ce titre, elle émet les signes monétaires qui ont cours légal et pouvoir libératoire dans toute la Zone Franc ouest-africaine.

Il convient de préciser que la création de monnaie, l'émission et l'annulation des signes monétaires sont du ressort du conseil des ministres. En dépit du développement des moyens de paiements modernes, la gestion des billets de banque et des pièces de monnaie constitue encore une activité importante de la Banque Centrale. Il importe de noter que l'essentiel des transactions se faisant encore au comptant et en espèces, les mouvements de billets entre États sont favorisés par l'unicité des signes monétaires dans toute l'Union.

La BCEAO a également pour mission de mener la politique monétaire des États membres qui vise avant tout à réguler les liquidités globales en fonction de la conjoncture économique et à l'aide des instruments appropriés à sa disposition comme les taux d'intérêt, les réserves obligatoires, les agrégats monétaires, la politique d'*open market*... Elle doit également promouvoir la croissance économique et mener la lutte contre l'inflation...

Par ailleurs, la BCEAO définit la réglementation applicable aux banques et établissements financiers de l'Union et exerce à leur égard une fonction de surveillance. À cet effet, la commission bancaire mise en œuvre le 24 avril 1990, présidée par le gouverneur, est en charge de la veille et de l'organisation du contrôle du système bancaire de l'UEMOA.

La BCEAO assure un rôle d'agent financier par rapport aux relations avec les institutions de Bretton Woods à savoir le FMI et la Banque Mondiale. Elle assiste également les États membres dans le domaine de la définition et du suivi des programmes pour la réduction de la pauvreté et la croissance économique, ainsi que dans la gestion de la dette extérieure. En d'autres termes, elle assiste les gouvernements dans les négociations de rééchelonnement de leur dette extérieure ainsi que dans l'établissement de leur balance des paiements.

La BCEAO est régie par le traité de l'UMOA signé le 12 mai 1962 et révisé le 14 novembre 1973, mais aussi par les accords de coopération entre la France et les pays membres conclus le 4 décembre 1973, dont un avenant important a été signé le 29 mai 1984. Enfin, elle est également régie par la convention de compte d'opérations conclue le 4 décembre 1973 toujours entre la France et les six États membres de l'UMOA à l'époque.

Par ailleurs, eu égard à la position dominante de la BCEAO, il est aisé de constater que la conférence des chefs d'État demeure tout autant important ; le nouveau traité de l'UEMOA (1994) introduit une subsidiarité et une forme de transfert de souveraineté au niveau des politiques économiques. La BCEAO est la colonne vertébrale de l'UEMOA, elle demeure très puissante en raison des concours qu'elle consent aux États, elle tend à s'autonomiser par rapport au Trésor français, car elle a vu son rôle se renforcer après la dévaluation de 1994 en bénéficiant de gains de change importants. Il est judicieux de noter que depuis 1973, quatre gouverneurs se sont succédés à la tête de la Banque Centrale, soit un taux de rotation de 9,25 ans par gouverneur, n'est-ce pas là un gage certain d'indépendance légale ?

Le traité de l'UEMOA, signé le 10 janvier 1994 à Dakar et entré en vigueur le 1er août de la même année, stipule que l'appartenance à la même zone monétaire doit se traduire par l'implémentation et l'harmonisation des politiques économiques des États membres. En conséquence, la création d'un espace économique unifié conduirait à une croissance durable fondée sur le développement des échanges intra régionaux, renforcerait la cohérence des politiques d'investissement nationales et favoriserait l'utilisation de la complémentarité entre États.

Le traité de l'UEMOA s'inscrit aussi dans la relance à plus grande échelle de l'intégration économique africaine ; mais sur le plan sous-régional, il vise à apporter une sécurité juridique, voire judiciaire au développement des affaires, d'où l'adoption du traité de l'OHADA signé le 17 octobre 1993. Par ailleurs, la fiscalité directe et indirecte des États membres sera harmonisée et l'application de la TVA sera généralisée dans toute l'Union.

Une surveillance multilatérale des politiques économiques sera instaurée en vue d'assurer une convergence en matière d'inflation et de stratégies budgétaires. L'union douanière est créée et repose sur une franchise douanière au sein de l'Union et sur la création d'un Tarif extérieur commun (TEC).

Un marché financier régional sera organisé afin d'assurer une allocation optimale des ressources financières disponibles pour les opérateurs économiques : la BRVM est établie en 1996 en Abidjan. Enfin, le traité de l'UEMOA consacre le principe de souveraineté des États au profit des institutions communautaires, ce qui accroît significativement l'indépendance de la BCEAO, instaure également deux organes juridictionnels : la Cour de Justice et la Cour des comptes.

Par ailleurs, l'intégration en matière d'assurance et de prévoyance est assurée dans le cadre des traités instituant la conférence interafricaine des marchés d'assurance (CIMA), et AFRISTAT est mise en place pour harmoniser la qualité de la production statistique au sein de la Zone Franc d'Afrique.

Trois principes financiers sont signés dans ce traité :

- L'autonomie financière des organes de l'Union, leurs ressources, après une période transitoire, proviennent du reversement d'une fraction du produit du Tarif extérieur commun et des taxes indirectes des États.
- La modestie financière : l'Union doit veiller à la maîtrise de ses charges de fonctionnement afin de pouvoir financer les projets d'intégration.
- La solidarité financière : permettant de prendre en charge les coûts transitoires résultant de l'intégration.

Dans ce contexte, la masse monétaire de l'Union a évolué de la manière suivante entre 1991 et 2009 :

Tableau 5
Évolution de la masse monétaire de l'union :
(en milliards de CFA)

États	**1991**	**Part en %**	**2009**	**Part en %**
Bénin	151,2	7,48	1188,9	11,16
Burkina Faso	167,0	8,26	1 107,1	10,39
Côte d'Ivoire	846,4	41,85	3 511,8	32,96
Guinée-Bissau	-	-	95	0,89
Mali	152,7	7,55	1 172,7	11
Niger	121,9	6,03	473,1	4,45
Sénégal	371,6	18,37	2 234,6	20,97
Togo	164,8	8,15	616,7	5,79
Services centraux	46,6	2,30	253	2,37
UEMOA	**2 022,4**	**100**	**10 653,3**	**100**

Sources : BCEAO et rapports annuels de la Zone Franc.

Sur les dix-huit dernières années, la masse monétaire de l'Union a accusé un coefficient multiplicateur de 5,26, soit environ un taux de croissance annuel moyen de 23,6 % sur cette période ; il est également possible de constater que la part de la RCI dans les disponibilités monétaires de l'Union s'est contractée de près de 9 points alors que celles du Bénin, du Burkina Faso, du Mali ont progressé respectivement de +3,68, +2,13 et +3,45 points. Néanmoins, la Côte d'Ivoire, le Sénégal et le Mali qui contrôlent les 2/3 de la masse monétaire de l'Union feront l'objet d'une attention particulière dans cette étude.

La BCEAO aura été, au cours des dernières décennies, la seule Banque Centrale commune à plusieurs États, et à ce titre, dispose d'une bonne et longue expérience de gestion de la monnaie commune, contrairement aux autres Banques Centrales de la CEDEAO parmi lesquelles la BCRG, la Banque Centrale du Nigeria et la Bank of Ghana tiennent la part belle.

2.2) La Banque Centrale du Ghana

La Banque Centrale du Ghana (Bank of Ghana : BOG) est la première Banque Centrale en Afrique de l'Ouest, car elle est créée dès le 4 mars 1957, soit deux jours après l'indépendance nationale. Cette création répondait à une forte aspiration nationale afin que l'indépendance politique soit accompagnée d'une autonomie de la Banque Centrale qui a émis rapidement dès lors la monnaie nationale, aujourd'hui le Cedi. Elle remplace ainsi l'ancienne « West African Currency Board – WACB » – qui était en fait une Banque Centrale coloniale anglaise qui émettait la monnaie aussi bien pour le Gold Coast (Ghana) que pour le Nigeria, la Sierra Leone, la Gambie. À cet égard, la BOG est chargée des questions monétaires et devient le banquier du Trésor et l'agent fiscal du gouvernement. Elle doit désormais réguler le système bancaire et asseoir un cadre indépendant de l'ancienne puissance coloniale.

Comme toute Banque Centrale, la mission de la BOG consiste à mettre en œuvre une politique monétaire efficace de manière à administrer la stabilité des prix et créer un environnement macroéconomique favorable pour assurer la croissance économique. Elle mène en conséquence la supervision du système bancaire et financier ainsi que le contrôle sur place et sur pièces des banques, établissements financiers et les institutions de microfinance.

La BOG objective d'accroître d'une année à l'autre sa performance en matière de stabilité macroéconomique et financière ; selon le guide des affaires du Ghana, en 2003 par exemple, le pays a mis en œuvre un cadre monétaire et macroéconomique très performant de telle sorte que le Cedi fut stable par rapport au dollar, ainsi la BOG fit la promotion du secteur financier de manière à le faire plus compétitif par rapport à celui de l'extérieur et le rendre capable de créer beaucoup de produits financiers pour supporter le financement du développement du pays au travers tous les secteurs économiques, y compris le secteur agricole.

L'environnement financier du Ghana comporte non seulement des banques de dimension internationale comme la Barclays Bank du Ghana, la First Atlantic Merchant Bank, l'Ecobank, Standard Chartered Bank du Ghana... mais aussi des compagnies d'assurance et plusieurs établissements financiers.

En 2005, cet environnement financier se présentait de la façon suivante :

- Banques commerciales : 17
- Sociétés d'épargne et de crédit : 8
- Compagnies d'assurances 17
- Établissements financiers 15
- Sociétés de *Leasing* 6
- Autres 6

On comprend aisément, qu'avec près de 70 institutions financières, que l'environnement financier du Ghana est l'un des plus importants de la CEDEAO. On peut aussi noter que depuis 1957, onze gouverneurs se sont succédé à la tête de la BOG, soit un taux de rotation de 4, 8 ans par gouverneur. À noter également que le dernier chef de la Banque Centrale, Dr Paul A. Acquah, est en place depuis le 1er octobre 2001.

Le gouverneur et son vice-gouverneur sont nommés pour une durée de 5 ans comme le stipule l'ordonnance n° 34 de 1957 adoptée par le parlement britannique. Ils doivent répondre devant le conseil d'administration de leur gestion de l'institution comme ce dernier est responsable de son management devant le ministre de l'économie et des finances.

La Banque Centrale du Ghana comprend six départements à savoir :

- Le cabinet du gouverneur ;
- Le département de l'administration et du personnel ;
- L'inspection générale des banques ;
- La direction des opérations ;
- Le département de l'audit et de la comptabilité ;
- Le département des études économiques et des statistiques.

Avec une telle organisation, la BOG peut assurer efficacement son rôle de supervision du système bancaire ghanéen comme des autres institutions financières, y compris la caisse d'épargne postale. Les relations avec les banques et établissements financiers sont précisées par l'ordonnance de création de la Banque Centrale en 1957. Il convient de noter qu'initialement, cet acte n'était pas suffisamment déterminant pour renforcer la BOG dans son rôle de supervision du système bancaire, il visait simplement à faire d'elle la Banque des banques et surtout, à coopérer avec elles de manière à promouvoir et maintenir des services bancaires de qualité, adéquats et raisonnables pour les déposants.

Après un développement rapide du système bancaire, la loi de 1957 était devenue caduque, elle a été remplacée par la loi bancaire de 1963 qui expliquait clairement ce qui était omis dans la loi précédente et renforçait suffisamment le rôle de supervision du système bancaire de la BOG.

En 2000, cette dernière loi fut amendée et promulguée, il s'agissait de donner davantage de pouvoir de régulation à la Banque Centrale, pour mettre en œuvre les bases nécessaires afin de rendre l'institution indépendante des pouvoirs politiques pour la focaliser sur ses missions fondamentales, à savoir la stabilité macroéconomique et celle des prix et du change.

2.3) La Banque Centrale du Nigeria (CBN)

La Banque Centrale du Nigeria est créée en 1958 par extinction de la West African Currency Board (WACB) ou la Banque Centrale coloniale anglophone de l'Afrique de l'Ouest comme il a été précisé plus haut. Elle était donc chargée d'émettre la livre ouest-africaine qui avait cours légal au Nigeria, au Ghana, en Gambie et en Sierra Leone. La WACB avait en charge également de gérer les réserves de ces quatre colonies qui pouvaient être placées sur le marché monétaire de Londres.

La CBN a effectivement débuté ses activités en 1959 après la promulgation du décret n° 24 de son acte de création comme celui des banques et autres institutions financières (BOFI). Toutefois, la loi n° 25 de 1991, donnait davantage de liberté à la CBN dans la régulation et la supervision du secteur bancaire et financier.

Les principales missions de la CBN sont clairement définies par la loi de 1958 ainsi qu'il suit :

- Émettre la monnaie qui a cours légal au Nigeria, aujourd'hui le Naira ;
- Promouvoir la stabilité de la monnaie et du système financier ;
- Constituer des réserves de change de manière à stabiliser la valeur externe du Naira ;
- Agir comme la banque du Trésor Public nigérian et le conseiller économique et financier du gouvernement fédéral ;
- Être la banque des banques aussi bien à l'intérieur qu'à l'extérieur du pays.

Par ailleurs, la CBN assure trois missions principales relativement à ses fonctions traditionnelles, comme celles ayant trait à son rôle de supervision et de développement.

Comme toutes les Banques Centrales, la CBN émet le Naira sur l'ensemble du territoire fédéral du Nigeria ; il convient de préciser que le pound nigérian n'a remplacé la livre nigériane qu'en 1967 avec une indexation au dollar américain. En 1973, le Naira est émis par la CBN avec une cote de 2 Nairas pour un pound nigérian et c'est en 1978 que l'indexation sur le dollar fut abandonnée. Comme nous l'avons précisé dans le cadre de l'exécution de ses missions, la Banque Centrale est non seulement la banque de l'État du Nigeria en tant que dépositaire net du Trésor Public, à ce titre, elle accueille ses dépôts et lui consent des avances conformément aux dispositions des accords entre la CBN et le ministère en charge du budget et des finances, mais elle demeure le premier conseiller du gouvernement sur les questions monétaires et financières.

Dans sa fonction de Banque des banques et institutions financières, la CBN assure la chambre de compensation des chèques, effets et virements interbancaires sur les différentes places financières du pays et demeure le prêteur en dernier ressort afin de réguler la liquidité du système bancaire. Aussi incombe-t-il à la Banque Centrale la gestion des comptes du gouvernement fédéral et la dette extérieure du pays. Enfin dans ses relations avec le système financier, la CBN assure la supervision et l'inspection des banques et établissements financiers du Nigeria.

Dans sa fonction de régulation, la CBN vise à assurer la stabilité de la valeur de la monnaie comme des prix au travers une parfaite maîtrise de l'inflation dans l'économie. À cet égard, la Banque Centrale met en œuvre une politique de contrôle de la base monétaire par le biais de la circulation fiduciaire, et à ce titre, joue un rôle prépondérant sur le marché financier : Il contrôle également les taux d'intérêt des concours bancaires ainsi que le niveau de l'offre de monnaie dans toute l'économie nationale.

La conduite de la politique monétaire repose sur les principaux instruments suivants :

- Les opérations d'*open market* ;
- Le contrôle des taux d'intérêt bancaire ;
- Le contrôle du niveau des taux d'escompte ;
- Le contrôle direct de la liquidité bancaire ;
- Les réserves obligatoires ;
- Le respect du ratio de liquidité minimum ;
- Et la persuasion morale.

Dans son rôle de promoteur du développement économique et financier, la CBN doit favoriser et accélérer en tant que de besoin, la croissance économique et celle du marché financier. Il en résulte que la Banque Centrale doit agir de manière à administrer une stratégie de nature à assurer la croissance du marché financier, accompagner les banques et institutions financières de développement tout en formulant et exécutant la politique économique du gouvernement.

À cet effet, le marché monétaire servira à mobiliser les capitaux à CT au travers des bons du Trésor, des certificats de dépôts, du papier commercial… négociables sur la bourse des valeurs de Lagos.

L'environnement bancaire et financier a connu une croissance rapide. En effet en 1960 après l'avènement de l'indépendance nationale, le Nigeria comptait seulement 12 banques commerciales et d'affaires, en 1992 on enregistrait 120 banques avec un réseau de 2 391 agences dont 95 % d'agences de banques commerciales et avec seulement 774 points de vente en milieu rural. Le gouvernement fédéral et les États fédéraux détenaient 58,6 % des actions de ces établissements, contre 22,5 % pour les investisseurs privés nigérians et près de 19 % pour les intérêts étrangers en 1985.

Par ailleurs, 71 % des concours de l'industrie bancaire, étaient consentis au secteur privé en 1993, on pouvait noter en plus la présence de six banques de développement à savoir : la Banque Agricole et Coopérative du Nigeria, la Banque de Développement Industriel, la Banque pour le Commerce et l'Industrie du Nigeria, la Banque Fédérale de l'Habitat, la Banque Nigériane d'Import-Export, la Banque d'Aménagement Urbain du Nigeria.

L'ensemble de ces banques opérait avec 271 agences, sans omettre les 880 banques communautaires.

En ce qui concerne l'industrie des assurances, on pouvait dénombrer dès 1987, 87 compagnies d'assurances dont 68 détenues par les opérateurs locaux et 19 joint-ventures appartenant conjointement aux intérêts nigérians et étrangers. Toutefois, l'industrie des assurances ne contrôlait pas plus de 2,1 % des parts totales du secteur financier en 1992, tandis que 47 établissements financiers étaient agréés tout comme 310 sociétés financières, même si plus de 750 opéraient réellement.

En 2004, au terme de la crise financière des années 90 et les faillites conjuguées de plusieurs banques, le système bancaire ne comportait plus que 89 banques subdivisées en 3 382 agences essentiellement urbaines, mais caractérisées par une faible capitalisation, des positions dominantes d'une minorité d'établissements. Nombre de banques étaient insolvables et *illiquides* avec une forte dépendance des dépôts du secteur public et du commerce international. Ce système bancaire, qui était peu crédible au regard des déposants, était marqué par une faible qualité des services bancaires et par une mauvaise gouvernance d'entreprise. Aussi ne pouvait-il pas accompagner effectivement les secteurs réels de l'économie, car le ratio crédit bancaire/PIB prenait la valeur de 14 % contre 80 % en Afrique du Sud en moyenne, voire 163 % aux USA.

La réforme qui s'imposait a été focalisée sur la recapitalisation des banques par les actionnaires pour atteindre le capital minimum de 25 Mds de Naira, soit environ $ 200 M avant décembre 2005. Cette mesure visait à renforcer également la gouvernance d'entreprise et mettre en œuvre une politique de risque management au sein de chaque établissement, car avant cette réforme, le portefeuille des banques comportait 20 % de créances douteuses et litigieuses. Aussi, le système de paiement devrait-il être modernisé.

Cette consolidation a favorisé l'émergence de 25 grandes banques dont quatre contrôlent près de la moitié des parts de marché :

- United Bank of Africa : 16 % ;
- First Bank of Nigeria : 12% ;
- Zenit Bank : 11% ;
- Union Bank of Nigeria: 10 %.

Cette réforme bancaire a débouché sur une consolidation des actifs et passifs du système bancaire existant à hauteur de 94 %, et le niveau de capital agrégé passe alors de $ 3 Mds à $ 6 Mds, soit un apport additionnel net en capital de $ 3 Mds. Les flux de capitaux étrangers excédaient $ 500 M. Cette réforme corrige ainsi la dérégulation du secteur bancaire de 1986 qui a favorisé la prolifération des banques dont la plupart étaient faiblement capitalisées et mal gérées.

Enfin, cette directive, qui a renforcé le système bancaire, a accru l'indépendance et la crédibilité de la Banque Centrale du Nigeria, s'est traduite par l'implantation des banques nigérianes dans la sous-région, notamment l'UBA, la Skye Bank… désormais présentes à Dakar, Abidjan, Conakry…

Le décret de 1991, adopté par l'Assemblée Nationale portant sur la réforme de la CBN, mettait en place en son sein un conseil d'administration sous l'égide du gouverneur. Cet acte charge la CBN du contrôle et de la gestion du secteur monétaire et financier. Ce conseil d'administration est responsable de la politique monétaire et des affaires bancaires du Nigeria.

Il comprend :

- Le gouverneur de la CBN (Président) ;
- Les quatre vices gouverneurs ;
- Le secrétaire permanent (le ministre fédéral des finances) ;

- Cinq administrateurs ;
- Et le trésorier général de l'État fédéral.

Par ailleurs, il est mis en œuvre un comité monétaire dans le but de permettre à la CBN de jouer pleinement son rôle dans la stabilité des prix, mais aussi dans la conduite de la politique économique de l'État fédéral. Ce comité, qui est responsable de la formulation de la politique monétaire et du crédit, comprend :

- Le gouverneur de la CBN (Président) ;
- Les quatre vices gouverneurs ;
- Deux membres du conseil d'administration ;
- Trois membres nommés par le président de la République ;
- Et deux membres désignés par le gouverneur de la CBN.

Enfin, la fonction de supervision de la Banque Centrale est organisée en deux départements à savoir : le département de la supervision bancaire et celui du contrôle des autres institutions financières.

Le premier département assure la supervision des banques primaires comme des établissements d'escompte, tandis que le département des autres institutions financières supervise les autres institutions financières, y compris les institutions de microfinances, les sociétés financières, les bureaux de change, les agents de crédits immobiliers…

Il revient aux deux départements d'assurer, chacun en ce qui le concerne, le contrôle sur pièces et sur place des banques et institutions financières du pays.

Depuis sa création en 1958, dix gouverneurs se sont succédés à la tête de la CBN, soit un taux rotation moyen acceptable de 5, 3 ans par gouverneur, toute chose favorable au niveau de l'indépendance juridique de l'institution.

2.4) La Banque Centrale de la République de Guinée (BCRG)

La BCRG est créée le 1er mars 1960 à la faveur de la création du franc guinéen en lieu et place du franc CFA, avec la parité 1 FG = 1 franc CFA. Elle est dès lors la première Banque Centrale d'Afrique francophone au sud du Sahara. Sa mission, dans un cadre d'autonomie politique vis-à-vis de l'ancien colonisateur, était de gérer la nouvelle monnaie nationale, être l'agent fiscal de l'État ou la banque du Trésor et celle des banques commerciales, à l'époque réduites au Crédit National, à la BNDA et à la BGCE. Il convient de préciser qu'à la création de la BCRG, les disponibilités monétaires et quasi-monétaires du pays n'excédaient pas CFA 2 Mds, ce qui en dit long sur la faible monétarisation de l'économie.

La structure de la BCRG se présente de la manière suivante en 2012 :

- Un gouverneur, président du CA de la BCRG ;

- Deux vices gouverneurs ;
- Une direction générale de l'administration et des services juridiques ;
- Une direction générale de l'exploitation ;
- Une direction générale des crédits et changes ;
- Une direction générale des études et statistiques ;
- Une direction générale des finances ;
- Une direction générale du contrôle permanent ;
- Une direction générale de la supervision des institutions financières.

Le conseil d'administration de la Banque Centrale, responsable devant les autorités de la gestion de l'institution, est composé de 7 membres parmi lesquels, le gouverneur et les deux vice-gouverneurs, et quatre membres choisis pour leur compétence en matière économique, financière et sociale ou justifiant d'une bonne expérience dans la vie des affaires, sur proposition conjointe du ministre en charge des finances et du gouverneur de la Banque Centrale. Ces quatre membres sont choisis pour une durée de 6 mois par le président de la République (*cf.* article 48 des statuts). Le conseil d'administration se réunit une fois par trimestre en session ordinaire et en tant que de besoin en session extraordinaire à la demande d'au moins trois de ses membres.

En Guinée, la BCRG, qui assure la supervision du système bancaire, est aussi responsable du bon fonctionnement de l'industrie des assurances et du système de microfinance. À cet égard, il existe au sein de l'inspection des banques et institutions financières une direction des assurances chargée à la fois de la supervision et du contrôle des compagnies d'assurances.

L'environnement bancaire et financier guinéen, peu développé, comprend :

- Banques : 15
- Compagnies d'assurances : 9
- Institutions de microfinance : 5

Ces différentes institutions sont d'origine française en joint-ventures avec les intérêts nationaux publics ou privés, mais aussi ces investissements proviennent du Maghreb et depuis peu, du Nigeria.

En vue de mener à bien la mission à elle confiée, à savoir l'élaboration d'une politique monétaire de manière à assurer la stabilité des prix dans l'économie nationale, la BCRG implémente une stratégie instrumentale qui repose sur les réserves obligatoires, assujetties sur les dépôts tous termes et toutes catégories confondus, constituables en GNF, qui est de nature à assécher significativement la liquidité bancaire, alors que le taux d'intérêt y constitue un élément incontournable au travers son taux directeur. L'instrument de contrôle direct des liquidités par les opérations d'*open market* a été abandonné en 2008.

En décembre 1985 et surtout durant toute l'année 1986, le Programme de réforme économique et financière (PREF), élaboré avec l'aide du FMI et de la BM, s'est traduit par des actes concrets qui ont débouché, entre autres, sur la fermeture de toutes les banques d'État *illiquides* et insolvables et le remplacement par les banques privées essentiellement d'origine française, sur l'échange des signes monétaires avec le remplacement du syli qui avait cours légal depuis 1972 par le franc guinéen avec la parité de 1 syli = 1 FG. En 1986, ce nouveau franc guinéen fut dévalué de 92,5 % et un marché hebdomadaire aux enchères de devises fut créé à la Banque Centrale, afin d'apporter aux opérateurs importateurs les devises nécessaires pour faire face aux règlements des fournisseurs étrangers, et les bureaux de change privés furent autorisés.

Statutairement, le gouverneur de la BCRG est nommé pour 6 ans, mais depuis sa création en 1960, 17 gouverneurs ont exercé au sommet de l'institution, soit un taux de rotation d'un gouverneur tous les trois ans. Sur les dix dernières années, ce turnover est encore plus élevé car il tombe à un gouverneur tous les deux ans, en somme, cinq gouverneurs ont été nommés à la tête de la BCRG depuis 2000. Il va sans dire que l'indépendance juridique ou légale de la BCRG est fortement entamée dans ces conditions.

3) Indépendance de la Banque Centrale des États de l'Afrique de l'Ouest

3.1) Indépendance légale et financière

Comme nous l'avons annoncé plus haut, la zone d'émission de la BCEAO comprend actuellement huit États de l'Afrique de l'Ouest, anciennes colonies françaises hormis la Guinée et la Mauritanie, mais comprenant la Guinée-Bissau. Selon les statuts, la Banque Centrale est sous la dépendance des États membres, et à ce titre, il revient au Conseil des ministres des finances d'en définir la politique monétaire et de crédit, et à la conférence des chefs d'État de trancher les questions insolubles au niveau du conseil des ministres. Par ailleurs, eu égard aux relations verticales entre le Trésor Public de France qui tient le compte d'opérations en contrepartie de la convertibilité du franc CFA, le siège d'un représentant du Trésor français au conseil d'administration de la BCEAO, aux côtés des administrateurs africains, semble mettre en exergue une double dépendance politique de la Banque Centrale.

Par ailleurs, les récentes évolutions du système monétaire européen, avec l'avènement de la BCE et la création de l'euro, l'ancrage de la monnaie africaine à la devise européenne, sans modifications majeures de l'accord de coopération monétaire avec la France, semble donner au franc CFA une plus grande légitimité internationale ; naguère semi convertible, il devient convertible depuis 1999.

Toutefois, selon S. Guillaumont : *deux principaux arguments peuvent être mis en avant pour justifier de donner plus d'indépendance à la BCEAO. Le premier est celui qui a présidé au statut d'indépendance des grandes Banques*

Centrales du monde, à savoir accroître l'efficacité de la politique monétaire en renforçant la crédibilité des décisions de l'autorité monétaire. Le second est plus spécifique à la BCEAO, Banque multinationale de PVD, renforcer les pouvoirs de la Banque Centrale, c'est réduire les risques d'éclatement de l'Union monétaire en cas de désaccord des gouvernements sur la politique monétaire à suivre.

Même s'il apparaît incontestable que la BCEAO, Banque supranationale, est statutairement sous ordre de la politique, il n'en demeure pas moins qu'elle affiche une indépendance accrue à l'égard de chaque État, mais au regard des grandes Banques Centrales comme la BCE, elle gagnerait à adapter ses statuts à un environnement international qui impose une plus grande crédibilité à l'autorité monétaire par une indépendance encore plus élevée vis-à-vis des gouvernements des États membres.

Pour certains économistes, l'appartenance de la BCEAO à une Union et surtout à la Zone Franc, apparaît comme un élément suffisant pour la crédibilité de sa politique monétaire et la stabilité du franc CFA. En somme, la valeur interne de cette monnaie africaine est relativement stable au regard du taux d'inflation que les pays de l'UEMOA affichent, hormis 1994, année de la dévaluation, l'inflation a été significativement faible par rapport à celle des pays de la CEDEAO non-membres de la Zone Franc. En 2002-2004, l'inflation s'inscrit en moyenne à 1,9 % dans la zone CFA d'Afrique de l'Ouest contre 14 % au Nigeria, 18 % au Ghana et 16 % en Guinée sur la même période. Ce résultat relatif à la valeur interne de la monnaie semble mettre en évidence une plus grande indépendance de la BECEAO par rapport aux autres Banques Centrales de l'Afrique de l'Ouest comme celles de la Guinée, du Ghana et du Nigeria. Bien que la politique monétaire et de crédit soit sous contrôle du conseil des ministres des finances, les positions nettes des Trésors Publics sont contenues dans des limites raisonnables. Cependant pour des raisons évidentes de monétarisation des économies qui affichent encore un ratio de masse monétaire/ habitant faible, les pays de l'UEMOA vont connaître une forte croissance de la masse monétaire qui atteint en moyenne 14 % entre 1967 et 1973 et durant le quinquennat du premier choc pétrolier, cette hausse arrive jusqu'à 30 %. Cette politique monétaire expansionniste s'est traduite par une inflation plus forte qu'en France et par une appréciation non négligeable du taux de change nominal du franc CFA.

Pour que la BCEAO puisse exercer sa politique monétaire en toute autonomie, il est nécessaire de lui accorder une totale indépendance financière et fiscale, dont la contrepartie sera bien sûr une transparence financière avec à la clé l'audit des comptes de la banque par des commissaires aux comptes indépendants et de signature internationale. Cette autonomie à l'égard des États membres est un gage incontestable de la pérennité de l'UEMOA face aux instabilités politiques courantes dans l'espace monétaire : Côte d'Ivoire en 2000 et en 2010-2011, Guinée-Bissau en 2007…

L'indépendance financière et fiscale peut être considérée comme une condition *sine qua non* pour la BCEAO d'éviter le financement par la création monétaire *ex nihilo* des Trésors Publics des États membres ; or, dans un environnement où la Banque Centrale relève des ministres en charge de l'économie et des finances, il est inévitable qu'elle soit amenée à financer le déficit budgétaire avec ce que cela comporte comme conséquence inflationniste pour les économies. On peut donc affirmer sans aucun risque de se tromper que le principe de l'indépendance financière et fiscale reste et demeure une condition nécessaire au respect du premier principe d'une Banque Centrale, celui de la stabilité des prix.

Concrètement, en dépit de l'importance du conseil des ministres des finances, le financement monétaire du Trésor est sous contrôle à la BCEAO, car sur les huit pays qui composent l'UEMOA, entre 2006 et 2009, par exemple, quatre États étaient dépositaires nets à la BCEAO (Bénin, B. Faso, Mali et Niger) tandis que les avances de la Banque Centrale au Sénégal, et à la G. Bissau n'excèdent pas 10 % des recettes fiscales moyennes de ces gouvernements, sur la même période, même si les avances aux Trésors Publics ivoirien et togolais sont relativement importantes, la PNG globale de l'Union se situe autour de 10,6 % des recettes fiscales d'antan de l'espace. Cependant, il est déplorable que les taux d'intérêt appliqués à ces avances ne soient pas ceux du marché et elles sont assorties de durées souvent supérieures aux périodes conventionnelles.

La théorie de l'indépendance des Banques Centrales est fortement inspirée par le modèle de Gordon, qui permet de mettre en évidence que les autorités monétaires, qui tentent d'améliorer leur ratio inflation/chômage par un recours systématique à l'inflation, créent une forte tension inflationniste sans pour autant faire baisser le taux de chômage de façon pérenne. De nombreuses études empiriques (Bade & Parkin, GMT, A. Cukierman…) ont démontré que les Banques Centrales indépendantes produisent moins d'inflation que les banques qui sont sous les ordres des gouvernements. Eu égard à la faible inflation de la Zone Franc d'Afrique de l'Ouest, la responsabilité avec laquelle le conseil des ministres des finances s'implique dans la gestion de leur Banque Centrale, il est aisé de conclure à un niveau d'indépendance financière et fiscale relativement élevé de la BCEAO, toute chose à confirmer néanmoins par le résultat du modèle que nous avons élaboré à cet effet, car réciproquement, moins d'inflation signifie plus d'indépendance, ce qui est le cas de la Banque Centrale des États de l'Afrique de l'Ouest qui, faut-il le préciser, affiche sur la période en revue un taux moyen d'inflation de 3,6 % seulement.

Par ailleurs, Aka et Badié François dans la *Revue africaine des sciences économiques et de gestion* (janvier/juin 2002, vol. IV, n° 1) ont essayé d'examiner la covariance entre le taux de la taxe et le taux d'inflation dite hypothèse de seigneuriage optimal dans la littérature économique. En s'inspirant de trois pays à savoir la Côte d'Ivoire, le Niger et le Togo, ils ont cherché à analyser le comportement des gouvernements et la BCEAO, les résultats obtenus à l'aide des tests de co-intégration de Johansen, montrent que les deux variables n'évoluent pas conjointement, ce qui traduit la non-vérification de l'hypothèse de seigneuriage optimal et donc une indépendance fiscale de la Banque Centrale vis-à-vis des politiques nationales dans les trois pays.

Grilli *et al.* (1991), dans leur méthode de mesure de l'indépendance économique des Banques Centrales de l'OCDE, aboutissent à un indice de 5/7 (soit environ un indicateur de 14,3/20) plaçant ainsi la BCEAO au-dessus de la moyenne des Banques Centrales analysées, même si la BCEAO doit encore améliorer l'accès direct des gouvernements à ses avances et qu'elle ne doit jouer aucun rôle sur le marché primaire de la dette publique.

L'indépendance légale de la BCEAO peut s'examiner au travers, entre autres, du mode de nomination et de révocation du gouverneur ainsi que de la durée de son mandat. Il apparaît tout à fait clair que le poste de gouverneur est suffisamment stable pour lui permettre de mener à bien les réformes institutionnelles nécessaires de la banque en symbiose avec le conseil d'administration dont il assume la présidence et le Conseil des ministres des Finances de l'UEMOA qui le nomme et le révoque au besoin. Depuis 1973, alors que le siège social de la banque a été transféré à Dakar, quatre gouverneurs ont dirigé l'institution supranationale qui affiche ainsi sur les 37 dernières années un taux de rotation de 9, 25 ans par gouverneur et qu'aucune révocation n'a été observée sur cette période.

Il convient de relater que le gouverneur de la BCEAO n'intervient pas dans le management public des États, ni ne siège au conseil des ministres des États membres, toute chose qui accroît son degré d'indépendance légale au regard des autres pays de la CEDEAO en dehors de l'Union. En ce qui concerne le conseil d'administration, composé de deux administrateurs par État, y compris la France, son rôle est déterminant, et devrait l'être de plus en plus, car pour accroître l'indépendance d'une des Institutions supranationales les mieux gérées du continent, il serait judicieux de transférer tout le pouvoir du conseil des ministres des finances, aux administrateurs qui devraient s'impliquer davantage dans la gestion de la Banque. La BCEAO ne doit pas faire exception à cette tendance mondiale de gestion autonome des Banques Centrales qui ne doivent plus être sous tutelle des ministres en charge des finances, pour des raisons évidentes d'indépendance légale, politique et financière. Cette situation traduit une moindre autonomie de la BCAEO au regard de la BCE, par exemple, dont la monnaie, l'euro, est liée par une parité fixe au franc CFA comme il a été précisé plus haut.

Pour Grilli *et al.*, l'indépendance politique de la BCEAO, qu'ils ont coté à 4,5/8 gagnerait à réduire, voire exclure le conseil des ministres des finances de ses organes de décisions, afin que celui-ci n'approuve plus sa politique monétaire, améliorer la durée des mandats des administrateurs ; des dispositions légales doivent être clairement exprimées pour raffermir la Banque Centrale dans tout conflit avec les gouvernements.

Ces indices actualisés et recalculés par nos soins donnent une côte de 5,5/8 pour l'indépendance politique et 5,5/7 pour l'économique de la BCEAO. – voir annexe 1 –.

3.2) Indépendance de la politique monétaire et des changes

L'indépendance d'une Banque Centrale s'examine aussi par le biais de l'autonomie de sa politique monétaire et de sa stratégie des changes. Comme chacun le sait, naguère le franc CFA était lié par une parité fixe au franc français avec une cote de 1 FRF = 50 XOF de 1945 à 1994 et au cours des cinq années qui ont suivi, soit de 1994 à 1999, par la parité 1 FRF = 100 XOF et depuis la création de l'euro, cette parité est devenue 1 € = 655,957 CFA comme il a été relaté auparavant. La pratique de cette parité fixe peut engendrer une double interprétation économique : d'une part, si la mission fondamentale de la BCEAO est d'assurer la stabilité de la monnaie de l'Union, alors la parité fixe avec l'euro est déterminante pour l'indépendance de la stratégie des changes. En somme, l'adoption d'un régime de change fixe par la BCEAO accroît sa crédibilité en ce sens que ce régime favorise une stabilité des prix, voire un système peu inflationniste. D'autre part, à regarder de plus près, cette parité fixe avec l'euro engendre des variations de la valeur externe du franc CFA par rapport au dollar, par exemple, sans commune mesure avec la situation de ces économies qui peuvent donc subir des dépréciations de la valeur des réserves de change, en cas de dépréciation de l'euro, même si le fonctionnement du compte d'opérations prévoit des financements compensatoires à la BCEAO. Par exemple en 1974, le flottement du FRF a conduit à un versement à la BCEAO de 61 M de FRF à titre de financement compensatoire de la dépréciation du solde du compte d'opérations. Nombre de spécialistes estiment que l'effet favorable du régime de change fixe qui rend la politique monétaire de l'UEMOA plus crédible, est renforcé par la convertibilité de la monnaie dans la mesure où la trilogie, constituée par la fixité du taux de change, la convertibilité de la monnaie et une politique monétaire différente de celle du pays dont la monnaie sert d'arrimage, n'est pas soutenable à LT. Mais à court et moyen termes, la coopération monétaire de l'UEMOA avec la France, renforce la crédibilité du régime des changes de la BCEAO et accroît son indépendance vis-à-vis des États membres.

En somme, les relations commerciales et financières avec l'Allemagne, l'Italie, l'Espagne, le Benelux, le Portugal… qui donnaient lieu à une demande de devises étrangères par le biais du Franc Français, donc par un débit du compte d'opérations sur les livres du Trésor français, ne sont plus nécessaires depuis la création de la monnaie commune européenne et constituent en soi un grand facteur de stabilité du franc CFA en raison de la baisse de la demande de devises, face à une offre relativement stable, voire en hausse selon le niveau des cours mondiaux du cacao, du café, du coton, du pétrole et des oléagineux tropicaux. Ce phénomène conjugué à la forte dévaluation du CFA en 1994 est de nature à reconstituer les réserves de changes de la BCEAO quand on sait qu'en moyenne, plus de 50 % des importations de ces pays proviennent de l'espace euro-CFA, et a tendance à écarter sur le moyen terme, tout risque de dévaluation par ce canal.

Par ailleurs, le pouvoir monétaire ne peut être légitimement indépendant que s'il est exercé collégialement et par des cadres choisis en fonction de leur compétence et de leur expérience. Le comité de politique monétaire ne doit pas déléguer au gouvernement de la BCEAO le pouvoir d'exécuter seul la conduite de la politique monétaire de la banque comme la fixation du niveau du taux directeur, de celui des réserves obligatoires et de l'*open market*.

La BCEAO pratique une politique monétaire qui repose sur quatre taux d'intérêt parmi lesquels son taux directeur qui comme partout ailleurs influence fortement les taux de base des différentes banques de la zone et qui est fixé à 4,25 % depuis le 11 juin 2009 en réduction de 50 points de base. Par ailleurs, le taux d'escompte de la BCEAO applicable aux achats définitifs de valeurs auprès des banques pour une durée minimum de 10 jours et un maximum de 360 jours a été instauré le 2 octobre 1989 en lieu et place du TEN et du TEP ; il est fixé actuellement à 6,75 %.

Le taux de pension de la BCEAO est applicable aux achats temporaires de valeurs auprès des banques et des États membres pour une durée renouvelable ne dépassant pas 30 jours. Le guichet de pension est celui de refinancement permanent de la BCEAO depuis le 1er octobre 1993. À titre d'exemple, le Comité de Politique Monétaire (CPM) a décidé le 16 décembre 2010 de fixer le taux minimum de soumission aux opérations d'*open market* à 3,25 % et celui du guichet de prêt marginal à 4,25 %.

Par ailleurs, toujours dans la conduite de la politique monétaire, le CPM a décidé de maintenir le coefficient des réserves obligatoires à 7 % pour l'ensemble des pays de l'Union, alors qu'auparavant, un coefficient différencié était en vigueur dans la zone d'émission, à savoir 7 % pour le Bénin, le B. Faso, le Mali, le Niger et le Sénégal, alors qu'il n'était que de 5 % pour la Côte d'Ivoire, la G.-Bissau et le Togo. Instrument de politique monétaire efficace, aux côtés du taux directeur et du plafond des concours globaux de la BCEAO aux États, banques primaires et établissements de crédits, les réserves obligatoires constituent un facteur efficace de contrôle de liquidité bancaire et par ce canal, il peut influencer directement la distribution du crédit des banques et établissements financiers. L'harmonisation du coefficient des réserves obligatoires vise d'une part à optimiser l'efficacité de l'instrument, et d'autre part à éviter les distorsions dans la concurrence inhérentes à une application discriminatoire.

À n'en pas douter, la politique monétaire de la BCEAO repose sur des instruments adaptés et efficaces comme il a été évoqué ci-dessus, à savoir les taux d'intérêt (le taux directeur, les taux applicables aux pensions, voire ceux de l'*open market*...), les réserves obligatoires et une politique des agrégats en rapport avec le plafond des mobilisations des États et du système financier. Même si la création d'un CPM est salutaire et va dans le sens d'une amélioration du degré d'autonomie de la Banque Centrale, il est tout à fait regrettable que sa politique monétaire soit approuvée par conseil des ministres, alors que le conseil d'administration suffirait pour donner toute la crédibilité et donc toute l'indépendance à ces décisions de gestion monétaire qui pourtant ont fait leur preuve dans le cadre de la stabilité de la valeur du CFA ou monnaie commune à huit nations de la CEDEAO.

Toutefois, indépendance de la Banque Centrale ne signifie pas absence de concertation entre l'autorité monétaire et les responsables des autres acteurs de la politique économique ; il s'agit simplement d'y mettre la forme, afin que la BCEAO soit et demeure indépendante des ministres en charge de l'économie et des finances, voire des gouvernements des États membres.

4) Indépendance des Banques Centrales de la ZMAO

Contrairement à la zone d'émission de la BCEAO, il existe au sein de la CEDEAO un projet de création de la seconde zone monétaire qui regroupe comme il a été évoqué plus haut, le Nigeria, le Ghana, la Guinée, la Gambie, la Sierra Leone et même récemment le Liberia. Les monnaies de ces pays ne sont pas arrimées à une devise forte. Les Banques Centrales du Nigeria, du Ghana et de la Guinée, échantillon représentatif de cette zone – faut-il le rappeler – vont devoir nous intéresser plus particulièrement.

Selon P. Hugon : *Dans le cas d'autonomie monétaire, se pose la question de l'indépendance des Banques Centrales ou leur subordination au pouvoir en place. Dans le premier cas, la stabilité monétaire est davantage garantie, les risques de seigneuriage sont faibles ; dans le second cas, le risque de pouvoir technocratique et de politique déflationniste défavorable à la croissance sont réduits.*

Est-il le cas des Banques Centrales des trois pays retenus ? Il convient dans un premier temps d'examiner sous l'angle d'indépendance politique et économique avant de l'intégrer dans un modèle plus complet qui analyse aussi l'indépendance de la stratégie des changes pour comprendre le rôle que joue le taux de change dans la croissance économique de ces pays.

4.1) Indépendance politique des Banques Centrales de la ZMAO

L'autonomie monétaire rime avec la dépendance de la Banque Centrale des autorités politiques, voire financières dans un environnement où l'institution d'émission est avant tout un instrument de financement du développement au service du pouvoir politique et au mépris de la stabilité de la valeur de la monnaie. Comme la Guinée, le Ghana, le Nigeria et les autres pays de la ZMAO ne sont pas encore dans une union monétaire, il est tout à loisir que les gouverneurs, voire les vice-gouverneurs soient désignés par l'autorité politique ; comment pourrait-il d'ailleurs être autrement ? Sauf à conclure sur ce point que l'appartenance à une union monétaire tend à accroître le degré d'autonomie de la Banque Centrale, car le choix de ses dirigeants relève d'un Conseil supranational, toute chose qui garantit son indépendance vis-à-vis de chaque État, les gouverneurs de la BOG, de la CBN et de la BCRG sont nommés par décrets présidentiels, il en est de même pour les administrateurs et les vice-gouverneurs.

Par ailleurs, la Guinée enregistre un taux de rotation élevé, soit 3 ans en moyenne sur les cinquante dernières années et même 2 ans seulement sur les dix dernières années, en violation flagrante des statuts de la Banque Centrale qui stipulent que le mandat du gouverneur est fixé à 6 ans renouvelables. Il se pose de toute évidence un problème de respect des textes à la BCRG, toutes choses ayant pour conséquence un manque manifeste de temps pour l'autorité monétaire de mener à bien ses réformes institutionnelles. Par contre au Ghana et au Nigeria, indépendamment du choix des dirigeants par l'autorité politique, le turnover du gouverneur semble correct depuis que la gestion monétaire ne relève plus de la WACB, des progrès évidents ont été effectués sur les statuts de la BOG comme ceux de la CBN.

Par ailleurs, le mandat des administrateurs, nommés certes par le gouvernement pour assurer leur charge pendant au moins cinq ans au Ghana et au Nigeria et seulement six mois à la BCRG (administrateurs externes), n'appelle pas d'observations particulières. Mais il est salutaire contrairement à la BCEAO que les Conseils d'Administration des Banques Centrales de la seconde zone monétaire ne soient pas étoffés de membres des gouvernements.

Au plan de la politique monétaire, toutes les Banques Centrales en Afrique de l'Ouest sont plus ou moins sous ordre des gouvernements dans la conduite de la politique monétaire. Par exemple en Guinée, le gouverneur de la BCRG a toujours été un membre à part entière du gouvernement, non seulement il participe à la gestion politique de son pays, mais aussi il fait approuver par conseil des ministres le niveau de son taux directeur, comme celui des coefficients des réserves obligatoires… Des fois les mesures de politiques monétaires sont annoncées par le porte-parole du gouvernement avant la BCRG qui du coup apparaît exécuter une décision gouvernementale, or une mesure discrétionnaire est plus crédible qu'une mesure réglementaire issue du Conseil des ministres ; d'une manière générale, au Ghana, au Nigeria en passant par la Gambie et la Sierra Leone, les Banques Centrales sont sous ordre dans la conduite de leur politique monétaire.

Par la suite, il est tout à fait judicieux de constater les progrès dans les réformes institutionnelles de ces Banques Centrales de la CEDEAO, qui étaient toutes engagées presque uniquement dans le financement du développement dans les années soixante et soixante-dix, voire quatre-vingt et dès lors si le conseil d'administration est présidé par le ministre des Finances, les coupes sont pleines pour financer tous azimuts le déficit budgétaire, bonifier les taux d'intérêt en faveur des secteurs dits prioritaires… Aujourd'hui dans tous les statuts des Banques Centrales de la seconde zone monétaire, il est expressément mentionné que la Banque Centrale est responsable de la veille de la stabilité monétaire, en d'autres termes, il incombe à la Banque Centrale de mener une politique monétaire idoine de manière à garantir la valeur externe et interne de la monnaie. La BOG et la CBN vont jusqu'à la cible inflationniste.

Enfin, les statuts des Banques Centrales de la ZMAO, ne renforcent pas suffisamment l'Institut d'Emission en cas de conflit avec le gouvernement, dans sa mission de défense de la valeur de la monnaie, ils sont souvent muets des procédures d'arbitrage, toute chose qui les fragilise et les écarte de leur mission fondamentale. Ainsi, ces Banques ne peuvent pas être hors de portée des pressions des autorités budgétaires et dès lors, il sera difficile d'asseoir une crédibilité sur la réputation et dans la durée.

En somme, l'application des critères d'indépendance politique de Grilli *et al.* aux trois Banques Centrales donne les résultats suivants sur une échelle de 8 :

- Bank of Ghana : 3,5
- Central Bank of Nigeria : 4
- BCRG : 3

Il ressort de ces scores une faible indépendance politique des Banques Centrales de la ZMAO qui gagneraient à accroître leur autonomie vis-à-vis des pouvoirs publics en améliorant significativement la procédure de nomination des administrateurs, de fois la durée de leur mandat ; mais il convient aussi d'affirmer leur autonomie dans la conduite de la politique monétaire, en essayant d'administrer en toute indépendance, mais en toute transparence leur politique des taux d'intérêt, des agrégats, des réserves obligatoires… sans approbation aucune par le gouvernement. Il est également judicieux que les conflits qui naissent entre l'autorité budgétaire et la Banque Centrale dans l'exercice de sa mission fondamentale, puissent être résolus par voie statutaire et que la procédure d'arbitrage puisse être clairement mentionnée.

4.2) Indépendance économique des Banques Centrales de la ZMAO

Si l'indépendance politique ou légale est nécessaire pour accroître la crédibilité et la responsabilité d'une Banque Centrale, elle ne suffit pas, voire n'est pas déterminante, pour permettre à cette institution de jouer pleinement son rôle de stabilité de la monnaie. C'est pourquoi elle doit être renforcée par une réelle autonomie assimilable dans la nomenclature de Grilli *et al.* à l'indépendance économique qu'il convient de mesurer pour les trois Banques Centrales de la ZMAO que nous avons retenues.

La notion d'indépendance économique repose essentiellement sur les relations financières entre la Banque Centrale et le Trésor Public. Ces relations, comme chacun le sait, sont balisées par une convention qui lie les deux institutions et qui stipule partout que la Banque Centrale peut apporter les avances à l'autorité budgétaire qui sont circonscrites dans un plafond de 10 % des recettes fiscales de l'exercice budgétaire écoulé pour une durée n'excédant pas 180 jours à un taux plus ou moins équivalent à celui du marché. Il est tout à fait clair que cette relation est l'épine dorsale de l'indépendance économique, voire de l'autonomie globale de tout Institut d'Émission ; mais il n'en demeure pas moins clair que son strict respect constitue le plus grand problème pour les banques des pays ayant opté pour l'autonomie monétaire comme le Ghana, la Guinée, le Nigeria et les autres pays de la ZMAO. En vue de protéger les Banques Centrales de la seconde zone monétaire de la CEDEAO, il est indispensable de leur prohiber le financement direct du budget des administrations centrales, locales comme celui des entreprises publiques par le seigneuriage, mais plutôt encourager le financement du solde primaire des États par des émissions des obligations publiques de MLT et des Bons du Trésor comme c'est d'ailleurs le cas dans la plupart des pays.

Cependant, il est malheureux de constater que le Trésor Public, indépendamment des règles en place, a automatiquement accès aux facilités directes de crédit des Banques Centrales. Au cours de l'exercice budgétaire 2010, en Guinée alors que les recettes budgétaires atteignent à peine GNF 4 000 Mds, les créances nettes sur le Trésor Public progressent de GNF 4 223 Mds pour atteindre GNF 8 369 Mds, non seulement les avances directes de la Banque Centrale doublent dans l'intervalle d'une année, mais elles dépassent le niveau des recettes propres de l'État, peut-on parler d'indépendance économique ou financière de la Banque Centrale de la République de Guinée dans ces conditions ?

Le Ghana s'est doté d'une loi devant affermir l'indépendance de la BOG vis-à-vis du gouvernement, en instaurant aussi un comité de politique monétaire, en principe souverain dans la création et la mise en œuvre des instruments de la politique monétaire. La Banque Centrale doit dorénavant se consacrer à la stabilité du Cedi au travers une cible inflationniste. Des progrès, il y en a eu, car les créances nettes sur le Trésor Public sont passées de 8 553,8 Mds de Cedi en 2002 à 7 453,3 Mds en 2003 ; mais en 2007, ce solde remonta significativement à 14 520,2 Mds de Cedi, alors que la même loi autorisait la BOG à apporter au maximum 10 % de ses ressources au gouvernement. Une fois de plus, les textes réglementaires souffrent là aussi d'un manque d'application rigoureuse. Le Nigeria, premier producteur de pétrole d'Afrique, dispose d'importants avoirs extérieurs nets. Cependant, l'État bénéficie de confortables avances sur les livres de la CBN, qui ont représenté jusqu'à -40,8 % en 2007 et -33,9 % de la masse monétaire M2 et à des conditions très favorables.

D'une manière générale dans les Banques Centrales de la ZMAO, les avances directes de trésorerie aux gouvernements ne sont ni expressément temporaires, ni factuellement limitées en montants. Aussi continuent-elles à jouer un rôle important sur le marché primaire de la dette publique notamment celui des Bons du Trésor. Par contre, elles fixent librement leur taux directeur et d'escompte, mais ne sont pas encore dotées d'une commission bancaire en charge de la supervision des établissements financiers, toute chose qui confine cette activité en dehors de la Banque Centrale comme c'est le cas dans toutes grandes Banques Centrales du monde.

Il ressort en toute vraisemblance les scores suivants sur une échelle de 8 de Grilli *& al.* de mesure de l'indépendance économique des Banques Centrales :

- Bank of Ghana : 3
- Central Bank of Nigeria : 4,5
- BCRG : 3

En somme, cet indice de mesure d'indépendance au travers l'autonomie politique et économique met en évidence une plus grande liberté d'action de la BCEAO dans sa mission de maintien de la valeur de la monnaie avec une note de 10 sur une échelle 16, suivie de la CBN avec un indice 8,5, puis la BOG avec un score de 6,5 et de la BCRG avec seulement 6 points sur 16 possibles.

Cependant comme l'indice de Grilli *et al.*, tout comme celui de A. Cukierman sont muets de notion d'indépendance relative à la stratégie des changes et tous deux appliqués essentiellement sur les pays industriels, nous conduisent à nous orienter vers l'élaboration d'un indice qui intègre à la fois les aspects légaux et de politique monétaire d'une part, et d'autre part, les contours financiers et des changes de l'activité d'une Banque Centrale en pays en développement.

5) Modélisation de l'indépendance et inflation

5.1) Une modélisation d'indépendance des Banques Centrales de la CEDEAO

Tableau 6
Résultats du modèle

	BCEAO	BCRG	BOG	CBN	score
Indépendance légale	4	1,33	1,5	2,5	**2,3**
Autonomie de la politique monétaire	3	2,33	2,5	2,5	**2,6**
Indépendance de la stratégie des changes	**3**	**2**	**2,5**	**2**	**2,4**
Indépendance fiscale et financière	4	1,5	2	3	**2,6**
Cote globale d'autonomie	**14**	**7,16**	**8,5**	**10**	**9,9**

Le modèle que nous avons retenu a fait l'objet d'une description dans la première partie de ce document et dont les détails y sont annexés. Il consiste, faut-il le rappeler, à cerner le niveau d'autonomie d'une Banque Centrale au travers quatre principaux indicateurs assortis d'un score différencié :

- L'indépendance légale : 6 points
- L'indépendance relative à la politique monétaire : 4 points
- L'indépendance de la stratégie des changes : 4 points
- Et l'indépendance fiscale et financière : 6 points

Ainsi, une Banque Centrale parfaitement indépendante affichera un score de 20 points au maximum, alors que celle moindrement autonome attestera d'une note plutôt proche de 0. Le résultat du modèle se présente de la façon suivante :

Ces indicateurs chiffrés intéressants mettent en exergue dans l'espace CEDEAO, que la BCEAO demeure la Banque Centrale la plus crédible avec un score d'autonomie de 14 approximativement comparable à celui de Grilli *et al.* Cette cote élogieuse, toute proportion gardée, se doit avant tout à une plus grande indépendance légale somme toute plus élevée que celle des autres Banques Centrales de la sous-région, Banque supranationale, elle jouit d'une pérennité et d'une plus grande stabilité du poste de gouverneur et de conseil d'administration, dont les mandats suffisamment longs leur permettent de mener à terme toutes réformes institutionnelles entreprises.

Par ailleurs, l'ancrage du franc CFA à l'euro et donc la pratique de la parité fixe est un avantage incontestable qui procure à cette monnaie une réelle stabilité à nulle autre pareille dans l'espace ouest-africain – hors Cap-Vert – et assure aux réserves des changes des excédents qui pérennisent le compte d'opérations sur le Trésor Public de France. Le niveau d'indépendance du régime de changes de la BCEAO est un atout majeur qui garantit une cote d'autonomie plus élevée par rapport aux autres Banques Centrales de notre échantillon, car elle ne manipule pas son taux de change nominal pour des fins budgétaires.

Néanmoins, la BECEAO demeure handicapée par la position d'un Conseil des ministres des Finances au-dessus du conseil d'administration et du gouverneur, qui en toute circonstance, doit se prononcer sur les moyens et les instruments de la politique monétaire, même si récemment, cela est atténué par la création d'un comité de politique monétaire relativement autonome. Une totale délégation des prérogatives du Conseil des ministres des finances au conseil d'administration procurerait à la Banque Centrale davantage d'autonomie dans sa politique monétaire. Les avances aux Trésors Publics des États membres de l'UEMOA sont sous contrôle et assurent à la BCEAO une indépendance fiscale et financière acceptable mais perfectible. Ce niveau d'autonomie financière cerné au travers la PNG est variable d'un État à l'autre comme il a été précisé plus haut et crée un léger écart sur le niveau d'indépendance de la BCEAO par pays :

- BCEAO : 14 points
- Dont RCI : 13 points
- Sénégal : 14 points
- Mali : 15 points

Par contre, il convient de noter que la BCEAO reste comparable aux autres Banques Centrales de la CEDEAO en matière de liberté d'action sur les moyens et les instruments de la politique monétaire.

Les Banques Centrales de la ZMAO, de leur côté, présentent des scores peu élogieux en termes d'indépendance :

- Central Bank of Nigeria : 10 points
- Bank of Ghana : 8,5 points
- BCRG : 7,16 points

Ces résultats restent très proches de ceux de Grilli *et al.* que nous avons appliqués à ces trois banques de la CEDEAO qui ont opté pour l'autonomie financière. Ce faible score provient tout d'abord d'une faible protection légale des dirigeants ; en Guinée, par exemple, le mandat effectif consacré au gouverneur de la BCRG est trop court pour lui permettre d'entreprendre et de réussir des réformes de son institution, même si sur ce plan, le turn over des dirigeants de la BOG et de la CBN est acceptable. Toutefois, leur choix pour ces trois Banques Centrales relève exclusivement du gouvernement des fois sans consultation aucune du pouvoir législatif. Il en est de même pour leur révocation qui arrive trop souvent avant le terme de leur mandat. D'une manière générale, les dirigeants des Banques Centrales de la ZMAO sont fortement impliqués dans la vie politique de leur pays, au lieu de se consacrer uniquement à la gestion de la monnaie, ils vont jusqu'à siéger au conseil du gouvernement en République de Guinée.

En ce qui concerne l'indépendance relative à la politique des changes, en l'absence d'arrimage à une devise forte, le Naira, le Cedi et le GNF glissent trop fortement pour assurer aux Banques Centrales en question, une cote bien au-dessus de la moyenne, ce, en dépit des richesses naturelles que regorgent ces pays. La variabilité du taux de change dans le sens de la dépréciation, voire de la dévaluation, est de nature à procurer à ces gouvernements de ressources budgétaires additionnelles en monnaie locale, nonobstant les conséquences inflationnistes de la fusion de la valeur externe de ces monnaies nationales. La pratique du taux de change flexible dans ces environnements sous-développés n'est-elle pas en soi une faiblesse ?

Mais le véritable obstacle à parvenir à un niveau d'autonomie correcte des trois Banques Centrales, échantillon bien représentatif de la seconde zone monétaire de la CEDEAO, tient aux relations financières avec les Trésors Publics nationaux, lorsque les avances à eux consenties sont sans limites, à des taux d'intérêt concessionnels et de façon permanente… Naturellement, l'indépendance financière ou économique de la BCRG, de la BOG, de la CBN comme des autres Banques Centrales de la CEDEAO, est faible et se traduit par un niveau d'inflation plus élevé que dans la zone d'émission de la BCEAO.

Par ailleurs, une analyse transversale du résultat du modèle appliqué à ces quatre Banques Centrales, met en exergue une faible indépendance légale qui ne peut s'améliorer que par la création d'une autre Banque Centrale supranationale en gestation depuis plusieurs années dans la ZMAO, qui probablement par ce canal, sera de nature à corriger leur moindre autonomie financière vis-à-vis des Trésors Publics nationaux ou l'autre point faible du système monétaire en Afrique de l'Ouest.

5.2) Indépendance des Banques Centrales de la CEDEAO et inflation

La théorie de l'indépendance financière ou fiscale des Banques Centrales a fait l'objet de plusieurs études empiriques que nous avons rapidement exposées dans ce document. Nous voulons tout simplement réitérer qu'une Banque Centrale indépendante crée moins d'inflation qu'un institut d'émission sous ordre des autorités politiques. Qu'en est dans l'espace CEDEAO ?

Le résultat obtenu en Afrique de l'Ouest confirme celui de la théorie économique : en effet dans notre échantillon, il existe une relation négative entre la cote d'indépendance et le niveau d'inflation. Les trois pays de la zone d'émission de la BCEAO, qui peu ou prou contrôlent près de 2/3 des disponibilités monétaires de l'UEMOA ayant une cote d'indépendance élevée, affichent des taux d'inflation moyens faibles de l'ordre de 3 % sur la période 2007-2010 pour un score d'autonomie de 14 de la BCEAO. Par contre, les Banques Centrales de la ZMAO, moins indépendantes, produisent des niveaux d'inflation élevés inversement proportionnels à leur degré d'autonomie. Dans notre échantillon, la BCRG institution d'émission moins autonome, affiche-t-elle aussi un taux d'inflation moyen le plus élevé

Graphique 9

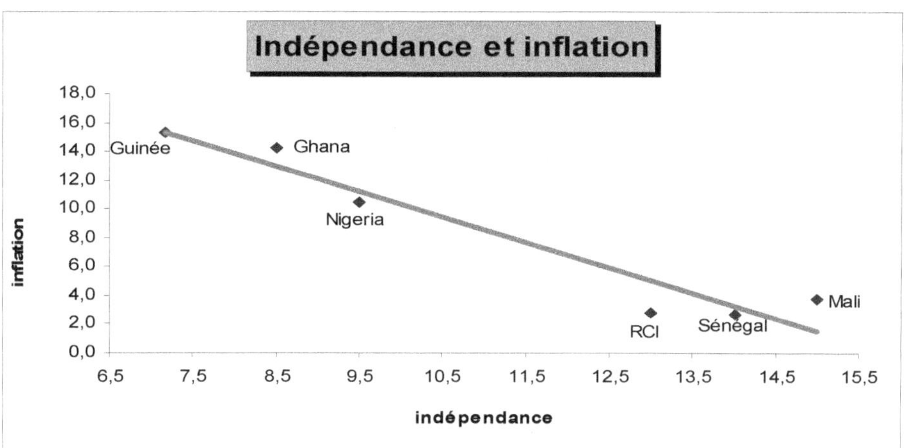

Synthèse et conclusions

Au terme de cette étude sommaire, il ressort que les Banques Centrales de l'Afrique de l'Ouest sont moins indépendantes que celles d'Europe et d'Amérique du Nord. Cependant, l'appartenance à une union monétaire d'une part, et d'autre part, l'ancrage du franc CFA à l'euro, assurent à la BCEAO un niveau d'indépendance acceptable. La BOG et CBN gagneraient à accroître leur autonomie par une nette amélioration de leur indépendance légale et fiscale ; l'appartenance à une future seconde zone monétaire et l'accroissement des revenus pétroliers pourraient aussi rendre les Trésors Publics moins dépendants des ressources centrales.

La BCRG, pour améliorer son seuil d'autonomie, doit d'abord assurer le respect de la loi bancaire par tous les acteurs quant au mandat des dirigeants et du conseil d'administration, mais aussi doit-elle s'efforcer de son côté à respecter scrupuleusement toutes les dispositions de la convention qui la lie au Trésor Public de nature à financer dans les termes contractuels le déficit budgétaire, source évidente de tensions inflationnistes et sociales.

Or, le niveau élevé d'indépendance d'une Banque Centrale est de nature à maîtriser les sources de hausse du niveau général des prix, tout en rehaussant la crédibilité de cette institution. Or, la crédibilité et la transparence favorisent le drainage des capitaux privés et publics indispensables au financement du développement dont les pays de la CEDEAO ont besoin, toute chose qui stabilise la valeur externe de la monnaie et avec elle, le solde de la balance des paiements.

Il reste tout à fait clair que l'appartenance à une union monétaire et la pratique d'un taux de change fixe demeurent des atouts majeurs pour améliorer l'indépendance, la crédibilité et la responsabilité des Banques Centrales de la sous-région ouest-africaine.

Chapitre 3
Régime de change optimal en CEDEAO

Sur les deux dernières décennies, la République de Guinée comme les autres pays de la ZMAO, ont pratiqué plusieurs systèmes de change qui, finalement, débouchent sur une forte dépréciation de la monnaie nationale, les rares phases de stabilité succédant à de nombreuses périodes d'intenses fluctuations du taux de change.

Si l'analyse de la trajectoire de la valeur externe de la monnaie mérite d'être approfondie, il n'en demeure pas moins que l'examen de la théorie des changes dans des considérations générales s'avère nécessaire avant de passer en revue les différents régimes des changes à la recherche d'une optimisation du taux de change en Guinée à l'aide d'outils appropriés. Par ailleurs, un regard objectif sera porté sur l'optimisation du taux de change effectif réel aussi bien dans l'UEMOA que dans la ZMAO ainsi que sur les ajustements cambiaires dans la CEDEAO.

1) Régime de change de la Guinée

1.1) Taux de change nominal et taux de change réel en Guinée

1.1.1) Le taux de change nominal

D'une manière générale, le taux de change est le prix relatif d'une monnaie par rapport à une autre monnaie (devise) ; ce qui n'est pas à confondre avec la parité d'une monnaie par rapport à une autre, toute chose qui exprime le rapport des pairs métalliques des deux monnaies. Le pair d'une monnaie étant la valeur externe de celle-ci par un certain poids d'or ou par une certaine quantité de devise clé (euro, dollar…) et cette notion n'est valable que dans un régime de change fixe.

Il convient de préciser que les autorités monétaires jouent un rôle important sur l'évolution du change nominal, en tant que variable économique clé, le taux de change a une valeur symbolique et une importance stratégique, car il mesure le prix de la monnaie nationale par rapport à une autre devise. Il résulte donc de la confrontation entre l'offre et la demande de monnaie sur le marché des changes relativement aux exportations, importations et mouvements de capitaux. Le cours de change peut connaître des fluctuations erratiques.

Notons également que le taux de change au comptant s'applique aux opérations immédiates (d'une manière générale, s'exerçant au plus tard 2 jours ouvrés après la date de la transaction) d'échange d'une quantité de la monnaie nationale en monnaie étrangère. On sait également que dans les opérations à l'international, deux cours de change s'appliquent : les cours de change acheteur et vendeur dont le différentiel représente la marge de l'intermédiaire financier.

Dans les opérations avec l'étranger, qui nécessitent des couvertures d'éventuelles fortes fluctuations du change nominal, voire de dévaluations importantes, il est souvent appliqué le change à terme ; c'est souvent le cas dans les transactions de négoce international sur les matières premières et l'énergie… ainsi, le taux de change est fixé à la signature du contrat commercial et sera appliqué à l'échéance au moment du règlement dans un ou plusieurs mois, indépendamment du cours de change du jour.

Plusieurs facteurs macroéconomiques peuvent influencer le taux de change nominal entre deux monnaies, il s'agit entre autres de la parité du pouvoir d'achat, celle des taux d'intérêt, la balance des paiements…

La notion de parités offre un fondement théorique pour mener l'analyse des relations entre les prix des biens et services et le taux de change à terme et au comptant, voire les taux d'intérêt. La parité des taux d'intérêt permet également d'établir les conditions nécessaires pour éliminer les opportunités d'arbitrage dans le respect de trois hypothèses fondamentales :

1. Les marchés financiers sont parfaits, en d'autres termes, il n'y a ni contrôle, ni coûts des transactions, ni impôts.
2. Les marchés des biens et services sont également parfaits : les transactions internationales sur les biens et services peuvent se faire librement sans taxe ni droit de douane.
3. Il y a un seul bien de consommation commun à tous.

La PPA absolue stipule que sur le marché, les biens identiques doivent avoir les mêmes prix réels partout, sinon un arbitrage spatial permettra de les ajuster. En effet, la différence de prix réel donne la possibilité à un agent économique d'acheter le bien là où son prix est plus bas pour le vendre là où son prix est plus élevé en encaissant une marge liée au différentiel de prix, dès lors l'augmentation de la demande dans le pays à bas prix aura pour effet d'y monter les prix. Si cette théorie s'applique à un panier de biens au lieu d'un seul bien, alors la PPA est dite absolue ; en s'appliquant ainsi aux indices des prix nationaux, elle indique qu'une unité d'une monnaie donnée, a le même pouvoir d'achat dans chaque pays.

Dans la PPA relative, le commerce international libre (les frais de transport, taxes et tarifs douaniers étant négligeables) doit égaliser les prix des biens et services équivalents dans différents pays par le biais de la variation des prix c'est-à-dire l'inflation. En somme, il s'agit d'introduire les variations compensatoires du taux de change pour maintenir l'égalité des prix, ce qui suppose un régime de change flexible.

Par ailleurs, dans le cadre de la parité des taux d'intérêt, lorsque le marché financier est parfait, pour tout couple de pays partenaires, le différentiel de taux d'intérêt doit être équivalent au différentiel (prime ou escompte) de change à terme ou au comptant. Si tel n'est le cas, un arbitrage sans risque aura lieu de la part des détenteurs de titres portant intérêts, libellés en monnaies différentes. Cette théorie n'implique aucune causalité unidirectionnelle.

Enfin, la balance des paiements est un instrument essentiel d'analyse des relations économiques d'un pays avec le reste du monde et demeure un indicateur précieux pour l'implémentation d'une politique macroéconomique.

Trois soldes influencent le taux de change :

- Le solde commercial global ;
- Le solde de la balance des opérations courantes ;
- Et le solde des capitaux.

En effet, l'excédent ou le déficit de la balance des paiements peut expliquer le niveau du taux de change en raison de l'effet mécanique qu'induit un tel déséquilibre sur l'offre et la demande de devises étrangères.

Le déficit de la balance des paiements accroît la demande de devises, toute chose qui réduit la valeur de la monnaie nationale sur le marché des changes : il y a dépréciation. À l'inverse, l'excédent de la balance des paiements se traduit par une appréciation de la monnaie locale et ajuste la demande de devises à la baisse.

Ainsi, le niveau et la variation de la balance des paiements sont un indicateur de l'état de la monnaie nationale et de fait, ils sont considérés comme des déterminants essentiels du taux de change à moyen terme.

En Guinée au cours des deux dernières décennies, le GNF a été coté à 760 pour un euro au 30 septembre 1990 sur le marché aux enchères de devises de la BCRG pour ressortir à GNF 8 868 pour une unité de la monnaie européenne sur le marché interbancaire des changes en vigueur depuis mars 2011. En somme au cours de cette période, la valeur de la monnaie nationale exprimée en euro a été divisée par 11,67 nonobstant la mise en œuvre de plusieurs régimes des changes tels que le MID, le MED… qui sont marqués alternativement par l'intervention de la Banque Centrale pour un refinancement en devises des dépenses des importateurs pour les denrées de premières nécessités en faveur des populations locales.[9]

Graphique 10

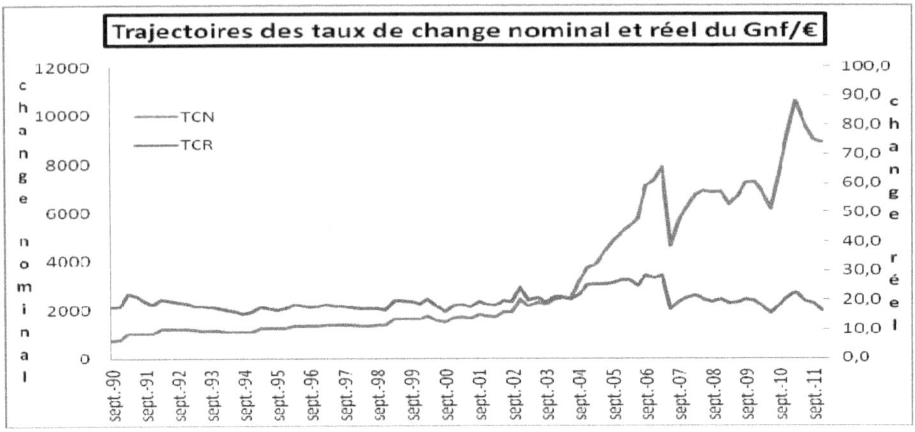

Ce graphique met en exergue quatre phases distinctes d'évolution du taux de change nominal en République de Guinée :

- Sur la période allant de septembre 1990 à décembre 2003, le cours de change du GNF par rapport à l'euro passe de 760 à 2 441,3 pour une unité du billet européen accusant ainsi un taux de dépréciation moyen de 20 % sur 13, 25 ans, nonobstant l'ampleur de la dépréciation dans le système des enchères et du Marché Interbancaire de Devises de la Banque Centrale, l'érosion de la monnaie nationale peut être qualifiée de **forte.**
- Entre décembre 2003 et mars 2007, le franc guinéen cote respectivement 2 441,3 et 7 892, ce qui correspond à un taux de dépréciation moyen annuel de 52,5 % correspondant globalement à l'implémentation du Marché aux Enchères de Devises (MED) qui permettait une libre négociation des cours de devises entre les banques sans intervention aucune de la Banque Centrale. Cette **dépréciation galopante** du GNF n'a non seulement pas favorisé la compétitivité de l'économie, mais y a engendré une forte inflation avec ses conséquences sur le pouvoir d'achat des consommateurs et sur l'équilibre social de la nation.

[9] Voir à cet égard la description des différents régimes des changes qui ont été adoptés par la BCRG dans l'ouvrage Monnaie, change et inflation en Guinée, *pages 245 et suites.* Par ailleurs, l'euro a été exprimé en son équivalent en franc français qui faisait alors cours légal par rapport au GNF, la monnaie européenne n'étant pas encore créée en 1990.

- Au cours de cette phase qui s'étend de mars 2007 à mars 2011, les perturbations sur le marché des changes vont être fortement corrélées à l'instabilité sociale et politique que le pays aura traversée :
  La révolution sociale a induit une forte appréciation du GNF par rapport à l'euro dont la valeur passe ainsi de GNF 7 892 en mars 2007 à 4 638 en juin 2007, soit une appréciation de 41,2 % en un seul trimestre. La faible demande de la monnaie européenne liée à l'interdiction des réexportations en est la cause.
  Entre juin 2007 et mars 2011, la monnaie nationale va subir une série d'instabilités liées à l'intervention directe du régime militaire dans la fixation du taux de change conjuguée à la spéculation d'opérateurs de changes en périodes électorales, il en résulte une dépréciation moyenne annuelle de 34,25 % qui, comme la phase précédente, peut être qualifiée de **galopante** également.
- La dernière phase correspond à la mise en œuvre de la convention de place avec l'adoption du Marché Interbancaire des Changes (MIC). Cette période se traduit par une appréciation du GNF de 16,3 % sur trois trimestres de 2011 et est marquée d'une part par la reconstitution des avoirs extérieurs de la Banque Centrale, mais aussi d'autre part, par une faiblesse de la demande de devises en raison d'une baisse significative du phénomène de réexportation et de la délocalisation de nombre d'opérateurs vers les pays voisins, due à une anticipation pessimiste de l'activité économique consécutive au changement politique. Par la suite, le GNF a fait montre d'une **grande stabilité** jusqu'en 2014 avec une faible prime du marché parallèle contenue à moins de 2 %.

1.1.2) Le taux de change réel

Le taux de change réel est le taux de change nominal entre deux monnaies déflaté des prix.

Soit TCR = TCN X P*/P.

Où TCN représente le taux de change nominal coté à l'incertain.

P* : indice des prix étrangers et P l'indice des prix locaux.

On comprend dès lors que les variations du taux de change réel dépendent des trois composantes de cette expression, à savoir le taux de change nominal, les prix intérieurs et étrangers[10].

La compétitivité de l'économie guinéenne est sa capacité à vendre des produits primaires et industriels face à la concurrence internationale, en d'autres termes, sa capacité à lutter contre les importations sur son marché domestique,

---

[10] Le taux de change réel peut se définir aussi par rapport aux indices des prix à l'importation et à l'exportation, soit **TCR = TCN X P*M/PX** ; il est donc l'expression inverse des termes de l'échange. Le taux de change réel est obtenu en retranchant l'effet prix du taux de change nominal. Soit $\mathbf{TCR^{n}t = [TCN^{n} \; X \; P/P^{n}]}$ sachant que TCN^{n} est le taux de change nominal du pays et P et P^{n} sont respectivement l'indice des prix à la consommation du pays et celui du partenaire n.

mais aussi sa capacité à exporter ses marchandises et/ou ses services sur les marchés étrangers. La compétitivité prix/coûts peut s'exprimer en fait comme un rapport des coûts de production ou le rapport des prix entre pays partenaires commerciaux, exprimé dans une même monnaie. Le TCR est un indicateur synthétique qui permet une telle comparaison des prix ou coûts entre les pays en relation commerciale. Il se construit sur la base d'indices des prix à la consommation qui permettent des comparaisons plus larges.

La définition du TCR peut reposer sur la parité du pouvoir d'achat et mène ainsi à l'indicateur du taux de change réel externe pour mesurer la compétitivité externe de l'économie guinéenne ou la compétitivité nationale comparée à celle du pays étranger. Le TCRE est le ratio des prix étrangers sur les prix domestiques, soit TCN X Pi/Px où TCN est le taux de change nominal à l'incertain, alors que Pi et Px sont respectivement les indices des prix à l'importation et à l'exportation.

Une hausse du taux de change nominal du GNF par rapport à la devise d'un pays partenaire commercial ou une augmentation des prix domestiques plus rapide que celle des prix étrangers, débouche sur une appréciation réelle et devrait impliquer une perte de compétitivité de l'économie guinéenne, car les prix des produits locaux croissent plus vite que ceux des prix étrangers.

Le taux de change réel (interne) ou TCRI mesure la compétitivité interne d'un pays, à savoir l'incitation à produire des biens échangeables (exportables ou non) relativement aux biens non échangeables ou les prix relatifs PNE/PE. Ainsi, le TCRI entraine une incitation plus grande à produire des biens non échangeables au détriment des biens échangeables. C'est donc une moindre capacité à exporter et à produire des biens substituables aux importations. Il s'agit là aussi d'une perte de compétitivité de l'économie nationale.

Le TCR, faut-il le rappeler, est l'indice des prix relatifs sur le marché local et sur le marché extérieur, exprimé dans une monnaie commune. Une augmentation du TCR se traduit par une appréciation de la monnaie nationale, une baisse progressive du TCR correspond à une dépréciation de la monnaie. En Guinée entre septembre 1990 et décembre 2011, il s'est comporté de la façon suivante :

Tableau 7

Évolution du taux de change réel du GNF

Période	**TCR**	**Variation**	**%**	**Nature**
Sept. 90-déc. 95	17,7 - 17,1	+0,6	+3,39	appréciation
Déc. 95-déc. 00	17,1 – 18,4	+1,3	+7,60	appréciation
Déc. 00-déc. 05	18,4 – 26,7	+8,3	+45,11	appréciation
Déc. 05-déc. 11	26,7 – 16,5	-10,2	-38,20	dépréciation
Sept. 90-déc. 11	**17,7 – 16,5**	**-1,2**	**-6,78**	**dépréciation**

Le tableau ci-dessus infère qu'entre septembre 1990 et décembre 2011 que le GNF s'est déprécié de 6,78 % seulement, toute chose qui correspond à la forte dépréciation du TCN corrigée par une inflation tout autant forte. Une analyse en termes de sous-périodes met en évidence, contrairement aux apparences que le GNF s'est apprécié de près de 3,4 % par rapport à l'euro (Franc Français) entre septembre 1990 et décembre 1995 ; cette performance réelle de la monnaie guinéenne est devenue plus forte durant les quinquennats suivants avec 7,6 % entre 1995 et 2000, et même 45,1 % entre 2000 et 2005. Cependant, la période de décembre 2005 à décembre 2011 correspond globalement à une phase de forte dépréciation en termes de pouvoir d'achat avec un niveau de 38,2 %. Cette dépréciation du GNF fait croître les prix relatifs des biens échangeables, favorise un accroissement de la production, et une baisse de la consommation des biens de substitution aux importations ainsi que des produits d'exportation. Telle est l'interprétation la plus utile à retenir, quand on examine les effets d'une modification de la politique commerciale, voire de la politique macroéconomique toute entière sur les structures des importations et sur la balance des transactions courantes.

En somme, une forte variation du taux de change réel, accroît le risque, décourage l'investissement et la production. Des réalignements fréquents du TCN, une politique macroéconomique stable, impliquant un taux d'inflation intérieure faible et l'application parcimonieuse des restitutions quantitatives aux importations sont autant de moyens de favoriser la stabilité du TCR.

1.2) Régime de change optimal en Guinée

La première question qu'on est en droit de se poser est de savoir si la CEDEAO est une Zone monétaire optimale (ZMO) ? Nombre d'économistes attestent que si les avantages d'une monnaie unique peuvent être potentiellement importants entre les pays membres, notamment sur le commerce sous-régional, voire sur les performances macroéconomiques, les coûts demeurent également importants. D'autres ont mis en évidence que la divergence des chocs est si importante entre les économies de la communauté que les coûts d'une union monétaire risquent d'être plus importants que les bénéfices attendus. En fait, les pays de la zone d'émission de la BCEAO sont importateurs nets de pétrole alors que le Nigeria, géant économique de la zone, le Ghana depuis peu, sont plutôt exportateurs d'or noir, toute chose qui rend difficile l'implémentation d'une politique monétaire commune à l'espace de la CEDEAO. L'autre obstacle tient au fait que le Nigeria et les pays de l'UEMOA ont des comportements contra cycliques face aux chocs externes.

Une politique monétaire commune à des pays en opposition de phase dans le cycle économique ne peut être optimale. Or, la règle de la ZMO, considère la perte de souveraineté monétaire, comme le principal coût de l'adhésion d'un pays à une union monétaire. Au titre des bénéfices attendus, il convient de mentionner en particulier la réduction du coût des transactions lié aux échanges.

Or, pour que les gains soient supérieurs aux coûts dans une union monétaire, il convient que les chocs qui affectent les différentes économies soient symétriques et que l'existence d'un mécanisme alternatif devant prendre le relais des ajustements du taux de change, lorsque surviennent les chocs asymétriques, soit effective. Cependant, l'existence d'une monnaie commune pourrait être une véritable source de développement sous-régional donc du lissage intra-régional des chocs macroéconomiques affectant les pays de la Communauté économique.

Ouédraogo O. (2003) *estime dans plaidoyer macroéconomique pour l'Afrique, que la CEDEAO est une zone potentiellement optimale en s'inspirant de l'analyse de R. Mundel (1973) optant pour une appréciation relative de la notion d'optimalité. En effet selon lui, le principe de partage des risques qu'illustre la centralisation des réserves de change d'une part, la différenciation des appareils productifs nationaux, lesquels au lieu d'être une source de divergence d'intérêts quant à l'utilisation ou non du taux de change comme instrument d'ajustement, devient un facteur de stabilisation de la zone monétaire, concourant à plaider pour un schéma volontariste dans la mise en place de la monnaie unique de la CEDEAO.*

R. Mundel (1961) estima que deux ou plusieurs pays ont intérêt à former une zone monétaire unique (change fixe) si et seulement si la mobilité des facteurs à l'intérieur de la zone qu'ils constituent en se réunissant est plus forte que celle qui apparaît vis-à-vis de l'extérieur. Par contre, si la mobilité des facteurs est plus faible à l'intérieur de la zone constituée par A et B, par exemple, que, vis-à-vis de l'extérieur, le change flexible sera plus avantageux. Si un choc exogène déplace la demande du pays A vers les produits du pays B, il en résulte en cas d'absence de mobilité des facteurs entre les deux pays :

- Pour le pays A : une sous-utilisation de son potentiel de production (baisse de la production) ayant pour conséquence une hausse du chômage et un déficit de la balance commerciale.
- Pour le pays B, une surcharge de ses capacités de production (hausse de la production) ayant pour effet des tensions inflationnistes et un excédent commercial.

Pour corriger ce déséquilibre, le système de change flexible y est recommandable. Les ajustements cambiaires entre les deux monnaies sont nécessaires pour rétablir à CT les équilibres macroéconomiques. La dévaluation de la monnaie du pays A favoriserait la baisse de ses prix à l'exportation. Par contre, si les facteurs sont susceptibles de se déplacer entre les deux pays, alors il s'ensuivra un transfert de facteurs (main-d'œuvre, épargne de A vers B, capacités productives, diminution des tensions inflationnistes et de la surutilisation des capacités…) dans le pays A, il en résultera une baisse du sous-emploi sans recours aux ajustements du taux de change. *En conséquence, les*

États auront intérêt à former une union monétaire lorsque la mobilité de leurs facteurs est avancée.

La théorie des ZMO oriente le débat sur le degré d'intégration des marchés, la dimension et la nature des perturbations, mais aussi sur la coordination des politiques macroéconomiques en tant que principaux déterminants du choix des régimes de change optimal.

Aussi la théorie de l'ancrage monétaire optimal va insister sur la diversification des circuits des transactions commerciales qui constitue un autre élément important du choix des régimes monétaires optimaux.

Notre objectif vise à déterminer pour la République de Guinée le régime de change optimal au travers l'application de la théorie de R. Mundel par le biais d'une étude empirique. En somme, tous les régimes de change, qui se sont succédés en Guinée au cours des dernières décennies, sont basés sur la détermination périodique du taux de change (hebdomadaire ou quotidien) du GNF par rapport au dollar. Ils mettent en évidence les caractéristiques d'une parité mobile par rapport à une seule monnaie, le dollar, et les parités des autres monnaies sont établies par rapport à leur cote contre le billet vert sur les marchés mondiaux. Les pays de la zone d'émission de la BCEAO sont liés à la France (donc à l'euro) par un accord instituant un régime de change fixe, comme il a fait l'objet d'analyses précédentes. L'implémentation de la théorie de Mundel, ou le choix entre la stabilité monétaire et le développement économique dans le cas d'un pays à économie restreinte dont les pouvoirs politiques cherchent une solution idoine à la variabilité intense du taux de change, nécessite une analyse économique pertinente qui apparaît comme une solution au puzzle.

Une approche coûts-avantages assortie de la détermination d'un mécanisme de change optimal avec pour bénéfice fondamental la stabilité des prix locaux au regard du niveau général des prix du pays du numéraire, toute chose qui s'impose comme substitution du degré de liquidité de la monnaie internationale dont la mesure n'est rien d'autre que les écarts constatés à partir de la parité du pouvoir d'achat (PPA) du taux de change réel par rapport au numéraire. Comme nous l'avons précisé plus haut, le coût essentiel qui en découlera est la dépendance monétaire ou la perte de souveraineté, car il sera désormais impossible pour la Banque Centrale de la République de Guinée, d'utiliser l'agrégat monétaire ou le taux de change pour promouvoir la croissance économique. Ce coût sera évalué par le coefficient de compensation.

Le cadre théorique repose sur une variante du modèle de la pression du marché des changes (EMP) qui sera utilisé pour analyser les relations commerciales entre deux économies de taille différente (France-Guinée), mais liées par des flux monétaires à LT. On suppose par ailleurs que la dichotomie classique entre les secteurs monétaire et réel est prédominante dans chacune des économies. Les flux des capitaux seront également exogènes car une intégration imparfaite des marchés des capitaux prévaut entre les deux économies en raison du faible niveau de développement de la petite économie.

Il convient de préciser qu'après la seconde guerre mondiale et suite aux accords de Bretton Woods, les chocs nés du différentiel d'inflation ont été un élément perturbateur fondamental des économies restreintes (Black 1976). En conséquence, la pratique du taux de change flexible permet de réduire les coûts des stratégies de stabilisation macroéconomiques.

Le taux de change est déterminé par rapport à un numéraire ou un panier de monnaies dans la mesure où dans les deux cas, une bonne part des perturbations est éliminée. En fait, l'arrimage de la monnaie nationale à un numéraire supprime les risques de change auxquels les commerçants sont exposés dans le cadre de leurs transactions avec le principal partenaire. Tandis que le panier de monnaies protège l'économie du petit pays (Guinée) des chocs macroéconomiques découlant de l'interaction entre les monnaies des principaux pays et le numéraire.

1.2.1) Construction du modèle de la pression du marché des changes pour la Guinée

Le modèle économétrique, inspiré des travaux de R. Mundel sur les zones monétaires optimales, repose sur trois équations fondamentales :

1. **EMPt = a0 + a1Est + µ*t + a3Y*t-1 + a4md*t-1 + a5rert + ε1t ;**
2. **Est = b0 + b1dt + b2CR^{a}t + b3 Y + ε2t ;**
3. **Rert = c0 + c1T + c2MDt c3Dpppt + ε3t.**

EMPt désigne la pression du marché des changes.

Est = (d – md)t où d est la variation du crédit intérieur corrigée par la base monétaire.

µ*t désigne la composante imprévue du taux d'inflation en France, reflétant les mesures de politique monétaire inattendues.

md* est le niveau souhaité de la demande réelle de monnaie en France.

rer représente les mouvements réels du taux de change en Guinée.

CR^a : degré prévu de restriction du crédit servant à remplacer le coût d'opportunité de la monnaie.

Y : taux de croissance du produit intérieur brut de la Guinée.

T : financement monétaire du Trésor que nous estimons par la demande de monnaie en Guinée corrigée par la base monétaire.

MD désigne la demande de monnaie en Guinée.

Dppp : la part des échanges globaux dans le PIB de la Guinée.

r : taux de variation des réserves extérieures corrigé par le niveau de la base monétaire de la Guinée.

E est le taux de variation simultané du taux de change nominal entre l'euro et le franc guinéen.

Le modèle peut être adapté afin d'y intégrer la formation des taux d'intérêt des deux pays d'une part, et d'autre part, en vue de tenir compte des règles régissant les modifications du taux de change nominal du GNF dans le cadre du régime de change flexible qui est pratiqué depuis le milieu des années quatre-vingt.

- La première équation met en exergue une formalisation de la réaction des autorités monétaires pour réduire la pression du marché des changes par une modification combinée des réserves extérieures et du cours de change nominal qui est déterminé par la Banque Centrale de manière à absorber les chocs qui résultent de la différence entre les taux d'inflation des deux pays partenaires commerciaux.
- La seconde équation définit les impacts réels des perturbations sur le marché de la monnaie atténués par un facteur de sensibilité relative, traduisant le degré d'intégration entre les deux économies qui peuvent être parfaitement intégrées ou non.
- La troisième équation décrit les déséquilibres monétaires du petit pays qui peuvent s'expliquer par des facteurs exogènes.

Si e désigne le taux de variation du change entre l'euro et la GNF, il est possible de distinguer quatre cas de figure :

1. Dans le **régime de parité fixe par rapport à une seule monnaie** (PFUM), la pression du marché des changes EMPt = r*t, tandis que les variations réelles du taux de change rert équivaut à (P – P*) alors que MD = (P*+ μ*- Est) sera la variable des perturbations monétaires.
2. Dans le **régime de parité fixe par rapport à un panier de monnaies,** e = ∑δiπi où δi est la pondération effectuée sur la base du commerce international.

Ce système permet d'éliminer les chocs émanant de la politique macroéconomique et surtout des fluctuations des principales monnaies par rapport au numéraire (πi). La marge d'inflation met en évidence les variations moyennes du taux d'inflation des autres pays.

La pression du marché des changes EMPt = (r-e)t et rert prend l'expression de et + (P*-P)t alors que MD = Est.

1. Le **régime de parité mobile par rapport à une seule monnaie**, infère que le taux de change s'exprime par e = Φ - P* où Φ > P*.

Ce régime permet de supprimer l'incidence des perturbations monétaires externes prévisibles dans le petit pays, l'écart des taux d'inflation reflétant l'effet net des politiques monétaires instables entre le centre et la périphérie.

Dans ces conditions, la demande de monnaie MDt = μ*- Est.

2. Dans le **régime à parité mobile par rapport à un panier de monnaies,** le taux de change se formalise de la façon suivante :
$e = \Phi - p^{*}$ avec $\Phi > p^{*}$

Ce régime diffère du précédent en ce sens qu'il tient compte des perturbations causées par le reste du monde, plutôt que celles provenant uniquement du numéraire ; dès lors la demande de monnaie prend l'expression suivante :

$$MDt = \mu^* + \sum \delta i \pi^* i - Est.$$

Par ailleurs, si $Um^* = \sigma^* \varepsilon^*$ soit $h^* - md^*$ représentant la stabilité monétaire mondiale, tout flux monétaire excédentaire se traduirait par deux effets contraires et simultanés sur EMP :

- Eu égard à une croissance supérieure des dépenses réelles par rapport au revenu réel, on assiste à une détérioration du compte des opérations courantes qui engendre une perte continue des réserves extérieures ; en même temps, une demande excessive de biens marchands entraine une inflation, si surtout cette demande est fortement corrélée au produit global. Si cet accroissement du niveau général des prix n'est pas totalement influencé par une variation du taux de change nominal, il en résulte une dépréciation effective de la monnaie nationale. Dans un contexte de plein-emploi, la croissance excédentaire des dépenses réelles se réduit et allège la pression du marché des changes auquel cas le GNF aura tendance à s'apprécier.
- L'importance du second effet dépend du facteur de la sensibilité relative. En somme, si l'économie du petit pays est entièrement extravertie par rapport au grand pays, il en résulte que $\varepsilon = 1$ (effet Mckinnon) ; lorsque cet effet disparaît, tout flux excédentaire engendre la même proportion de perte de réserves extérieures. C'est la vérification de la formulation classique de l'approche monétaire de l'ajustement extérieur à LT. Si l'économie restreinte n'est pas entièrement extravertie, la perte de ses réserves extérieures peut être partiellement compensée, c'est la formulation de R. Dornbush (1976). Ce raisonnement reste valable en cas de perturbations monétaires survenant sans corrélation entre elles, c'est-à-dire indépendantes les unes des autres et lorsque les règles du taux de change permettent d'absorber l'inflation différentielle.

La pression du marché des changes donne les résultats empiriques suivants selon les régimes des changes adoptés :

1. $\mathbf{EMPt = a0 + a1Est + \mu^*t + a3Y^*t\text{-}1 + a4md^*t\text{-}1 + a5rert + \varepsilon 1t.}$

La théorie économique commande les signes ci-après pour les différents coefficients :

$a0 \geq 0$; $a1 \leq 0$; $a2 \geq 0$; $a3 \leq 0$; $a4 \leq 0$; $a5 \leq 0$.

Régressions 12
La pression du marché des changes (Guinée)

Régime de change	**régressions**	**R² (F)**	**DW (SCH)**	**SCR (s)**
Parité fixe/ à une monnaie (PFUM)	0,6-0,3Est+0,28µt-1-0,98y*t-1+0,07mdt-1+0,02Drer+0,72AR(1) (-3,15) (2,98) (-1,46) (0,77) (23,16) (6,26)	0,95 (5,84)	1,66 (4,58)	0,17 (2,04)
Parité fixe/1panier de monnaie(PFPM)	33,9-0,16Est+30,9µt+4,6DY*t-1+11,7md+0,04Drert-1+0,76AR(1) (-0,35) (0,19) (0,07) (3,32) (1,03) (8,98)	0,74 (27,9)	2,09 (9,94)	5,26 (29,6)
Parité mobile/ une monnaie (PMUM)	0,00-0,0Est-0,92µt-0,08Y*-0,0md-0,0Drert-1-0,19AR(1) (-1,74) (-12,7) (-2,71) (-0,8) (-0,34) (-1,40)	0,79 (37,9)	1,99 (-5,3)	0,01 (0,01)
Parité mobile/ panier de monnaies (PMPM)	0,0-0,001Est-0,08µt-0,1Y*-0,0md +0,00Drert-1 (-3,17) (-0,76) (-2,2) (-0,08) (2,70)	0,30 (5,3)	0,82 (-4,6)	0,03 (0,02)

Pour la parité fixe par rapport à une seule monnaie, les signes sont conformes à la théorie économique, sauf a4 et a5 qui se trouvent être le taux de variation de la demande de monnaie et celui du taux de change réel, mais guère surprenant quand on sait que les deux variables ont connu des variations erratiques sur la période qui couvre notre étude.

Pour la parité fixe par rapport à un panier de monnaies, les trois premiers signes sont conformes à la doctrine économique, mais tel n'est pas le cas pour les semi-élasticités du taux de croissance du pays du numéraire ainsi que celles du taux de change réel et la masse monétaire.

Les signes de la parité mobile par rapport à une seule monnaie sont tous conformes hormis a2 qui a trait à la composante imprévue de l'inflation en France.

Quant à la parité mobile par rapport à un panier de monnaies, force est de constater que tous les coefficients sont très faibles, seuls deux coefficients (a2 et a5) ne sont pas en conformité, la semi-élasticité relative à la variation réelle du taux de change n'est pas significativement différente de zéro.

Cette variable présente les spécificités suivantes selon les régimes de change :

$$\mathbf{rert = c0 + c1T + c2MDt + c3Dpppt + \varepsilon 3t.}$$

Régressions 13

Variations réelles du taux de change (Guinée)

Régime de change	**régressions**	**R²** **(F)**	**DW** **(SCH)**	**SCR** **(s)**
Parité fixe/ à une monnaie (PFUM)	7,24+0,09DT-0,10DMD+0,13DDppp+0,78AR(1) (0,61) (-1,21) (4,5) (2,12)	0,36 (9,29)	1,90 (11,99)	47,99 (86,51)
Parité fixe/1panier de monnaie (PFPM)	-1,07-0,0004DT-0,003DMDt+0,001DDPPP+0,28AR(1) (-0,13) (-1,58) (1,74) (4,88)	0,34 (8,21)	1,76 (4,72)	0,033 (2,28)
Parité mobile/ une monnaie (PMUM)	0,68-0,03DT-0,40MD+0,11DDppp+0,30AR(1) (-0,24) (-0,80) (3,98) (2,89)	0,36 (8,99)	1,93 (12)	48,47 (87,03)
Parité mobile/ panier de monnaies (PMPM)	24,31+0,12DT-0,02DT+0,12DDppp+0,21AR(1) (1,01) (-2,5) (4,77) (1,58)	0,41 (10,93)	1,87 (11,97)	44,98 (83,83)

En Guinée, les différents régimes de change qui se sont succédés et qui couvrent le champ de notre étude, convergent globalement vers la parité mobile par rapport à une seule monnaie, le dollar et le Marché Interbancaire de Change le MIC n'y fait pas exception. Dans le cas d'une parité fixe par rapport à l'euro, ce qui est le cas des pays de la zone d'émission de la BCEAO actuellement, une croissance de 1 % du crédit intérieur se traduit par une baisse de la pression du marché des changes de l'ordre de 0,3 % par trimestre, alors qu'une baisse parallèle de la demande due à la forte inflation que la Guinée a connue sur la période en revue, se répercute presque totalement (0,98) sur la pression du marché des changes, le tout aboutissant à une baisse de tension cumulée sur le taux de change de près de 1,28 % par trimestre, soit près de 5 % par an.

Dans le régime actuel, à savoir la parité mobile par rapport à une seule monnaie, cet impact conditionne seulement une baisse de EMP de 0,08 % par trimestre soit seulement 0,32 % par an.

Dans le cas de l'adoption d'une parité fixe par rapport à l'euro ou d'une parité fixe par rapport à deux monnaies (euro et dollar, par exemple), force est de constater que la variation réelle du taux de change est faiblement influencée par le différentiel de parité de pouvoir d'achat entre la France et la Guinée de telle sorte que cette influence n'atteint que 0,13 % par trimestre (environ 0,5 % par an) dans la parité fixe par rapport à l'euro et quasiment nul (0,001 % par trimestre) dans la parité fixe par rapport à un panier de monnaies.

Dans les deux cas, les perturbations liées aux variations des dépenses publiques désormais sous contrôle de la Banque Centrale commune ne sont pas déterminantes : les coefficients de compensation n'étant pas significatifs ; il en est de même pour les perturbations monétaires liées à la création d'un différentiel d'inflation entre les deux économies qui sont insignifiantes dans le cadre de la parité fixe par rapport à une monnaie, mais peu déterminantes s'il s'agit d'un panier de monnaies ; toutefois, les variables non intégrées à l'équation apportent une réelle contribution, eu égard à la valeur élevée de la constante pour la parité fixe par rapport à l'euro.

Dans le régime de change actuel de la République de Guinée, la pression du marché des changes est correctement expliquée par l'impact des dépenses publiques, l'inflation et le taux de croissance désiré par les autorités du grand pays, mais aussi par la demande de monnaie et les variations réelles du taux de change du GNF par rapport à l'euro. Il ressort en substance que deux variables expliquent correctement, mais négativement l'EMP, à savoir l'inflation et la demande globale en France et dans une moindre mesure, les variations des dépenses publiques eu égard à la faiblesse de la statistique de Student.

Les perturbations extérieures résultant de l'instabilité des politiques monétaires régissant des principales monnaies produisent des effets négatifs sur les secteurs réels en Guinée. Les perturbations dans le pays du numéraire produisent des effets pervers, mais leurs impacts sur l'économie restreinte demeurent faibles en raison probablement des longs délais de réaction.

La pression du marché des changes dans le cadre de la parité mobile par rapport à un panier de monnaies est significativement influencée par les variations des dépenses publiques, celles du taux de change réel du GNF par rapport à l'euro et par le niveau de la demande globale du pays du numéraire. Les programmes de stabilisation menés avec le FMI et le rétablissement des réserves extérieures à un niveau acceptable par le gouvernement, soutiennent le mécanisme d'ajustement extérieur de l'approche monétaire, les restrictions du crédit dues à un niveau élevé du coefficient des réserves obligatoires et le niveau faible du financement monétaire du Trésor, voire le niveau élevé actuel des taux d'intérêt, conduisent à l'existence d'un effet réel d'équilibre macroéconomique.

La liquidité globale du système est mesurée par la Somme des carrés résiduels (SCR) de l'équation 3, traduisant ainsi les écarts du taux de change réel par rapport à la valeur à LT de la PPA. Cette mesure va refléter l'instabilité du GNF par rapport à l'euro (numéraire) et la grandeur du coefficient de compensation établit la mesure du coût du régime de change.

Les deux paramètres donnent les résultats suivants pour la Guinée :

1.2.2) Résultats analytiques

Tableau 8

Coût et avantage des régimes de change

Régimes de change	**Coût (coef. de compensation)**	**Avantage (SCR de l'équ. 2)**
Parité fixe par rapport à une seule monnaie	-0,30***(0,095)	47,901
Parité fixe par rapport à un panier de monnaies	-0,16 (0,465)	0,033
Parité mobile par rapport à une seule monnaie	-0,0002**(0,00013)	48,474
Parité mobile par rapport à un panier de monnaies	-0,0007***(0,00017)	44,979

** seuil de significativité à 5 % ; ***seuil de significativité à 1 %.

Le tableau ci-dessus infère que le régime à parité fixe par rapport à une seule monnaie, l'euro, présente le coût le plus faible au regard de la valeur du coefficient de compensation, les avantages sont également plus élevés, proche de 48 %, toute chose à compenser les coûts déjà très faibles à CT. En ce qui concerne le régime à parité fixe par rapport à un panier de monnaies (euro et dollar) les coûts ne sont pas significatifs quand bien même ils sont attachés de signes appropriés et les avantages sont quasiment nuls (+3 %) contre 48 % pour le premier régime.

Les régimes à parité mobile débouchent sur des coûts d'opérations très élevés, mais significatifs, le régime actuel, à savoir la parité mobile par rapport à une seule monnaie, présente le coût le plus élevé des quatre régimes, mais des avantages également élevés, avec près de 48,5 % ; la parité mobile par rapport à un panier de monnaies, ressort également un coût d'opération élevé et significatif avec 1 ‰ de marge d'erreur et un avantage relativement élevé, de l'ordre de 45 %.

En somme, une analyse en termes de coût-avantage privilégie le régime de parité fixe par rapport à une seule monnaie qui présente le coût le plus faible et un avantage quasiment équivalent à celui du régime actuel qui, quand bien même dispose d'un avantage certain, ressort le coût de gestion le plus fort. En d'autres termes à ce stade de l'analyse, une politique de change d'arrimage à l'euro est globalement plus avantageuse et plus optimale pour la Guinée.

L'analyse en termes de gain relatif net aboutit aux résultats ci-après :

Tableau 9

Gain net des différents régimes des changes

Régimes de change	Gain relatif (1) (1-a11/a10)	Perte relative (2) (1-scr1/scr0)	Gain net relatif : (1) – (2)>0
Parité fixe par rapport à une seule monnaie	14 %	4,6 %	9,4 %
Parité fixe par rapport à un panier de monnaies	71 %	33,8 %	37,2 %
Parité mobile par rapport à une seule monnaie	-	-	-
Parité mobile par rapport à un panier de monnaies	40 %	7,2 %	32,8 %

a11 : représente l'ampleur du coefficient de compensation dans l'équation 1,

a10 : représente l'ampleur du coefficient de compensation dans la parité mobile par rapport à une monnaie,

scr1 : désigne la somme des carrés résiduels de l'équation1,

scr0 : désigne la somme des carrés résiduels du régime des changes actuel.

Selon les chiffres du tableau ci-dessus, le régime de change optimal pour la République de Guinée est sans équivoque une parité fixe par rapport à un panier de monnaies, selon les critères de Willet et Tower, qui présente un gain relatif net de 37,2 % par rapport au régime actuel ce sur la base d'une pondération du commerce international de l'ordre de 60 % pour le billet vert et 40 % pour l'euro. Toutefois, le second choix demeure la parité mobile par rapport à un panier de monnaies, qui assure un gain relatif net de l'ordre de 32,8 % par rapport au régime de change du MIC, il s'agit là de la flexibilité totale du GNF, qui satisfait à un certain nombre des critères d'efficacité de Kenen (1975) dans la mesure où les mouvements des réserves en devises sont en baisse dans tous les régimes sauf celui de la parité fixe par rapport à une monnaie, alors que l'on prévoit la réduction de la variabilité du volume des échanges en raison de l'hypothèse concernant le comportement des commerçants par rapport à l'indexation de leurs contrats à terme.

En réalité, le degré de liquidité est déterminé par les anticipations et la stabilité, mais c'est cette dernière qui est utilisée dans la plupart des études empiriques. Dans le cas d'espèce, les variables endogènes EMP et rer infèrent le niveau de stabilité ci-après, selon le test de Ramsey :

Tableau 10

Stabilité des régimes des changes

Régimes de change	probabilités	statuts
EMP/PFUM	0,48	instable
EMP/PFPM	0,02	stable
EMP/PMUM	0,93	instable
EMP/PMPM	0,60	instable
rer/PFUM	0,00	stable
rer/PFPM	0,85	instable
rer/PMUM	0,00	stable
Rrer/PMPM	0,00	stable

Comme on peut le constater, aucun régime de change ne satisfait totalement aux critères de stabilité à la fois de la pression du marché des changes et de la variation réelle du taux de change. En d'autres termes, en cas d'instabilité monétaire extérieure, la Guinée va enregistrer des écarts sur le taux de change du GNF en raison du flottement des principales monnaies (parité mobile) ou de l'absence de coordination et de l'instabilité des politiques monétaires des grands pays. À cet égard, les PVD comme la Guinée doivent militer en faveur d'un système monétaire international plus stable, consécutif à la parité fixe des principales monnaies avec la possibilité de passer des accords de change plus souples. Toutefois, il s'avère que la parité fixe par rapport à un panier de monnaies est plus avantageuse pour contenir les tensions du marché des changes par rapport aux trois autres régimes de change mais qui sont plus aptes à assurer la stabilité de la variation réelle du taux de change.

Selon JC Nascimento[11], les résultats empiriques de l'UEMOA sur la période du 3e trimestre 1966 au 4è trimestre 1978, se présentent ainsi qu'il suit :

« *Tous les coefficients majeurs calculés sont affectés de signes appropriés dans les équations et les divers types de régimes examinés. La statistique de DW ne présente aucune corrélation sérielle des résidus au seuil de 5 % sauf dans la seconde équation – ajoute-t-il – le calcul de la matrice des variances-covariances indique que les perturbations enregistrées dans les équations n'ont pas de corrélation dans le cadre des divers régimes des changes, à l'exception du cas du rattachement fixe à un panier de monnaie où elle converge vers la matrice de l'identification. La somme des éléments de la diagonale de la matrice de la variance-covariance des données transformées s'élève à 2 dans tous les types de régimes des changes à l'exception du cas du rattachement fixe à un panier de monnaies où elle atteint 2,002. Les résultats du régime de parité mobile à une monnaie sont conformes à ceux des études similaires aux entreprises en Amérique du Sud (Brésil) à savoir qu'une croissance excédentaire de l'ordre de 1 % par trimestre, engendre une pression supplémentaire du marché des changes de l'ordre de 1,6 % par trimestre dans la zone d'émission de la BCEAO, alors qu'une baisse parallèle à la demande réelle provoquée par la baisse de l'inflation conduirait à une baisse de la pression du marché des changes de l'ordre de 3 % (c0 X â5). Aboutissant à une pression nette de 1,3 % par trimestre, soit moins que le régime actuel* ».

En Guinée, une hausse supplémentaire de l'ordre de 1 % par trimestre engendre une hausse de 0,3 % d'EMP par trimestre, alors qu'une baisse parallèle de la demande réelle due à la hausse de l'inflation conduirait à une pression additionnelle sur un EMP de 0,15 %, le tout se traduisant par un effet combiné de 0,45 % de pression supplémentaire sur le marché des changes soit 1,35 % par an.

Notre approche pour la Guinée consiste à examiner quatre variables normalisées sur chaque régime de change pour déterminer le régime optimal à savoir :

- Le coût opératoire,
- Les avantages,

[11] JC Nascimento : Analyse économétrique du choix d'un régime de change optimal pour une économie restreinte ; revue financière vol. 5 N°2 du Centre africain d'études monétaires 1984.

- Le gain relatif net,
- Et la stabilité combinée du marché des changes et de la variation réelle du taux de change.

Il ressort les résultats ci-après :

Tableau 11

Critères de choix du régime de change optimal

critères	PFUM	PFPM	PMUM	PMPM
Coût	1,000	0,000	0,004	0,150
Avantages	0,990	0,000	1,000	0,930
Gain relatif net	0,250	1,000	0,000	0,880
Stabilité	0,500	0,500	0,500	0,500
Effet total	**2,740**	**1,500**	**1,504**	**2,310**

Il ressort du tableau ci-dessus en intégrant les quatre critères de décisions que la parité fixe par rapport à une seule monnaie, l'euro en l'occurrence, est le choix optimal de régime de change pour la République de Guinée, car il présente le coût le plus faible, mais l'un des avantages les plus élevés. Toutefois le gain relatif net de ce régime est faible, quand bien même il faudrait reconnaître que la stabilité combinée de la pression du marché des changes et de la variation réelle du taux de change est transparente pour l'ensemble des quatre régimes de change.

La parité mobile par rapport à un panier de monnaies peut être une solution alternative : mais le coût de l'opération est élevé, tout comme son avantage pour la nation et son gain relatif net. Dans le cas d'espèce, le modèle économétrique semble commander à la Guinée le rattachement de sa monnaie à l'euro ou à défaut son flottement total par rapport aux principales monnaies d'échange qu'impose son commerce international à savoir l'euro et le dollar. Par contre, le régime actuel et la parité fixe par rapport à un panier de monnaies ne présentent pas les meilleures pertinences dans le choix d'un régime de change optimal pour la Guinée.

Le choix de la parité fixe par rapport à une monnaie (euro) présente certes des avantages, mais aussi des inconvénients :

Parmi les avantages on peut mentionner :

- La stabilité du taux de change et par ricochet celle des prix des biens et services qui se traduiront par amélioration du pouvoir d'achat de la monnaie par rapport à la situation actuelle,
- La réduction significative de la fuite des ressources minières (or et diamants), agricoles (café, huile de palme...) et halieutiques vers les pays voisins membres de l'UEMOA.

- L'amélioration ou tout au moins l'inversion de la tendance de la baisse du revenu réel des Guinéens. À titre illustratif, le PIB par habitant de la Guinée et du Mali a évolué de la façon suivante :

Graphique 11

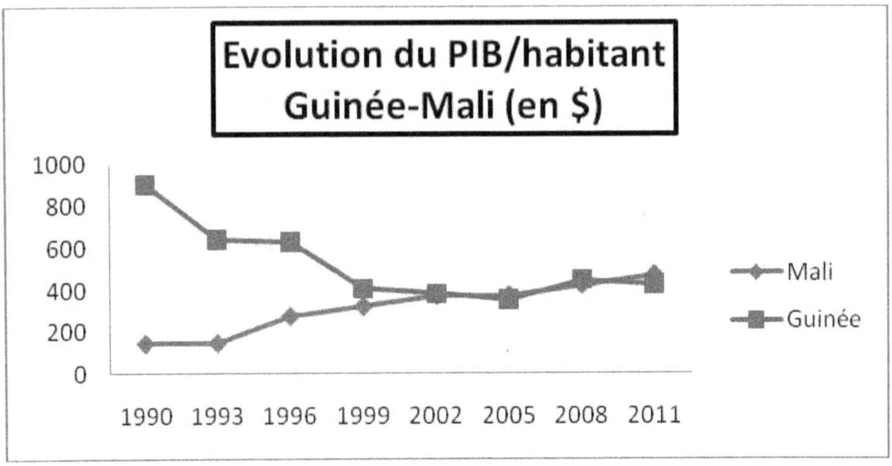

L'effet de rattrapage s'explique essentiellement par l'érosion régulière du GNF par rapport au dollar, mais aussi par le faible niveau du taux de croissance économique en Guinée.

- La réduction du phénomène de réexportation et son incidence favorable sur la demande de devises,
- L'amélioration de la balance des paiements et l'accroissement des réserves de change du fait que plus du 1/3 des importations ne nécessite pas de demande de devises.
- Un meilleur approvisionnement des marchés locaux.
- Une plus grande attraction des investisseurs étrangers en raison de la stabilité de la valeur externe de la monnaie et au travers d'un volume d'IDE plus important.

Cependant l'inconvénient majeur est la perte de souveraineté si chère à la Guinée, ainsi que les avantages liés à la gestion de sa propre monnaie par une Banque Centrale peu indépendante.

Sur un plan peu différent, Paul Masson et C. Portillo[12] estiment que « une monnaie mal gérée et sujette à des dépréciations répétées, ne fera pas la fierté de

[12] P. Masson et C. Portillo in *Une monnaie unique pour l'Afrique,* Revue *Finances et développement,* décembre 2004.

la région, ni ne rendra les pays membres influents sur la scène mondiale ». En fait, ajoutent-ils, une monnaie peut réduire les coûts de transactions de divers types, mais un pays qui renonce à sa monnaie nationale renonce également à sa capacité d'utiliser la politique monétaire nationale pour réagir à des chocs asymétriques externes. En d'autres termes, un pays qui renonce à sa souveraineté monétaire, peut quand même faire face à ces chocs essentiellement grâce à la mobilité de la main-d'œuvre, la flexibilité des salaires et des prix et aux transferts budgétaires. Pour déterminer la probabilité de chocs asymétriques pour un pays, il convient d'observer la similitude de ses structures de production et d'exportation par rapport à celles des autres pays membres de l'Union monétaire. Or la forte spécialisation des pays africains, débouche sur les termes de l'échange en perpétuels chocs considérables, qui ne peuvent pas être liés aux mêmes produits et qui n'évoluent pas dans le même sens.

En somme, l'absence d'indépendance des Banques Centrales nationales conduit ces établissements à financer les déficits publics et donc à engendrer une forte inflation. La création d'une Banque Centrale régionale remédiera au manque de crédibilité des Banques Centrales nationales et deviendra le meilleur organe d'encadrement. L'expérience de la BCEAO semble mettre en exergue, l'absence de corrélation entre l'existence d'une union monétaire et l'intensification des échanges et la coordination des politiques macroéconomiques des pays de l'UEMOA.

Au sein de la CEDEAO, le problème posé par le projet de monnaie commune, tient à l'insuffisance de la discipline budgétaire de certains pays candidats. La création de la ZMAO, selon Masson et Portillo, au plus tard en 2005 et la fusion avec l'UEMOA devraient conduire à l'instauration de la monnaie commune de la CEDEAO. Cependant le Nigeria sera un partenaire difficile pour le reste de l'Afrique de l'Ouest de par l'importance de sa taille et celle du niveau de son déficit budgétaire. Par ailleurs, gros exportateur de pétrole, son économie est différente de celle de ses voisins qui exportent d'autres produits primaires ; la corrélation des chocs sur les termes de l'échange est plus faible entre les pays de l'UEMOA et de la ZMAO et parmi les pays de la ZMAO qu'elle ne l'est parmi les pays de l'UEMOA. En fait le Nigeria est en mesure d'influer sur la politique monétaire de manière que ses partenaires potentiels jugent inacceptable.

Une UM à part entière entre les pays de la ZMAO ou de la CEDEAO sera peu soutenable pour la plupart des membres potentiels, en particulier pour les pays de la zone d'émission de la BCEAO. Ainsi si la ZMAO se concrétisait un jour, elle le sera au seul bénéfice du Nigeria. La Gambie, le Ghana, la Guinée et la Sierra Leone s'en trouveraient les grands perdants selon les deux économistes.[13]

[13]Pour la CEDEAO, le gain net de bien-être s'inscrit à un 11,25 % équivalent PIB avec seulement +1,35 % de commerce avec le reste de l'Afrique…

2) Le régime de change de la BCEAO : les exemples de la Côte d'Ivoire, du Mali et du Sénégal

Les pays de l'UEMOA, comme nous l'avons précisé plus haut ont en commun le franc CFA. Notre objectif consiste maintenant à passer en revue la politique d'ancrage monétaire et de fait, s'intéresser aux fondamentaux du taux de change effectif réel pour la Côte d'Ivoire, le Mali et le Sénégal d'une part, et d'autre part, examiner le problème de la surévaluation ou des mésalignements du franc CFA.

2.1) La politique d'ancrage monétaire

Le taux de change d'une monnaie peut être mobile par rapport à une ou plusieurs devises, mais il peut être fixe par rapport à une monnaie comme à un panier de monnaies. L'ancrage nominal amène ainsi la Banque Centrale d'un pays voire d'un groupe de pays à conduire une stratégie monétaire de telle sorte que l'instrument qui tient lieu d'ancre, s'inscrit dans une fourchette relativement étroite. En conséquence il en découle une stabilité monétaire, une maitrise de l'inflation. L'ancrage nominal est donc un élément essentiel pour garantir l'efficacité d'une politique monétaire.

Selon F. Miskin, « *un ancrage nominal est pour deux raisons au moins nécessaire pour faciliter la stabilité des prix considérée aujourd'hui comme l'objectif prioritaire de la politique monétaire. Il maintient les anticipations à un faible niveau en exerçant une contrainte sur la valeur interne et externe de la monnaie* ».

La politique d'objectif relatif au taux de change de la BCEAO, consiste à un rattachement du franc CFA à l'euro, selon une parité bien déterminée. L'avantage de cette politique de change est de contenir les tensions inflationnistes à leurs faibles niveaux, car les prix des biens échangés dans la zone d'émission de la BCEAO sont liés à ceux de la France et de l'espace euro. Il s'agit des biens échangés par le biais du commerce international.[14]

[14] La politique d'objectif de change permet d'ancrer les anticipations inflationnistes des pays de l'UEMOA sur celles de la France essentiellement sur les autres pays de la zone euro, elle donne une règle automatique pour une meilleure conduite de la politique monétaire en offrant les moyens à la BCEAO de résoudre ou d'atténuer les problèmes de la cohérence temporelle qui fait que sa politique monétaire n'a pas le même effet à CT et à LT. Un ciblage du taux de change oblige une Banque centrale à resserrer sa politique monétaire quand sa monnaie se déprécie et à l'assouplir quand la monnaie locale s'apprécie, tant et si bien que toute politique monétaire discrétionnaire et temporellement cohérente n'est pas envisageable. Ce régime, dit-on, a aussi l'avantage d'être transparent et politiquement correcte à l'égard de l'opinion publique.

Toutefois, la politique d'objectif du taux de change a pour inconvénient de causer une perte de souveraineté monétaire. Dans une optique de mobilité parfaite des capitaux, il n'est possible en régime de change fixe d'user de la politique monétaire pour amortir les chocs qui frappent l'économie nationale, car dans un tel environnement macroéconomique, les perturbations du pays ancre se transmettent directement aux pays arrimés.

Par ailleurs, les pays qui adoptent l'amarrage monétaire restent sous la menace d'attaques spéculatives sur leur monnaie et ne sont donc pas à l'abri des effets de tequila.

L'expérience de l'UEMOA illustre les avantages et les inconvénients d'une politique d'ancrage monétaire qui repose sur un objectif de change pour les PVD. L'ancrage monétaire ici comme ailleurs, permet d'endiguer les hyperinflations en obligeant les autorités monétaires au respect d'une discipline monétaire et budgétaire tout en les empêchant d'utiliser les instruments de la politique monétaire pour juguler les chocs internes et externes en particulier ceux émanant des cours des produits primaires comme le café, le cacao, l'uranium, l'or, le pétrole… qui frappent les économies et les exposent aux fluctuations du taux de change entre la monnaie ancre et les autres devises (Usd, Yen, Yuan…).

Cette expérience montre également que la solidité d'un tel régime dépend de ses aspects institutionnels : elle est mieux établie si le ciblage s'inscrit dans le cadre d'accords bilatéraux avec le pays ancre, que s'il s'agit d'engagement unilatéral pris par les autorités nationales.

Les performances macroéconomiques des pays de l'UEMOA sont soumises aux variations souvent brutales des cours des produits primaires exportés et aux conditions climatiques qui rendent les récoltes aléatoires.

Dans l'UEMOA, la BCEAO chargée de la gestion de la monnaie commune obéit à :

- La fixité de la parité entre le CFA et le FRF (puis l'euro depuis 1999),
- La couverture par la France des déficits de la balance des paiements courants des pays de l'UEMOA par le biais d'un découvert consenti à la BCEAO par le Trésor Français auprès duquel les pays membres sont tenus de garder 50 % de leurs réserves de change sur un compte spécial appelé compte d'opérations.
- La mise en place de restrictions monétaires en cas de déficit extérieur prolongé d'un ou plusieurs pays de la zone.

Comme on peut le constater, ce système va au-delà d'un simple arrimage unilatéral : la parité entre le CFA et l'euro est déterminée dans le cadre d'un accord mutuel avec la France qui apporte au CFA une garantie de convertibilité illimitée.

Plusieurs spécialistes dans le domaine monétaire estiment que ce système est peu commode pour les pays riches, car il conduit à une perte d'autonomie de la politique monétaire pour contenir les perturbations macroéconomiques. Par contre, il serait approprié dans les pays où les institutions monétaires et politiques sont embryonnaires et fragiles. Cependant la politique des taux de change de la BCEAO présente plusieurs avantages qu'il convient de rappeler, parmi lesquels la maîtrise de l'accroissement du niveau général des prix. En fait la conduite d'une politique d'ancrage nominal contraint la BCEAO à implémenter une stratégie de telle sorte que la variable nominale qui sert d'ancre (dans le cas d'espèce le taux de change) reste à l'intérieur d'une marge étroite, toute chose qui empêche le niveau général des prix d'augmenter ou de baisser de façon aléatoire, conduisant ainsi à la stabilité monétaire. Assure-t-on que l'objectif de change fournit *de facto* une règle automatique de conduite de la politique monétaire, atténuant, ou au mieux, résolvant le problème de cohérence temporelle de la politique monétaire. En somme, un ciblage de taux de change oblige la Banque Centrale à resserrer sa politique monétaire quand le franc CFA dans sa composante effective réelle amorce une tendance à la dépréciation et l'assouplir dans le cas contraire excluant toute politique monétaire discrétionnaire. L'existence d'une unité monétaire commune et d'un dispositif monétaire commun impose aux autorités monétaires une grande discipline : elle favorise des compensations entre pays membres et permet d'absorber les chocs de CT. Le régime de change fixe crée un point d'ancrage nominal favorable pour les pays en développement et limite le risque de change tout en impulsant une discipline d'ensemble.

La convertibilité du franc CFA avec l'euro facilite la mobilité des capitaux, et les échanges commerciaux des pays membres. Les pays de la zone d'émission de la BCEAO ont connu durant les années 60 et 70 une plus grande stabilité du change réel ainsi que de meilleures performances commerciales au regard des autres pays africains financièrement autonomes. « *Si au cours de ces deux décennies, les déficits des opérations courantes et le taux d'inflation ont été modérés, en revanche un plus grand déficit des entreprises d'État et un recours accru des financements extérieurs ont été enregistrés...* ». En somme, l'arrimage du franc CFA à l'euro devrait inciter l'intensification des échanges entre les deux zones. Cet amarrage offre pour les Européens de nouvelles opportunités d'investissements et de commerce dans l'espace UEMOA en raison de la faiblesse du risque de change. En conséquence, la Zone Franc en général et l'UEMOA en particulier sont intégrés dans un grand marché de près de 300 millions de consommateurs.

2.2) Les déterminants du taux de change effectif réel du franc CFA

De nombreuses études sur le taux de change d'équilibre du franc CFA sont disponibles dans la littérature économique, même si nous orientons celle-ci sur un échantillon représentatif comme la Côte d'Ivoire, le Mali et le Sénégal.

Selon Couharde *et al.* (2011), l'appréciation du franc CFA depuis 2000 ne s'est traduite par une surévaluation de la monnaie africaine qu'en 2007, les résultats de leurs travaux mettent en exergue une hétérogénéité des mésalignements des pays et un processus d'ajustements asymétriques du Taux de change effectif réel (TCER) selon qu'il est sous-évalué ou surévalué.

Abidh et Tsangari (2006) montrent que les fondamentaux du taux de change expliquent en grande partie les fluctuations du TCER. Ils se servent du filtre de Hodrick-Prescott et Gonzalo-Granger pour extraire les composantes permanentes des fondamentaux économiques.

Afin de mieux cerner les fondamentaux du taux de change effectif réel de la Côte d'Ivoire, du Mali et du Sénégal, nous focalisons l'analyse sur le taux d'ouverture, les termes de l'échange, les dépenses publiques, la productivité relative et les investissements directs étrangers intégrés de la façon suivante en tant que variables exogènes.

Tableau 12
Définitions et sources des données

Variables	**Définitions**	**Sources**
Taux de change effectif réel (TCER)	Prix relatif du pays/partenaires	IFS (FMI) et BCEAO
Termes de l'échange (TE)	Ratio prix exportation/prix importation	Perspectives monde (Université de Sherbrooke)
Dépenses publiques (DPU)	Ratio dépenses publiques/PIB	- //-
Taux d'ouverture (OUV)	Ratio (exportation + importation)/PIB	- //-
Productivité (PTE)	PIBH relativement aux partenaires	- //-
Investissements directs étrangers (IDE)	Ratio IDE/PIB	- //-

Il convient de préciser préalablement que les données sont trimestrielles et vont du quatrième trimestre 1990 au quatrième trimestre 2011 pour les trois pays retenus pour cette étude, et le taux de change effectif réel est exprimé à l'incertain par rapport au dollar américain.

Les termes de l'échange sont un rapport de l'indice des prix à l'exportation sur l'indice des prix à l'importation ; les dépenses publiques représentent les charges de consommation et d'investissement de l'État rapportées au PIB.

Le taux d'ouverture est la somme de la valeur des importations et des exportations relative au PIB ; alors que la productivité n'est rien d'autre que le produit par habitant relatif à celui des partenaires commerciaux, pondéré en fonction de leur importance dans les échanges avec le pays. La France, la Chine, l'Italie, le Japon et le Nigeria ont été retenus comme partenaires intégrés au modèle aussi bien pour la Côte d'Ivoire, le Mali que le Sénégal. Pour nombre d'économistes du développement, l'effet Balassa-Samuelson est l'un des déterminants majeurs du taux de change. Il traduit l'idée d'un rattrapage économique dans le temps des pays développés par les PVD. Au cours de ce processus d'amélioration de la productivité, le revenu par habitant devrait augmenter et le taux de change devrait s'apprécier.

Enfin, les investissements directs étrangers sont introduits comme un ratio de l'IDE relatif au PIB du pays. Les transferts internationaux peuvent jouer un rôle important dans la dynamique du taux de change effectif réel des pays de l'UEMOA. Certains auteurs l'assimilent à l'aide publique au développement, d'autres à la dette extérieure, ou enfin aux avoirs extérieurs nets.

2.2.1) Le taux de change effectif réel en Côte d'Ivoire

Nous allons tenter d'expliquer le TCER de la Côte d'Ivoire, comme il a été précisé plus haut par le taux d'ouverture, les termes de l'échange, la productivité relative, les dépenses publiques et les investissements directs étrangers entre 1990 et 2011. Cette période comporte du reste deux faits majeurs sur la trajectoire du change : la dévaluation de 1994 et le passage à l'euro de 1999.

Auparavant, il convient de s'intéresser à la stationnarité des différentes variables avant d'expliquer par la technique de correction d'erreurs la dynamique de CT et de LT du TCER de la Côte d'Ivoire.

Tableau 13
Tests de racine unitaire

variables	ADF	Val. critique	Stationnarité	Conclusion
TCER-CI	-2,94**	-2,90	Stationnaire niveau avec cte	I(0)
OUV-CI	-3,36**	-2,90	Stat 1re diff sans cte ni trend	I(1)
PTE-CI	-2,75**	-1,95	Stat 1re diff avec cte et trend	I(1)
TE-CI	-4,47***	-4,08	Stat en niv avec cte et trend	I(0)
IDE-CI	-12,86***	-3,51	Stat 1re diff avec cte et trend	I(1)
DPU-CI	-8,96***	-3,51	Stat en niv avec cte et trend	I(0)

*** cv =1% ; ** cv=5% ; *cv=10%.

Ce tableau infère que le taux de change effectif réel en Côte d'Ivoire comme les termes de l'échange et les dépenses publiques sont stationnaires et donc intégrés de même ordre. Les autres variables à savoir le taux d'ouverture, la productivité et les investissements directs étrangers ne sont stationnaires qu'en première différence. Cette information sera de nature à nous permettre d'intégrer efficacement les différentes variables dans le modèle à correction d'erreurs et d'établir en conséquence les équations de co-intégration et de déterminer le moment venu, le taux de change réel d'équilibre de la Côte d'Ivoire. La même méthode sera également appliquée au Mali et au Sénégal.

Régressions 14
Déterminants du taux de change effectif réel en Côte d'Ivoire

Dynamique de LT	**Coefficients (t)**
LTE-CI	-0,168* (-1,87)
LDPU-CI	-0,151** (-2,2)
Cte	-4,327
Dynamique de CT	
ec	-0,124*** (-3,669)
DLTCER-CI	0,210*** (4,331)
DLDPU-CI	-0,016*** (-4,335)
LOUV-CI	0,042* (1,850)
LIDE-CI	-0,008*** (-2,529)
LPTE-CI	0,015* (1,885)
Cte	-0,139
$\bar{R}^2$	0,451
s	0,024
F	7,643
SCH	-4,126

*** cv =1% ; ** cv=5% ; *cv=10%.

Ce modèle à correction d'erreurs infère qu'en Côte d'Ivoire les fondamentaux du taux de change effectif réel dans une dynamique de LT sont fortement influencés par les termes de l'échange et dans une moindre mesure par les dépenses publiques. Comme il s'agit ici d'une cotation à l'incertain, les deux variables agissent dans le sens de l'appréciation du franc CFA.

En effet une augmentation de 10 % des termes de l'échange comme des dépenses publiques, se traduit respectivement par une appréciation du franc CFA de 1,6 % et de 1,5 % par trimestre. Il existe toutefois d'autres variables non intégrées dans l'équation qui agissent fortement sur la monnaie, ce qui se traduit par une constante négative à forte valeur absolue. Il convient de rappeler que les termes de l'échange s'interprètent comme un prix relatif entre les exportations de matières primaires agricoles (café, cacao...) et minières (pétrole, or...) et les importations. Une amélioration des termes de l'échange peut se décomposer entre un effet revenu et un effet de substitution, l'effet revenu se traduisant par un accroissement du pouvoir d'achat (augmentation des salaires, des revenus agricoles voire ceux de l'État au travers du secteur pétrolier) en somme tous les revenus du secteur des biens échangeables. Il s'en suivrait une appréciation du taux de change réel du franc CFA. L'effet de substitution relève une baisse relative du prix des biens importés, une baisse de la demande de biens non échangeables donc une dépréciation du taux de change réel. Dans nombre d'études empiriques, l'effet revenu l'emporte sur l'effet de substitution et donc le taux de change s'apprécie suite à une amélioration des termes de l'échange ce qui est parfaitement le cas en Côte d'Ivoire.

Un choc asymétrique provenant du TCER lui-même se traduit par une dépréciation de l'ordre de 2,5 % pendant le trimestre de référence, avant de s'amplifier progressivement jusqu'à 3,7 % au troisième trimestre puis amorce une phase d'appréciation pour atteindre un niveau de 1,8 %, sans pour autant parvenir à son équilibre de LT à l'horizon temporel fixé à 10 trimestres. Les termes de l'échange et les dépenses publiques ont les mêmes comportements mais à des degrés moindres.

Dans la dynamique de CT, le terme correction d'erreurs significativement négatif au seuil de 1 %, est associé à une force de rappel vers l'équilibre à LT du taux de change effectif réel de la Côte d'Ivoire, et met en exergue l'existence d'un mécanisme de correction d'erreurs. En d'autres termes, seuls 12,4 % des effets d'un choc qui intervient dans le trimestre de référence sont absorbés dans le trimestre suivant. Aussi les chocs sur le taux de change effectif réel en Côte d'Ivoire se corrigent-ils entièrement au bout de huit trimestres (1/0,124 = 8,06).

À CT le taux de change effectif réel demeure fortement influencé certes par ses propres variations, mais aussi par celles des dépenses publiques et les investissements directs étrangers dans le sens de l'appréciation, alors que le taux d'ouverture et la productivité relative y apportent une moindre contribution marginale, mais dans le sens de la dépréciation du franc CFA.

En effet, un accroissement de 10 % des dépenses publiques comme des investissements directs étrangers favorise une appréciation de 0,16 % d'une part et 0,08 % de l'autre. La relation entre les dépenses publiques et le taux de change dépend de la structure des dépenses du gouvernement, mais elle devrait s'accompagner d'une appréciation du taux de change réel ce qui est effectivement le cas en Côte d'Ivoire qui comme dans la plupart des PVD, consacre l'essentiel de ses charges aux biens non échangeables à savoir les investissements improductifs à CT comme l'éducation, la santé…

Les transferts internationaux jouent un rôle important dans la dynamique de CT du taux de change réel en Côte d'Ivoire. Certains auteurs les assimilent à la dette extérieure, à l'aide publique au développement et d'autres encore aux avoirs extérieurs nets. Notre choix a porté sur les investissements directs étrangers (IDE). Comme on peut le constater, une hausse de l'IDE induite par un climat des investissements favorable, un code des investissements attractif, se traduisent en Côte d'ivoire par une faible appréciation du franc CFA.

Au total, le taux de change effectif réel en RCI subit une forte influence des dépenses publiques tant à CT qu'à LT, alors que les termes de l'échange l'affectent uniquement à LT, l'IDE, le taux d'ouverture et la productivité relative n'y agissent qu'à CT. Dans ce contexte, les tests ordinaires sont concluants avec un coefficient de détermination corrigé de 0,45 et un Fisher significatif à moins de 1 % de seuil critique.

2.2.2) Le taux de change effectif réel au Mali.

Comme la Côte d'Ivoire, nous essayons d'expliquer les variations du taux de change effectif réel du Mali par les mêmes variables à savoir le degré d'ouverture de l'économie, les termes de l'échange, la productivité relativement au PIBH des partenaires commerciaux (France, Chine, Japon, Italie et Nigeria), les dépenses publiques et les investissements directs étrangers, dont les tests de stationnarité par l'ADF donnent les résultats ci-après.

Tableau 14

Tests de racine unitaire

variables	ADF	Val. critique	Stationnarité	Conclusion
TCER-MA	-9,27***	-3,51	Stat 1re diff avec cte	I(1)
OUV-MA	-3,78***	-3,51	Stat 1re diff avec cte	I(1)
PTE-MA	-3,96**	-3,46	Stat niveau avec cte et trend	I(0)
TE-MA	-3,62***	-3,51	Stat 1re diff avec cte	I(1)
IDE-MA	-4,38***	-3,51	Stat 1re diff avec cte	I(1)
DPU-MA	-10,54***	-3,51	Stat 1re diff avec cte	I(1)

*** cv = 1 % ; ** cv = 5 % ; *cv = 10 %.

Hormis la productivité relative qui est stationnaire en niveau, toutes les autres variables sont intégrées d'ordre 1 au Mali.

Régressions 15
Déterminants du taux de change effectif réel au Mali

Dynamique de LT	**Coefficients (t)**
LTE-MA	1,10* (1,92)
LDPU-MA	3,14*** (6,58)
LIDE-MA	-0,11* (-1,82)
Cte	-19,37
Dynamique de CT	
ec	-0,015* (-1,803)
DLTCER-MA	0,497*** (5,32)
DLDPU-MA	0,102** (2,31)
LOUV-MA	-0,351* (-2,54)
LPTE-CI	-0,036* (-1,79)
Cte	2,98
$\bar{R}^2$	0,370
s	0,035
F	5,643
SCH	-3,391

*** cv =1% ; ** cv=5% ; *cv=10%.

Dans une dynamique de LT, le taux de change effectif réel au Mali est impacté par les termes de l'échange, les dépenses publiques et les investissements directs étrangers. En effet contrairement à la Côte d'Ivoire, les termes de l'échange et les dépenses publiques agissent sur le taux de change effectif réel au Mali dans le sens de la dépréciation. Un accroissement de 10 % des termes de l'échange s'accompagne d'une dépréciation de 11 % du TCER, alors qu'une hausse de même amplitude des dépenses publiques, provoque une forte dépréciation allant jusqu'à 31,4 % du franc CFA par trimestre au Mali.

Par contre, les investissements directs étrangers agissent sur le TCER en le fortifiant par rapport au dollar, de telle sorte qu'une hausse de 10 % des transferts liés à l'IDE, se traduit par une légère appréciation de la monnaie de l'Union de 1,1 %. Il convient de noter un effet non négligeable d'autres variables non intégrées dans l'équation toujours dans le sens de l'appréciation eu égard au niveau négatif élevé de la constante.

Le modèle de correction d'erreurs est valable car le terme de correction est négatif et faiblement significatif. Ainsi les chocs émanant de la politique économique au travers de l'augmentation des dépenses publiques, voire celle des termes de l'échange et des investissements directs étrangers se répercutent sur le change réel. En somme, avec une valeur de -0,015, une déviation du TCER de son niveau d'équilibre à LT n'est pas résorbée dans un horizon temporel de 10 trimestres.

Dans la dynamique de CT, outre ses propres variations qui conduisent à une forte dépréciation, le TCER se déprécie également au Mali sous l'influence des dépenses publiques à telle enseigne qu'un accroissement des charges financières du gouvernement malien de 10 % aboutit à une variation de 1 % du change réel. Un choc asymétrique de 6,2 % des dépenses publiques au Mali se répercute immédiatement de 2,4 % dès le trimestre de référence avant de s'amplifier jusqu'à 4,8 % aux horizons de 4 à 9 mois (deux trimestres) du choc initial, avant de se résorber progressivement pour atteindre son niveau d'équilibre à LT au bout de 9 trimestres.

Le degré d'ouverture de l'économie et la productivité relative agissent de façon différente sur le TCER au Mali, les deux variables allant plutôt dans le sens de l'appréciation du franc CFA. En effet une hausse de 100 % du taux d'ouverture à savoir le ratio des exportations et importations par rapport au PIB, se traduit par une appréciation de 35 % du TCER, alors qu'une augmentation de même niveau de la productivité relative, assure une appréciation de 3,6 % de la monnaie de l'Union. Une faible innovation sur cette productivité s'amplifie de façon linéaire sur le TCER, s'écartant ainsi progressivement de son niveau d'équilibre à LT pour atteindre, par exemple, un niveau d'appréciation de 0,31 % du CFA à notre horizon temporel fixé à 2,5 ans. L'effet Balassa-Samuelson agit donc faiblement mais significativement sur le change réel au Mali. Une constante positive proche de 3 semble indiquer l'impact élevé du reste de l'environnement macroéconomique sur la dépréciation de la monnaie de l'Union au Mali.

Le modèle présente une performance acceptable, en ce sens que le coefficient de détermination corrigé explique plus du 1/3 de la réalité du TCER, alors que la significativité du modèle est assurée avec moins de 1 % de marge d'erreur selon le niveau de la statistique de Fisher-Snédecor. L'écart-type de l'équation est faible ainsi que le critère d'information de Schwartz relatif aux décalages des variables.

En somme, comme en Côte d'Ivoire, les dépenses publiques jouent un rôle important à CT et à LT mais en sens inverse, car au Mali tout dérapage du système financier public peut provoquer une forte dépréciation du franc CFA.

2.2.3) Le taux de change effectif réel au Sénégal.

Comme en Côte d'Ivoire et au Mali, le TCER au Sénégal peut s'expliquer par ses fondamentaux tels que le taux d'ouverture, les termes de l'échange, les dépenses publiques, l'effet Balassa-Samuelson et les investissements directs étrangers. Ces différentes variables explicatives sont-elles stationnaires ?

Tableau 15
Tests de racine unitaire

Variables	ADF	Val. critique	Stationnarité	Conclusion
TCER-SN	-3,29**	-2,84	Stationnaire niveau avec cte	I(0)
OUV-SN	-4,44***	-4,07	Stat en niv avec cte et trend	I(0)
PTE-SN	-5,68***	-3,51	Stat 1re diff avec cte	I(1)
TE-SN	-2,58**	-1,95	Stationnaire niveau avec cte	I(0)
IDE-SN	-7,65***	-3,51	Stat 1re diff avec cte	I(1)
DPU-SN	-2,08**	-1,95	Stat en niv sans cte ni trend	I(0)

*** cv =1% ; ** cv=5% ; *cv=10%.

Le taux de change effectif réel, le degré d'ouverture de l'économie, les termes de l'échange et les dépenses publiques ne contiennent pas de racine unitaire selon le test d'ADF, ils sont donc stationnaires. Par contre la productivité relative mesurée par le PIB par habitant relativement aux principaux partenaires commerciaux comme la France, la Chine, le Japon, l'Italie, le Nigeria, ainsi que les investissements directs étrangers contiennent une racine unitaire et ne sont stationnaires qu'en première différence, toute chose qui peut orienter clairement vers une relation de co-intégration entre certaines de ces variables.

Régressions 16
Déterminants du taux de change effectif réel au Sénégal

Dynamique de LT	Coefficients (t)
LOUV-SN	-1,73* (-1,79)
LDPU-SN	0,39** (1,94)
Cte	3,40
Dynamique de CT	
ec	-0,085*** (-3,76)
DLTCER-SN	0,60*** (5,11)
DLOUV-SN	1,52** (1,92)
DLOUV-SN t-1	-1,31* (1,79)
LPTE-SN	0,06* (1,76)
LIDE-SN	-0,02*** (3,05)
LTE-SN	0,05* (1,72)
$\bar{R}^2$	0,452
s	0,033
F	7,359
SCH	-3,508

*** cv =1% ; ** cv=5% ; *cv=10%.

Dans une dynamique de LT, le TCER demeure faiblement impacté par le degré d'ouverture du pays, mais fortement par les dépenses publiques étant entendu que ces deux variables exogènes agissent de façon différente sur la valeur externe de la monnaie de l'Union au Sénégal.

Le niveau des exportations et des importations relatif au PIB, en d'autres termes le taux d'ouverture de l'économie affecte le taux de change réel dans le sens de l'appréciation de la monnaie commune. Selon la littérature économique, une réduction des distorsions au commerce international conduirait à terme à une dépréciation du TCER par le biais de la baisse des prix. En somme, une hausse du taux d'ouverture engendre une dépréciation du TCER. Dans la zone d'émission de la BCEAO, les phases de forte appréciation du CFA coïncident avec les périodes de faible ouverture commerciale et *a contrario*, les cycles de dépréciation du CFA sont corrélés à un degré d'ouverture élevé de l'UEMOA. Au Sénégal, une hausse de 10 % du taux d'ouverture de l'économie engendre une appréciation de la monnaie commune de l'ordre de 17,3 % mais seulement à 90 % d'intervalle de confiance. À regarder de plus près, un choc émanant des dépenses publiques se traduit par une faible appréciation du TCER de l'ordre de 1 % dès le premier trimestre avant de s'amplifier jusqu'à 18 % au bout de 5 trimestres, puis amorce une phase de rappel à l'équilibre qui est atteint à l'horizon temporel fixée à dix trimestres.

Par contre, les dépenses publiques à l'instar du Mali et contrairement à la Côte d'Ivoire, s'inscrivent dans une dépréciation du franc CFA à LT. Il en est ainsi car tout accroissement de 10 % des charges de fonctionnement et d'investissement de l'État sénégalais, favorise une dépréciation du TCER de près de 4 %, ce, avec une marge d'erreur de moins de 5 %. Le niveau faible de la constante traduit une moindre contribution du reste du monde à l'explication à LT du TCER au Sénégal.

Le terme de correction d'erreurs significatif au seuil de 99 % d'intervalle de confiance, infère qu'un choc asymétrique sur le TCER au Sénégal n'est pas absorbé par l'économie au cours du même trimestre. En effet le taux de change réel ne peut retrouver son niveau d'équilibre qu'au bout de 11,76 trimestres soit près de 3 ans.

La dynamique de CT du TCER est affectée positivement par sa propre variation, donc allant dans le sens de la dépréciation de la monnaie commune. Par contre l'influence du degré d'ouverture varie dans le temps : lorsque le taux d'ouverture de l'économie progresse de 10 %, le TCER se déprécie de 15,2 % le trimestre suivant, avant de favoriser une appréciation du franc CFA de l'ordre de 13,1 % au bout d'un semestre au Sénégal. L'effet global est une dépréciation de l'ordre de 2,1 % au bout de deux trimestres.

Par ailleurs, la productivité relative (effet Balassa-Samuelson) et les termes de l'échange ont eu entre 1990 et 2011 le même impact de dépréciation sur le TCER, de telle sorte qu'une hausse de l'une comme l'autre variable de 100 %, affecte la monnaie commune de 5 % et 6 % seulement dans un intervalle de confiance de 90 %.

Les transferts liés à l'investissement direct étranger affectent faiblement mais très significativement le TCER en ce sens qu'une hausse de 10 % de l'IDE au Sénégal apprécie le franc CFA par rapport au dollar de 0,2 % par trimestre.

Les tests ordinaires rassurent sur la performance du modèle : le coefficient de détermination corrigé explique plus de 45 % de l'environnement du TCER, l'écart-type de l'équation est faible et le Fisher est significatif au seuil critique de 1 %.

Dans une formalisation peu différente, Blaise Gnimassoun, utilisant une analyse économétrique en panel appliquée sur l'ensemble des pays de la zone CFA d'Afrique centrale et occidentale note que « *les modèles DOLS et PMG font ressortir que seuls les termes de l'échange, l'effet Balassa-Samuelson, l'aide publique au développement et l'investissement influencent la dynamique de LT du taux de change du franc CFA... ainsi, ajoute-t-il, nos résultats suggèrent que les flux d'aide extérieure sont associés à l'appréciation du taux de change réel dans les pays de la zone CFA. Une augmentation de 1 % de l'APD entraînerait une appréciation de l'ordre de 0,14 à 0,22 % ; les termes de l'échange comme dans la plupart des études sur la zone CFA, apparaissent comme la variable qui influence le plus le niveau du taux de change de LT. Par ailleurs, l'effet Balassa-Samuelson est mis en évidence pour le panel étudié conformément à la plupart des études. En effet, un gain de productivité de 10 % dans la zone CFA relativement à ses partenaires commerciaux, entraine une appréciation de 2,25 % du taux de change effectif, réel. Concernant la dynamique de court terme, il ressort que l'aide publique au développement est significative et associée à une dépréciation du taux de change du franc CFA de l'ordre de 11 % pour une augmentation de 100 %. Cette relation (négative) de court terme pourrait s'expliquer par la gestion de l'aide publique au développement qui peut être différente à court et long terme dans les pays bénéficiaires. En effet à CT l'APD peut être destinée à des projets d'investissement dont la plupart nécessitent des importations de biens non produits localement (équipement, par exemple), alors qu'à LT l'aide est plutôt orientée vers les projets sociaux nationaux (éducation et santé, par exemple). Il ressort également de nos résultats ajoute-t-il, un terme à correction d'erreur significatif égal à -0,23... cette valeur nous permet d'obtenir une demi-vie de 2,65 ans signifiant que le temps nécessaire pour qu'une déviation du taux de change effectif réel par rapport à son niveau d'équilibre puisse se résorber de moitié est compris entre 2 et 3 ans. Ainsi, faudra-t-il plus de cinq ans pour qu'un choc de change de la zone CFA puisse se dissoudre complètement et que le taux de change effectif réel retourne à son niveau d'équilibre. Il précise enfin que ce résultat semble cohérent pour la zone CFA compte tenu de son régime de change et montre que le retour à l'équilibre n'est pas immédiat comme on pourrait l'espérer dans un régime de change flottant où le marché assure l'équilibre. »*[15]

*

* *

En somme dans les trois pays objet de notre étude, le TCER subit à LT les influences pertinentes des dépenses publiques qui visent à apprécier le change réel en RCI et à le déprécier au Mali et au Sénégal, alors que les termes de l'échange y sont également déterminants en RCI et au Mali mais impactant le taux de change dans le sens contraire. Au Sénégal c'est le degré d'ouverture qui s'avère plutôt significatif. À CT, le TCER est influencé dans cet espace représentatif de l'UEMOA, par le taux d'ouverture et la productivité relative (effet Balassa-Samuelson) et dans une moindre mesure les dépenses publiques et les investissements directs étrangers.

---

[15] Blaise Gnimassou in *Taux de change et mésalignements du franc CFA avant et après l'introduction de l'euro.* EconomiX-CNRS, Université Paris Ouest-Nanterre La Défense. Pages 17 et 18.

2.2.4) Le mésalignement du franc CFA

Les pays de la zone d'émission de la BCEAO en général, la Côte d'Ivoire, le Mali et le Sénégal en particulier, ont connu pendant les années 90 un taux de croissance acceptable, qui s'est accéléré après la dévaluation de 1994. Avec la crise ivoirienne conjuguée à d'autres facteurs structurels, ces pays n'ont pas été épargnés par la crise économique et monétaire des années 2000. La dernière décennie (2000-2010) a été marquée aussi par une forte appréciation de la monnaie européenne par rapport au dollar qui aura perdu au cours de cette période plus de 40 % de sa valeur, conduisant ainsi du fait de son ancrage, à une forte surévaluation du franc CFA. La Côte d'Ivoire, le Mali et le Sénégal comme ailleurs dans l'UEMOA, les économies dépendent fortement du secteur des exportations de produits primaires agricoles et miniers, car le marché local est étroit, le tissu industriel est faible et la production est peu diversifiée. Dès lors l'amarrage monétaire peut être considéré comme un handicap à la croissance et au développement économique, un franc CFA fort freine les exportations et de fait une bonne partie de l'activité.

Le mésalignement d'une monnaie n'est rien d'autre que la différence entre le taux de change d'équilibre et le taux de change effectif réel.

MESALit = LTCERit - LTCEREQit

Si cet écart est positif, la monnaie est surévaluée par rapport à celles de ses partenaires commerciaux et si la différence est négative, alors le taux de change est en deçà de sa valeur d'équilibre et la monnaie est donc sous-évaluée.

MESALit : désigne le mésalignement du franc CFA,

LTCERit : est le logarithme népérien du taux de change effectif réel,

LTCEREQit : représente le logarithme du taux de change effectif réel d'équilibre, qui révèle une relation de co-intégration en considérant que les fondamentaux du change réel sont à leur niveau de long terme. À cet égard nous le déterminons par la méthode des MCO au travers d'une relation entre les fondamentaux, stationnaires ou intégrés de même ordre, tout en s'assurant que les résidus ne contiennent pas de racine unitaire.

Nous obtenons les résultats suivants pour les trois pays :

Régressions 17
Estimation du taux de change effectif réel d'équilibre en UEMOA

Variables	LTCEREQ*		
	Côte d'Ivoire	**Mali**	**Sénégal**
Cte	4,25	6,59	9,45
LOUVt **(t)**	-	-0,78*** (-5,60)	-1,57*** (-6,40)
LTEt **(t)**	0,13* (1,75)	0,22* (1,72)	0,20** (1,92)
LDPUt **(t)**	0,06*** (4,28)	0,09* (1,72)	-0,36** (-3,07)
LIDEt **(t)**	-0,06*** (-6,83)	-0,03** (-2,77)	-
$\bar{R}^2$	0,55	0,57	0,58
s	0,08	0,13	0,12
F	34,76***	29,35***	37,72***
SCH	-1,85	-1,03	-1,21

*** cv =1% ; ** cv=5% ; *cv=10%.

Cette relation de LT entre le taux effectif réel et ses fondamentaux, infère au Mali et au Sénégal une forte influence du degré d'ouverture des économies sur la valeur externe de la monnaie commune dans le sens de l'appréciation, à telle enseigne qu'un accroissement de 10 % des exportations et des importations combinées, se traduit par une appréciation de 15,7 % au Sénégal et de moitié au Mali. Cependant le degré d'ouverture n'est pas pertinent sur le change réel en RCI. Par contre, les termes de l'échange contribuent effectivement à la dépréciation du franc CFA tant et si bien que dans l'espace retenu en moyenne sur les 88 trimestres considérés, une hausse de 10 % des termes de l'échange induit une dépréciation de 1,8 % de la monnaie de l'Union par trimestre.

Les charges financières des États influencent faiblement la valeur externe de la monnaie commune au Mali et en RCI quoique très significatives dans ce dernier cas, mais leur élasticité est faible, positive (dépréciation) et inférieure à l'unité. Au Sénégal les dépenses publiques sont plus sensibles sur la valeur d'équilibre du change réel qui s'apprécie de 3,6 % lorsque les dépenses publiques augmentent de 10 %, toute chose qui semble mettre en évidence un mécanisme autorégulateur des dépenses publiques au sein de l'Union avec un effet combiné plutôt modéré sur le taux de change de la monnaie de l'UEMOA.

Si les IDE sont neutres au Sénégal, ils participent effectivement à l'appréciation du franc CFA en RCI et au Mali. Leur influence est certes pertinente mais faible avec des élasticités respectives de -0,06 et -0,03.

En somme, les tests ordinaires relatifs aux fondamentaux du change réel d'équilibre sont concluants dans tous les pays avec des coefficients de détermination corrigés supérieurs à 55 % partout et la statistique de Fisher significative à moins de 1 % de seuil critique.

Les tests de ADF suivants confirment la relation de co-intégration entre le taux de change effectif réel d'équilibre et ses fondamentaux au travers de la stationnarité des résidus.

Tableau 16

Tests de racine unitaire

variables	**ADF**	**Val. critique**	**stationnarité**	**conclusion**
Residtcereq-CI	-3,45**	-2,90	Stationnaire avec cte	I(0)
Residtcereq-MA	-2,75***	-2,59	Stationnaire sans cte ni trend	I(0)
Residtcereq-SN	-2,12***	-1,95	Stationnaire avec cte	I(0)

*** cv =1% ; ** cv=5% ; *cv=10%.

Sur un cadre comparable, C. Couharde, Issiaka Coulibaly et Olivier Damette[16] notent :

« Au final nous considérons que le taux de change effectif réel d'équilibre est déterminé par les termes de l'échange, les chocs de productivité, la position extérieure nette et les dépenses publiques qui sont intégrés du même ordre que le taux de change effectif réel. Nous estimons alors la relation de LT entre le taux de change effectif réel et ses fondamentaux macroéconomiques intégrés du même ordre par le biais de l'estimateur DOLS en panel développé par Kao et Chiang (2000) et Mark et Sul (2003). Les résultats de cette estimation sont résumés par l'équation suivante :

LTCERit* = Ut* + 0,33LPROD + 0,19LTOT + 0,34LDEP + 0,07NFA où

PROD : désigne la productivité ; TOT : les termes de l'échange ; DEP : les dépenses publiques et NFA les avoirs extérieurs nets.

Ils ajoutent que les résultats sont conformes au modèle théorique et qu'une augmentation de la productivité relative et des dépenses publiques ainsi qu'une amélioration de la position extérieure nette et des termes de l'échange conduisent à une appréciation du taux de change réel d'équilibre ».

Le mésalignement du franc CFA est illustré par les graphiques ci-après pour les trois pays :

[16] C. Couharde, Issiaka Coulibaly et Olivier Damette, in *Taux de change d'équilibre et processus d'ajustement du franc CFA.*

Graphiques 12
TCER et TCER d'équilibre en UEMOA

RCI

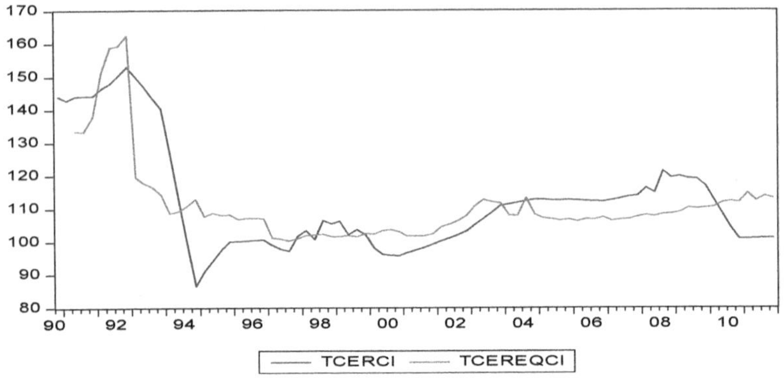

Mali

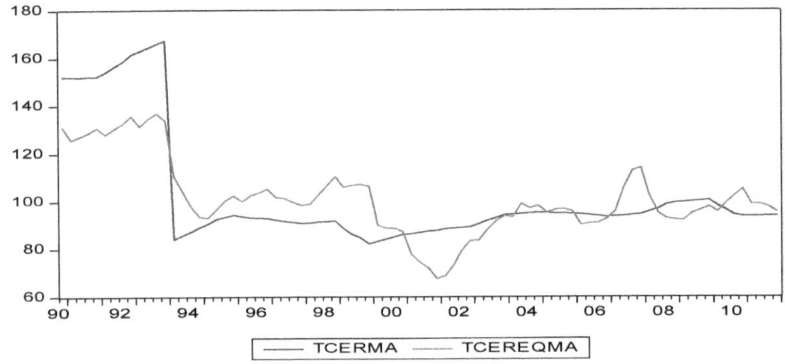

Sénégal

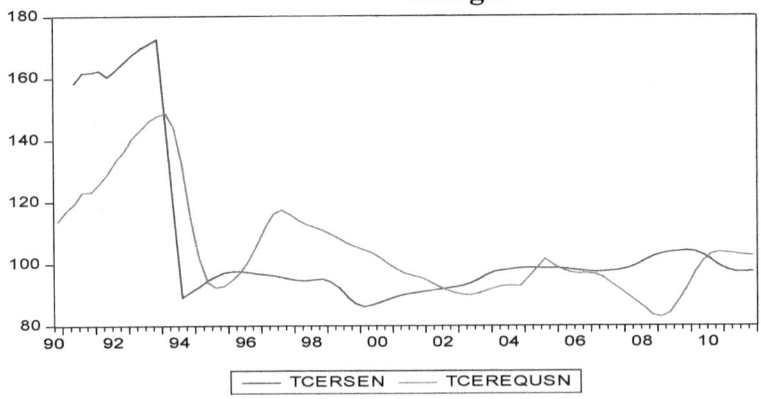

Graphiques 13
Mésalignement du TCER en UEMOA

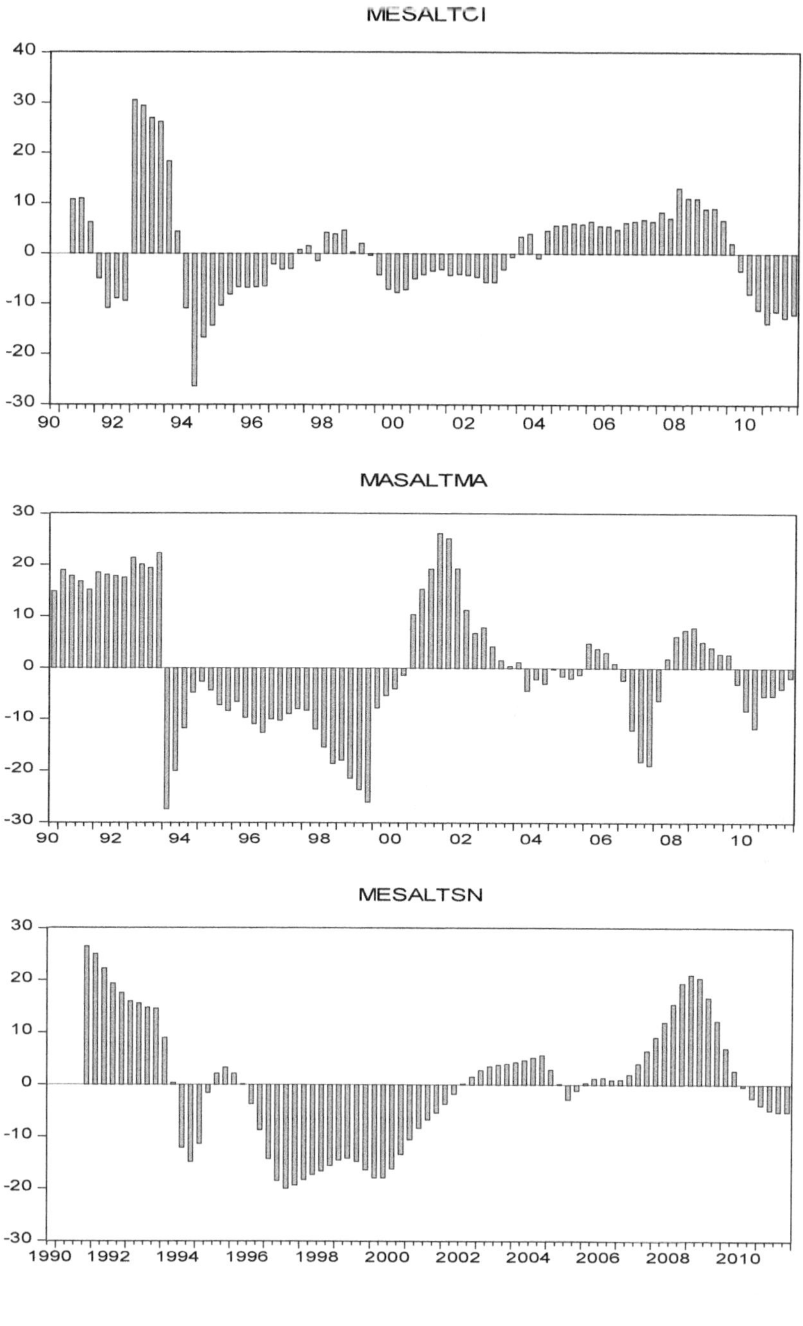

Les pays de la Zone Franc en général, ceux de l'UEMOA en particulier présentent une forte hétérogénéité face au mésalignement du franc CFA. La Côte d'Ivoire, le Mali et le Sénégal n'y font pas exception : comme le prouvent les graphiques ci-dessus, le taux de change effectif réel s'est toujours écarté de sa valeur d'équilibre, occasionnant ainsi des phases de surévaluations intenses, mais aussi des périodes de sous-évaluations marquées.

En RCI, après une courte période de surévaluation en 1992, suivie d'une sous-évaluation d'intensité comparable autour de +/-10%, le franc CFA a connu une pointe de surévaluation durant toute l'année 1993 avec une moyenne annuelle de 28,25 %, toute chose qui, eu égard à la taille de l'économie ivoirienne dans l'espace UEMOA, a probablement été un effet déclencheur majeur de la dévaluation du CFA en 1994, qui, faut-il le noter, aura provoqué une véritable instabilité structurelle et ponctuelle du TCER selon le test de BDE allant de 1994 à 2003. Cette sous-période correspond globalement à une phase de sous-évaluation de la valeur externe de la monnaie commune d'environ -5,2 %. À partir du premier trimestre 2004, commence une nouvelle phase de surévaluation qui s'estompe au premier trimestre 2010 avec une intensité de mésalignement de près de 7 % en moyenne pour une pointe de 13 % atteinte en septembre 2008, avec ce que cela a comporté comme risque de nouvelle dévaluation. Les deux dernières années (2011/2012) sont marquées par une nouvelle phase de sous-évaluation de l'ordre de -11,5 % de déviation du TCER de ses fondamentaux d'équilibre.

Il convient de préciser que le passage à l'euro n'aura pas impacté significativement la stabilité de la monnaie de l'Union dans un environnement macroéconomique caractérisé par une causalité bilatérale entre les termes de l'échange et le mésalignement de la monnaie commune, tandis que cette déviation du TCER est causée significativement au seuil de 5 % par les IDE.

La monnaie commune a connu au Mali aussi une phase de surévaluation de 17,5 % en moyenne entre 1990 et 1993, ce mésalignement aura même culminé à 22 % en décembre 1993. La dévaluation de 1994 a confiné la monnaie de l'Union dans une instabilité ponctuelle pendant 7 ans, correspondant nettement à une phase de sous-évaluation de près de -10 % ; au moment du passage à l'euro, le Mali va connaître à nouveau une période de surévaluation de l'ordre de 11 % entre 2001 et 2003. À partir de 2004 le franc CFA va extérioriser de courtes phases de sous-évaluations comme en 2004, 2007 et 2009 alternant avec des périodes de surévaluation moins intenses qui au final n'engendrent pas d'instabilité structurelle sur le TCER de la monnaie commune. Aussi convient-il de préciser que le degré d'ouverture de l'économie malienne cause le mésalignement du change d'équilibre à 99 % d'intervalle de confiance.

Selon Blaise Gnimassoun[17], « *sur la période 1999-2009, seuls les mésalignements nominaux de l'euro apparaissent significatifs dans l'explication des mésalignements du franc CFA. La relation entre les mésalignements de l'euro et les mésalignements du franc CFA est donnée par l'équation ci-après :*

$$\textbf{Mesal\_CFAt} = \underset{(13{,}81)}{\mathbf{-0{,}1678}} + \underset{(2{,}29)}{\mathbf{0{,}686}}\ \textbf{Mesal\_Eurot}$$

Au regard de ce résultat, ajoute-t-il, il apparaît qu'une surévaluation nominale de l'euro de 1 % implique une surévaluation du franc CFA de 0,69 % ».

Au Sénégal comme en RCI et au Mali, le taux de change effectif réel connaît également une surévaluation intense de l'ordre de 20 % sur les trois années qui ont précédé la dévaluation. Après l'ajustement cambiaire de 1994, le pays va connaître une phase de sous-évaluation de la monnaie commune de l'ordre de -11,25 % (hormis toutefois trois trimestres de 1995) ; si cette sous-période est caractérisée comme la période précédente par une stabilité structurelle du change d'équilibre, l'instabilité ponctuelle induite par la dévaluation a été différée jusqu'en 1997 et son effet a persisté jusqu'à 2006. Cependant dès 2002, la monnaie retrouve une nouvelle phase de surévaluation avec un taux de mésalignement de +5,75 % jusqu'en 2009. Cette surévaluation atteint 21 % au premier trimestre 2009. Comme en RCI et au Mali, la valeur d'équilibre du taux de change réel va s'inscrire à nouveau dans un mésalignement négatif de près de -4 % entre 2010 et 2011 au Sénégal, écartant ainsi tout risque de dévaluation de la monnaie commune. En somme si le degré d'ouverture de l'économie et les termes de l'échange causent fortement le mésalignement au Sénégal, il n'en demeure pas moins que la déviation du taux de change effectif réel favorise l'ouverture de l'économie et son impact n'est pas neutre sur la détérioration des termes de l'échange.

Au final, le TCER présente un mésalignement hétérogène dans les trois pays par rapport à sa valeur d'équilibre et marque ainsi une alternance entre les phases de sous-évaluation et des périodes de surévaluation.

En 1993, la monnaie de l'Union affichait une surévaluation moyenne en Côte d'Ivoire, au Mali et au Sénégal de l'ordre de 21 % relativement au taux de change d'équilibre.

Au passage à l'euro en 1999, la monnaie commune était globalement sous-évaluée de près de -13 % ; l'instabilité ponctuelle engendrée par la dévaluation n'était pas encore absorbée par l'environnement macroéconomique. Le TCER était à son niveau d'équilibre en RCI.

En 2011, le TCER s'approche de son niveau d'équilibre, mais extériorise une faible sous-évaluation de près de -6 % par rapport à la valeur externe

[17] *Op. cit.*

d'équilibre du franc CFA, écartant ainsi à CT tout risque de dévaluation de la monnaie commune.

Le degré d'ouverture des économies, les termes de l'échange et les investissements directs étrangers constituent les variables essentielles qui causent fortement le mésalignement du franc CFA entre 1990 et 2011 et peuvent être orientées dans un sens comme dans l'autre pour influencer la déviation du TCER de sa valeur d'équilibre.

La dévaluation du franc CFA survenue en 1994, a provoqué une instabilité ponctuelle sur le change réel dont l'effet a perduré jusqu'après l'introduction de l'euro.

3) Les déterminants du taux de change effectif réel en ZMAO

3.1) Le mécanisme de change de la CEDEAO

Les études menées par les services techniques de l'IMAO aboutissent à la nécessité de procéder à un réalignement des taux de change des différentes monnaies de la sous-région, si les États membres devraient adhérer au Mécanisme de Change de la CEDEAO (MCC). Deux scénarios s'imposent suite à l'examen des disparités des taux de change :

- Soit le franc CFA sert de référence au système de change,
- Soit on adopte un taux de change régional moyen, toute chose qui nécessite des ajustements cambiaires appropriés pour chaque monnaie ; il en résulte, par exemple :
    - *une réévaluation de 76,04 % du GNF,*
    - *une réévaluation de 47,30 % du franc CFA,*
    - *une réévaluation de 11,34 % du Cedi,*
    - *mais une dévaluation de 23,84 % du Naira.*

Par ailleurs, une étude sur le MCC, proposait pour l'adoption de l'unité monétaire de l'Afrique de l'Ouest (UMAO), qu'un taux pivot doit être établi entre l'UMAO et la monnaie de chaque pays participant au mécanisme. Ainsi la valeur de l'UMAO par rapport à ce taux est déterminée en additionnant les montants fixes des huit monnaies de la CEDEAO et l'unité de compte régional cotait de la façon suivante le 12 janvier 2001.

1 UMAO = +247,52 CFA ou +52,82 Naira ou +90,64 GNF ou + 599,75 Cedi…

Quand bien même l'UMAO représenterait des valeurs fixes de chaque monnaie de la CEDEAO, elle pourra faire l'objet de révision au bout d'un certain temps, l'étude recommande un ajustement tous les quatre ans pour intégrer l'évolution du PIB.

L'Unité de Compte de l'Afrique de l'Ouest (UCAO) est essentielle au fonctionnement du MCC non seulement pour le servir d'unité de compte, mais aussi pour servir de valeur d'échange pour les Banques Centrales sur les marchés des changes soit pour soutenir la monnaie nationale, soit pour freiner sa hausse. L'UCAO est un panier de monnaies composé de valeurs de chacune des monnaies des pays membres de la CEDEAO, calculées en multipliant par une pondération déterminée en fonction du PIB et attribuée à chaque devise pour son taux de change par rapport à l'UCAO.

Cette pondération se présente de la façon suivante pour les principales monnaies de notre échantillon :

- le Naira (Nigeria) : **60,3 %,**
- le franc CFA (UEMOA) : **29,0 %,**
- le Cedi (Ghana) : **6,8 %,**
- et le GNF (Guinée) **2,1 %.**

L'ensemble de cet espace économique représente 98,2 % de la pondération de l'UCAO avec une part belle au Nigeria qui à lui seul, eu égard au poids de son économie atteste un peu plus de 3/5 de la production de la CEDEAO. Le Cap-Vert qui, faut-il le rappeler, est en parité fixe avec l'euro, la Sierra Leone, la Gambie et le Liberia apportent ensemble une contribution de près de 2 % à la pondération de l'unité de compte sous-régionale. Par ailleurs, compte tenu des variations erratiques des taux de change des pays de la sous-région en dehors du franc CFA, il est essentiel d'implémenter un mécanisme d'alerte qui devra susciter une intervention ciblée des Banques Centrales et de ramener les monnaies nationales à l'intérieur de la bande.

- **Mécanisme d'alerte et indicateur de divergence :**

Il est nécessaire de mettre en place un mécanisme d'alerte qui se déclenche lorsque le taux de change atteint un seuil de divergence qui représenterait, par exemple, d % de l'écart maximal de divergence de la monnaie par rapport à l'UCAO selon l'Agence Monétaire de l'Afrique de l'Ouest (AMAO).

Ainsi $SDt = t*d\,(1- \alpha i)$

Avec d la limite de fluctuation d'une monnaie i vis-à-vis de l'UCAO, un seuil de divergence qui représenterait t de l'écart maximal et αi la pondération de la monnaie i dans le panier de monnaies de l'UCAO.

Si l'écart maximal de divergence βi entre cette monnaie i et l'UCAO est :

$$\beta i = d\,(1- \alpha i)$$

L'indicateur du seuil de divergence de la monnaie i par rapport à l'UCAO sera :

$$SDt = t* \beta i$$

Une simulation de l'indicateur d'alerte ou seuil de divergence se résume de la façon suivante dans le tableau ci-dessus :

Tableau 17
Simulation de l'indicateur d'alerte

Monnaie (i)	**Pondération (αi) en %**	**Bande de fluctuation (d)**	**Écart sur le seuil de divergence βi**	**Écart simulé avec le seuil de divergence 65 %**	**Écart simulé avec le seuil de divergence 75 %**
Naira	60,3	10 %	3,97 %	2,58 %	2,98 %
Cedi	6,8	10 %	9,32 %	6,06 %	6,99 %
GNF	2,1	10 %	9,79 %	6,36 %	7,34 %
CFA	29	10 %	7,10 %	4,62 %	5,33 %

Source : AMAO

À titre d'exemple, si le franc CFA atteint un seuil de +/- 10 %, sa pondération étant de 29 % (2007), son écart maximal de divergence par rapport à l'UCAO tel que calculé sur le marché des changes est donc de 10 X (1-0,29)= 7,104 ; si le seuil de divergence est de 75 % par définition, le seuil d'alerte sera de 75 % X 7,104 = 5,33 % du cours pivot CFA/ UCAO.

Comme on peut le constater, le régime de change de la CEDEAO repose sur la parité flexible entre les monnaies, alors que huit pays de la sous-région dans le cadre du traité de l'UEMOA sont liés avec la France et par ricochet avec la BCE par une parité fixe avec l'euro. Au stade actuel de la coopération monétaire, tout ajustement du franc CFA sera de nature à remettre en cause le bon fonctionnement de la BCEAO et devient du coup un obstacle majeur à la mise en œuvre d'une politique des changes commune des quinze pays.

Selon l'IMAO, « *l'intervention dans le cadre du mécanisme de change de la CEDEAO permet au taux de change des différentes monnaies de ne pas trop s'éloigner des taux pivots, la variation maximale d'une monnaie au sein du MCC est définie par des limites de parité qui sont de +/- 5 %. De telle manière que lorsque les limites sont atteintes, alors les Banques Centrales des deux monnaies impliquées sont amenées à échanger des montants dans ces limites pour défendre cette parité. La Banque Centrale à monnaie plus faible doit emprunter par le canal de la facilité de financement à CT à la Banque Centrale à monnaie plus forte des montants illimités de la devise de cette dernière, qu'elle pourra vendre sur le marché des changes pour acheter sa propre monnaie jusqu'à ce que la parité soit restaurée* ».

Il reste entendu que ce mécanisme ne peut fonctionner à merveille que s'il repose sur une grande confiance entre les monnaies, dans un environnement où la chambre de compensation n'a pu hélas bien assurer les soldes de compensation entre les différentes Banques Centrales...

Il n'en demeure pas moins que d'autres conditions macroéconomiques préalables nécessaires doivent être respectées pour une bonne application du MCC :

- la stabilité des prix : l'inflation doit être à un chiffre dans les différents pays,
- le déficit budgétaire doit être soutenable,
- les taux d'intérêt réels positifs,
- la convertibilité des monnaies doit être assurée,
- et les réserves de change adéquates, avec un taux de couverture de trois mois des importations.

En somme, le mécanisme de change de la CEDEAO est un système de change et d'intervention visant à obliger les taux de change des monnaies locales à ne pas s'écarter de leurs taux centraux du panier de l'UMAO en limitant l'éloignement de la parité centrale dans la limite d'une bande spécifiée de +/-10%. L'intervention dans le cadre du MCC s'effectue lorsque les rapports de parité entre deux monnaies atteignent leur limite.

3.2) Le taux de change effectif réel de la ZMAO

Le TCER des trois pays de la seconde zone monétaire comme celui des pays de la zone d'émission de la BCEAO, est influencé selon le cas par les dépenses publiques, les termes de l'échange, les investissements directs étrangers, la productivité relative et le degré d'ouverture. Cependant l'environnement du change étant différent entre les deux espaces à savoir la pratique de la parité fixe d'un côté et celle de parité mobile de l'autre, on est en droit de penser que la flexibilité du change du Cedi, du GNF et du Naira, pourrait avoir un effet correcteur sur le déficit budgétaire quand on sait que la dépréciation de la monnaie locale peut engendrer une hausse des recettes publiques générées en devises et accroître les charges publiques exprimées en monnaies étrangères, avec une balance nettement favorable aux ressources de l'État en raison de la part importante des recettes au regard des charges en monnaies étrangères. De même cette influence peut être marquée sur les investissements directs étrangers et dans une moindre mesure sur les termes de l'échange et le degré d'ouverture des économies. Cette pratique du taux de change flexible est aussi, à n'en pas douter, un levier incontestable d'ajustement du TCER à sa valeur d'équilibre à LT.

Auparavant, un regard sur la stationnarité de ces différentes variables au Ghana, en Guinée et au Nigeria donne les résultats suivants :

Tableau 18

Test de racine unitaire du Ghana

Variables	ADF	Val. critique	Stationnarité	Conclusion
TCER-GHA	-4,70	-3,51***	Stationnaire 1re diff avec constante	I(1)
DPU-GHA	-4,00	-3,51***	Stationnaire 1re diff avec constante	I(1)
TE-GHA	-3,43	-2,89**	Stationnaire 1re diff avec constante	I(1)
IDE-GHA	-3,65	-3,51***	Stationnaire 1re diff avec constante	I(1)
PTE-GHA	-3,52	-2,89**	Stationnaire 1re diff avec constante	I(1)
OUV-GHA	-3,76	-3,51***	Stationnaire 1re diff avec constante	I(1)

*** cv =1% ; ** cv=5% ; *cv=10%.

Ce test de racine unitaire de l'ADF infère que toutes les variables sont intégrées de même ordre, mais ne sont pas stationnaires en niveau sauf en première différence avec une constante dans un décalage d'horizon temporel fixé à six trimestres sur une étendue de 81 trimestres.

Le test de racine unitaire de la Guinée se présente de la manière suivante, toujours dans un décalage de six trimestres, mais sur une étendue de 86 trimestres :

Tableau 19
Test de racine unitaire de la Guinée

Variables	ADF	Val. critique	Stationnarité	Conclusion
TCER-GUI	-3,45	-2,90**	Stationnaire 1re diff avec constante	I(1)
DPU-GUI	-7,10	-3,52***	Stationnaire 2e diff avec constante	I(2)
TE-GUI	-3,69	-3,46**	Stationnaire avec constante et trend	I(0)
IDE-GUI	-7,94	-3,51***	Stationnaire 2e diff avec constante	I(2)
PTE-GUI	-4,51	-3,51***	Stationnaire avec constante	I(0)
OUV-GUI	-2,52	-1,94**	Stationnaire 1re diff avec cte et trend	I(1)

*** cv =1% ; ** cv=5% ; *cv=10%.

Ce test de racine unitaire révèle qu'en Guinée, les termes de l'échange et la productivité relative sont stationnaires en niveau donc intégrés d'ordre zéro ; tandis que le TCER et le degré d'ouverture de l'économie sont stationnaires en première différence, alors que les dépenses publiques et les investissements directs étrangers le sont en seconde différence ; ces deux paires de variables sont donc respectivement intégrées d'ordres 1 et 2 comme le précise le tableau ci-dessus.

Le test de stationnarité se présente comme suit pour le Nigeria, ce, dans un décalage maximal de six trimestres et sur une étendue de 86 trimestres également :

Tableau 20
Test de racine unitaire du Nigeria

Variables	**ADF**	**Val. critique**	**Stationnarité**	**Conclusion**
TCER-NIG	-3,94	-3,51***	Stationnaire 1re diff avec constante	I(1)
DPU-NIG	-3,62	-3,47**	Stationnaire 1re diff avec cte et trend	I(1)
TE-NIG	-4,48	-4,07***	Stationnaire 1re diff avec cte et trend	I(1)
IDE-NIG	-4,16	-3,51***	Stationnaire 1re diff avec constante	I(1)
PTE-NIG	-3,53	-3,51***	Stationnaire 1re diff avec constante	I(1)
OUV-NIG	-2,99	-2,89**	Stationnaire avec constante	I(0)

*** cv =1% ; ** cv=5% ; *cv=10%.

Au Nigeria, hormis le degré d'ouverture qui est stationnaire en niveau, toutes les autres variables, à savoir le TCER, les dépenses publiques, les IDE, les termes de l'échange et la productivité relative, sont toutes stationnaires en première différence et donc intégrées d'ordre un.

En conséquence, dans le respect des ordres d'intégration mis en exergue par les tests ci-dessus, la modélisation VAR donne les résultats suivants dans l'estimation du TCER des trois pays :

Régressions 18
Estimation du TCER du Cedi, du GNF et du Naira
Modélisation VAR du LTCER

Variables	Ghana	Guinée	Nigeria
Constante	0,02	-0,56	0,52
LTCER(t-1)	1,00***	1,02***	0,96***
LDPU(t)			0,13*
LDPU(t-1)		0,02**	
LTE(t)	0,69***		
LTE(t-1)		0,10***	-0,08**
LIDE(t-1)	-0,01***		0,02*
LPTE(t)	0,15**		
LOU(t)			-1,06***
LOU(t-1)		-0,03*	
$\bar{R}^2$	0,98	0,99	0,95
s	0,03	0,02	0,04
F	886,93	1621,8	304,68
SCH	-4,00	-4,45	-3,96
N	81 trimestres	86 trimestres	86 trimestres

*** cv =1% ; ** cv=5% ; *cv=10%.

Ce tableau met en évidence que le TCER est correctement expliqué dans tous les pays par les variables retenues :

- Au Ghana, il évolue sous sa propre influence entièrement pendant le trimestre suivant de telle sorte qu'une hausse de 10 % du TCER se répercute de la même ampleur sur lui-même, toute chose qui s'apparente avec des anticipations rationnelles des agents économiques du change effectif au Gold Coast avec une marge d'erreur de 1‰ au plus. Cependant une augmentation de 10 % des termes de l'échange s'accompagne d'une dépréciation de près de 7 % du TCER et ce, à 99 % d'intervalle de confiance. Alors qu'un accroissement de même ampleur des termes de l'échange comme de la productivité relative – effet Balassa-Samuelson – se traduira respectivement par une appréciation de 0,14 % et une dépréciation de 1,5 % par trimestre du TCER au Ghana.

Cette modélisation VAR extériorise une forte performance dans l'explication des déterminants du TCER au travers d'un coefficient de détermination corrigé qui représente 98 % de la réalité, alors que la constante faible, oriente vers la moindre influence du reste du monde sur les variations du change au Ghana ; la faible erreur standard de l'équation et le Fisher-Snedecor élevé confirment cette situation. En somme au Ghana, le TCER évolue fortement sous sa propre influence, mais aussi sur celles des IDE et des termes de l'échange. Toutefois, les dépenses publiques et le degré d'ouverture n'y ont pas d'effets déterminants.

- En Guinée, le taux de change effectif réel présente une élasticité supérieure à l'unité lors du trimestre suivant (1,02). Par ailleurs, les termes de l'échange, le degré d'ouverture de l'économie et les dépenses publiques y ont une influence significative. Ainsi une hausse de 10 % des termes de l'échange et du degré d'ouverture en variables logarithmiques, assurent d'une part, une dépréciation du TCER de 1 % et d'autre part, une appréciation de -0,3 % au bout d'un trimestre. Une hausse de même ampleur des dépenses publiques dans le même horizon temporaire, occasionne une dépréciation de 0,2 % du TCER. Tous les tests économétriques ordinaires sont concluants et le modèle explique 99 % de la réalité. Cependant si le TCER décalé d'un trimestre et les termes de l'échange en assurent une forte influence, les IDE et la productivité relative ne sont pas déterminants sur le TCER en Guinée, la constante négative marque plus qu'au Ghana, que les variables non intégrées dans le modèle agissent fortement sur le TCER dans le sens de l'appréciation.
- Enfin au Nigeria, comme en Guinée et au Ghana, le TCER agit fortement sur lui-même au bout d'un trimestre dans le sens de la dépréciation du Naira de 9,6 %, lorsque la valeur externe réelle de la monnaie nationale se déprécie de 10 % un trimestre auparavant. Ici la variation du degré d'ouverture de l'économie y apporte une correction par une appréciation de 10,6 %, avec une marge d'erreur dans les deux cas de moins de 1‰. Cependant, quoique faiblement, une hausse de 10 des dépenses publiques, favorise sur le trimestre courant une dépréciation de 1,3 % du Naira, alors pour les mêmes raisons, les termes de l'échange y assurent une appréciation de 0,8 % le trimestre suivant. Les variables non intégrées au modèle VAR contrairement au GNF y apportent une appréciation de 0,52 % par trimestre

S'il n'y a aucun doute que TCER décalé d'un trimestre ainsi que le degré d'ouverture agissent fortement sur le change au Nigeria, la productivité relative ou l'effet Balassa-Samuelson y est neutre. Le modèle est également très performant car il explique 95 % de la réalité et tous les tests économétriques ordinaires sont concluants.

En somme cet environnement de change de la ZMAO fait montre d'une grande hétérogénéité d'un pays à un autre, d'une monnaie à une autre.

3.3) Le mésalignement des monnaies de la ZMAO

Le TCER d'équilibre est celui qui assure une relation de co-intégration entre les variables explicatives intégrées de même ordre, pour les trois monnaies retenues. Producteurs de pétrole, de bauxite, d'or et de diamants, mais aussi de cacao et d'oléagineux tropicaux, le Ghana, la Guinée et le Nigeria sont très dépendants du secteur des exportations primaires. Ils restent pénalisés par l'étroitesse des marchés locaux et la faiblesse du tissu industriel. Les réformes entreprises sur les marchés des changes ont eu sans doute un impact positif sur l'équilibre du taux de change effectif réel qui se décline ainsi qu'il suit.

Régressions 19
Estimation du taux de change effectif réel d'équilibre en ZMAO

Variables	Ghana	Guinée	Nigeria
Constante	10,85	-0,26	7,32
LDPU	-0,28***	-	0,51***
LTE	-0,39**	0,05***	-0,43***
LIDE	-	-	0,20***
LPTE	0,59*	0,02*	-0,63**
LOUV	-0,58***	-0,02**	-
$\bar{R}^2$	0,66	0,12	0,25
s	0,12	0,02	0,16
F	40,03	4,88	8,15
SCH	-1,19	-4,51	-0,62
N	82 trimestres	85 trimestres	87 trimestres

*** cv =1% ; ** cv=5% ; *cv=10%.

- Le TCER d'équilibre au Ghana reste sous une forte influence de trois variables tant et si bien qu'un accroissement de 10 % des dépenses publiques comme du degré d'ouverture de l'économie, engendre respectivement et concomitamment une appréciation du Cedi de 2,8 % et de 5,8 % sur le trimestre courant dans un intervalle de confiance de 99 % au moins, tandis que pour les mêmes raisons, les termes de l'échange y administrent une appréciation de près de 4 %, mais avec une marge d'erreur de 5 %. Par contre avec plus de part d'erreur, l'effet Balassa-Samuelson agit sur le taux de change effectif réel d'équilibre par une dépréciation de 5,9 % et la constante de 10,85 % par trimestre, traduisant ainsi une forte incidence sur le Cedi des variables non intégrées dans l'équation, qui agissent alors fortement sur la dépréciation de la monnaie nationale du Ghana. Cette équation performante explique 66 % de la réalité.

- En Guinée, la performance du modèle est beaucoup moindre et la constante y est faible. Le TCER d'équilibre est correctement expliqué par les termes de l'échange et la productivité relative qui lorsqu'ils augmentent de 10 %, le GNF se déprécie de 0,5 % et de 0,2 % respectivement ; tandis qu'une augmentation de même ampleur du degré d'ouverture commerciale de la République de Guinée, favorise une appréciation de 0,2 % par trimestre du franc guinéen, neutralisant ainsi l'effet Balassa-Samuelson sur la valeur externe du GNF.
- En ce qui concerne le Nigeria, le TCER d'équilibre est fortement impacté par les dépenses publiques et les IDE qui, quand ils progressent de 10 %, provoquent une dépréciation du Naira respectivement 5,1 % d'une part et de 2 % de l'autre, soit un effet combiné de 7,1 % de baisse de la valeur externe de la monnaie nationale du Nigeria. Par contre, les termes de l'échange et la productivité relative, quant à eux, provoquent une appréciation de 4,3 % et 6,3 % respectivement, soit un effet total d'appréciation de 10,6 % par trimestre du Naira pour une hausse de 10 % des deux variables. Toutefois cet effet est atténué par le niveau élevé de la constante qui provoque une dépréciation de 7,3 % par trimestre.

Par ailleurs, le test de racine unitaire opéré sur les résidus des différentes équations de MCO relatives au TCER d'équilibre donne les résultats suivants :

Tableau 21

Tests de racine unitaire des résidus

Variables	**ADF**	**Val. critique**	**Stationnarité**	**Conclusion**
Residtcereq-GHA	-2,41**	-1,94	Stationnaire sans cte ni trend	I(0)
Residtcereq-GUI	-4,26***	-2,59	Stationnaire sans cte ni trend	I(0)
Residtcereq-NIG	-2,95***	-2,59	Stationnaire sans cte ni trend	I(0)

*** cv = 1% ; ** cv = 5 % ; *cv = 10 %.

Ces tests d'ADF confirment la relation de co-intégration entre le taux de change effectif réel d'équilibre et ses principaux fondamentaux, au travers de la stationnarité des résidus au Ghana, en Guinée et au Nigeria.

Les graphiques ci-dessous donnent une meilleure illustration des évolutions de TCER et son niveau d'équilibre à LT, ainsi que celles des mésalignements des différentes monnaies de leurs fondamentaux.

- Au Ghana le mésalignement moyen du Cedi ressort à 0,6 % de la valeur d'équilibre de LT du TCER, toute chose qui confirme que les différents ajustements du taux de change nominal de la monnaie nationale ont eu un effet de stabilisation du TCER. Toutefois, le Cedi a connu une phase de sous-évaluation importante entre 1993 et 1995 allant jusqu'à -6,5 % de la valeur d'équilibre. La sous-évaluation du Cedi a été plus prononcée au quatrième trimestre 2000 avec un mésalignement négatif de -17,2 % du TCER. Si le système présente une stabilité globale des coefficients selon le test de Ramsey à 1‰ de marge d'erreur, il affiche des instabilités structurelles en 2003 sans retrouver son équilibre de LT jusqu'à l'horizon temporel fixé en décembre 2012, les fortes et nombreuses dépréciations du Cedi ne sont pas étrangères à cette situation. Alors une instabilité ponctuelle s'inscrit de 1996 jusqu'en 2007 après l'ajustement cambiaire au moment du lancement du 3è Cedi. Aussi, enregistre-t-on une causalité bilatérale à 5 % de seuil critique, entre le TCER et la productivité relative au sens de Granger. Par ailleurs, le TCER a également un fort lien de causalité sur les termes de l'échange et le degré d'ouverture de l'économie au Ghana.

Graphiques 14
TCER et TCER d'équilibre en ZMAO

Ghana

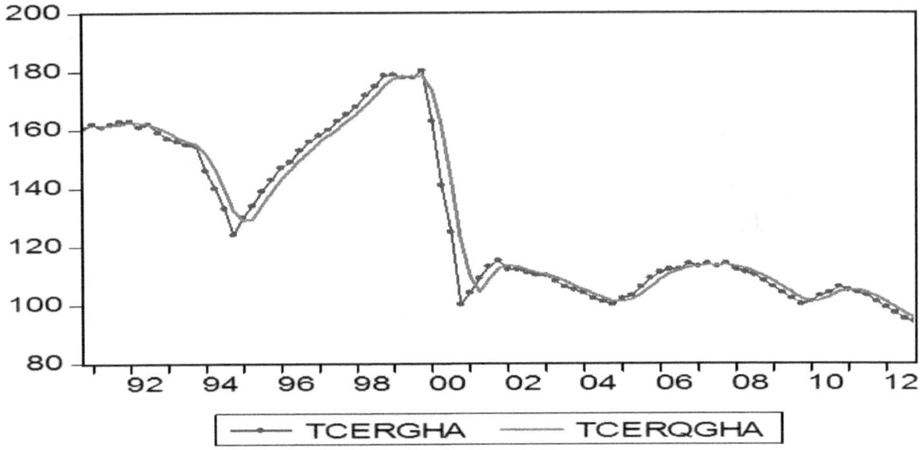

Guinée

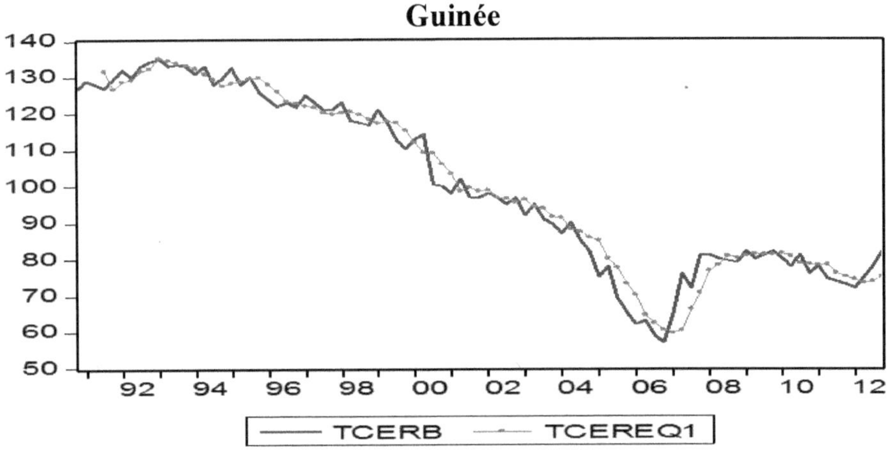

Nigeria

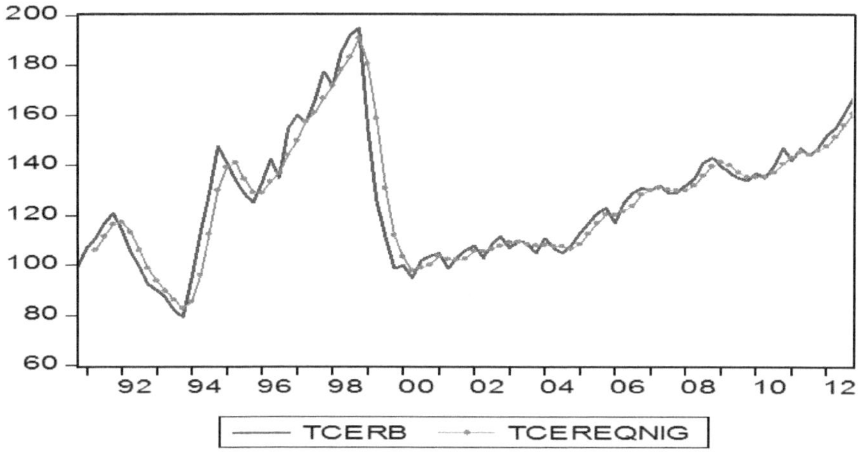

Graphiques 15
Mésalignement Du TCER en ZMA0

Ghana

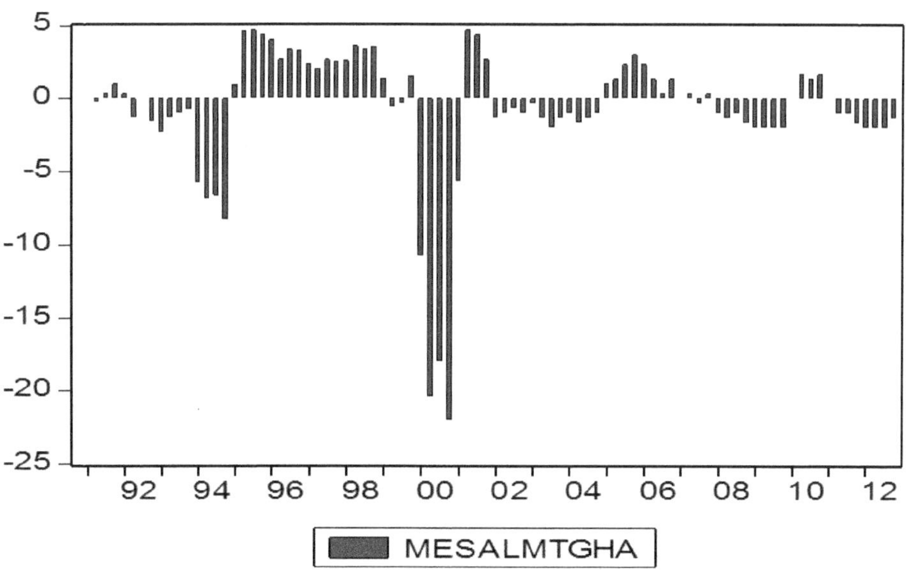

Guinée

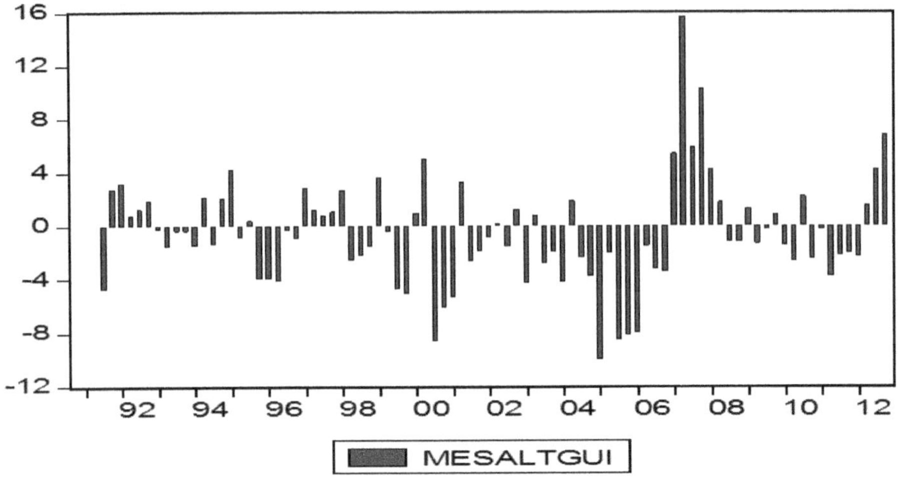

Nigeria

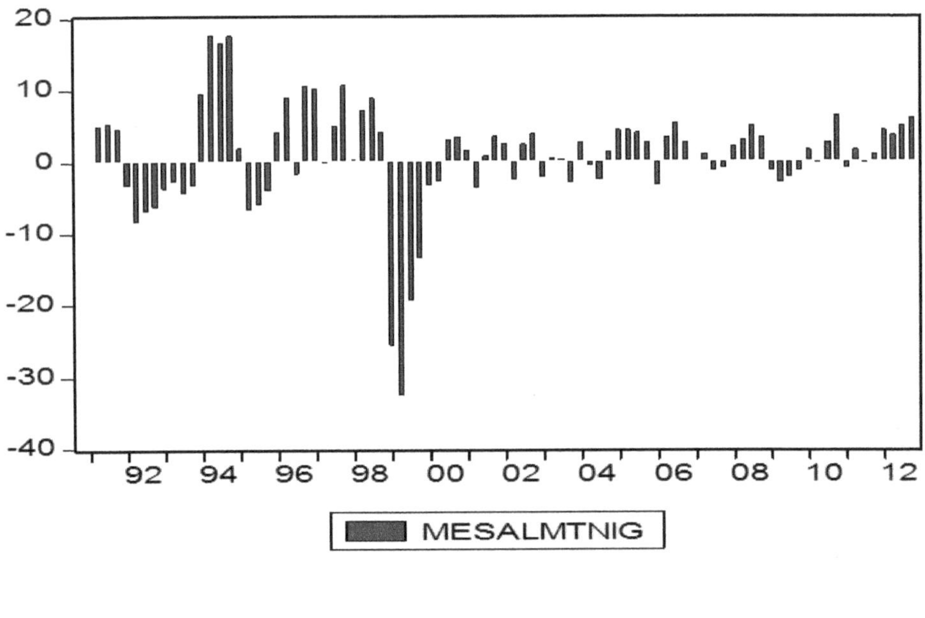

- En Guinée, le GNF extériorise globalement un équilibre de LT sur le TCER avec un mésalignement moyen de -0,6 %, mais présente une surévaluation de l'ordre de 16 % au deuxième trimestre 2007 suite à une forte appréciation de la monnaie nationale. Le franc guinéen présente une phase de sous-évaluation entre 2005 et 2006 jusqu'à une pointe de -10 % du TCER d'équilibre au premier trimestre 2005 consécutivement à la mise en place du marché aux enchères libre de devises. Le TCER assure sur les 88 trimestres une forte stabilité des coefficients soit de 1991 à 2012, mais présente une instabilité structurelle en 2006/2007 pour des raisons ci-dessus évoquées, suivie d'une phase d'appréciation du franc guinéen suite à l'arrêt des exportations de denrées par les frontières terrestres (2007). Une instabilité ponctuelle s'inscrit sur le TCER d'équilibre sur la période de 1996 à 2007.

Enfin il existe une forte causalité bilatérale à 1‰ de seuil critique entre TCER et le degré d'ouverture de l'économie d'une part et les termes de l'échange d'autre part.

- Au Nigeria, le TCER est proche de sa valeur d'équilibre avec +0,5 % de mésalignement moyen entre 1991 et 2012. Cependant au quatrième trimestre 1994, le TCER s'est écarté de +14 % de sa valeur d'équilibre de LT suite à une réévaluation du Naira.

Au deuxième trimestre 1999, la sous-évaluation du Naira atteignit 26 %, mais les coefficients du TCER d'équilibre sont instables selon le test de Ramsey ; et dans sa trajectoire, il affiche une instabilité structurelle en 1997 ce, jusqu'à l'issue de notre horizon temporel fixé à décembre 2012. Tandis que l'instabilité ponctuelle s'inscrit sur la période allant de 1999 jusqu'en 2008, toute chose qui augure de difficultés dans l'implémentation de la politique des changes sur cette période décennale. Enfin si le TCER cause les termes de l'échange à 8 % de seuil critique, les IDE assurent une causalité unidimensionnelle sur le TCER dans le même intervalle de confiance.

4) Les ajustements cambiaires en Afrique de l'Ouest

Il arrive que la valeur d'une monnaie s'écarte durablement de ses fondamentaux et que le marché ne soit plus en mesure d'apporter l'équilibre nécessaire au bon fonctionnement de l'économie. Les autorités politiques, entre autres remèdes, peuvent procéder à un ajustement cambiaire soit au travers d'une dévaluation, soit par le biais d'une réévaluation ou par l'intermédiaire d'un changement de signes monétaires accompagné d'un ajustement de la valeur interne et/ou externe de la monnaie.

À cet égard, on peut citer les dévaluations du franc CFA de 1994, celle du GNF de 1985, les nombreuses dévaluations du Cedi et du Naira, sans omettre les réévaluations de ces deux dernières monnaies en 1994 pour la monnaie nationale du Nigeria et celle de 2007 pour le Cedi ghanéen.

Dans cette section, nous allons tenter de les analyser sommairement, afin de mieux cerner leurs impacts sur la croissance économique, l'inflation, la balance commerciale, les finances publiques…

4.1) La dévaluation du franc CFA de 1994

Cette dévaluation a été conditionnée par un important mésalignement du franc au début de 1994 de l'ordre de 21 % en moyenne pour la Côte d'Ivoire, le Mali et le Sénégal comme il a été précisé plus haut consécutivement à la détérioration des termes de l'échange, à un déséquilibre plus prononcé des finances publiques et à une réduction des IDE, toute chose qui a une forte influence sur le niveau du compte d'opérations tenu par le Trésor de France.

« Selon le FMI, le degré de surévaluation était estimé pour l'ensemble de la zone CFA à 28 % pour 1990. La surévaluation s'étageait de 11 % pour la Guinée équatoriale, à 50 % pour le Niger, en passant par 30 % pour la Côte d'Ivoire et 37 % pour le Cameroun. Selon la Banque Mondiale, l'appréciation du franc CFA entre 1985 et 1994 résultait de l'appréciation de 70 % du franc français vis-à-vis du dollar et de la dépréciation du taux de change effectif réel des pays concurrents en relation avec la détérioration de leurs termes de l'échange (-40 % entre 1985 et 1992). La surévaluation du franc CFA était estimée à 50 % en moyenne en termes de monnaie intérieure avec des écarts entre 25 % pour les petites économies et 60 % pour les plus grandes ».[18]

En tout état de cause, le franc CFA a subi une dévaluation de 50 % (cotation au certain) en 1994 et qui a eu pour premières conséquences une sous-évaluation du TCER dans chaque État ; cette décision pertinente pour les pays de l'union s'est traduite par des effets macroéconomiques et méso-économiques significatifs pour les pays de l'UEMOA en général et singulièrement pour la Côte d'Ivoire, le Mali et le Sénégal.

4.1.1) Les effets macroéconomiques

- **Croissance économique**

La dévaluation de 1994 a été accompagnée de mesures d'assainissement économique qui ont apporté des changements de structures ainsi que des incitations au niveau des acteurs des sphères publique et privée. Les incidences macroéconomiques et financières ont été globalement conformes aux attentes. Le PIB a stagné dans l'ensemble de l'Union en 1994 avant d'accuser une croissance de l'ordre de 5 % les années suivantes.

[18] *Cf.* P Hugon, *Dans la zone franc à l'heure de l'euro,* page 105.

Tableau 22

Taux de croissance du PIB en %

	1993	1994	1995	1996	1997
RCI	-0,7	1,8	7	6,2	6
Mali	1,4	2,3	6	4	6,6
Sénégal	0,5	2	5	4	5,5
Moyenne	**0,4**	**1,4**	**6**	**4,7**	**6**

Sources : IFS et rapports du comité monétaire de la Zone Franc (1994 – 1998).

Il apparaît clairement que la dévaluation du franc CFA a favorisé la croissance économique dans l'espace constitué de la RCI, du Mali et du Sénégal, voire dans toute l'UEMOA et dans la Zone Franc. Cet effet macroéconomique bénéfique aura été faible la première année quoiqu'en forte hausse par rapport à 1993 et très important au cours des trois années qui ont suivi (1995 – 1997). En fait le taux de croissance économique moyen de cette période a été multiplié par 4 par rapport à 1994 et même par 14 par rapport à 1993, toute chose qui confirme que la surévaluation du franc CFA constituait avant la dévaluation un véritable frein à la croissance et au développement.

Le changement de structure des emplois du PIB aura été significatif : la FBCF est passée de 14,2 % en 1990-1993 à 20,1 % en 1996 selon des sources dignes de foi. En somme, les investissements publics et privés ont sensiblement augmenté notamment dans le domaine pétrolier.

- **Inflation**

Le niveau d'inflation était faible en 1993 (avant la dévaluation), l'ensemble des trois pays affichaient une moyenne de 0,6 % en glissement annuel. La dévaluation a, de toute évidence, engendré des tensions inflationnistes débouchant sur une valeur moyenne de 20,1 % qui s'explique essentiellement par la hausse importante du niveau général des prix en Côte d'Ivoire et au Sénégal, le Mali n'ayant réagi qu'au bout d'une année après la dévaluation avec un taux d'inflation de 12,6 %. Ainsi en 1995, la moyenne de l'espace tomba à 11,7 %.

Graphique 16

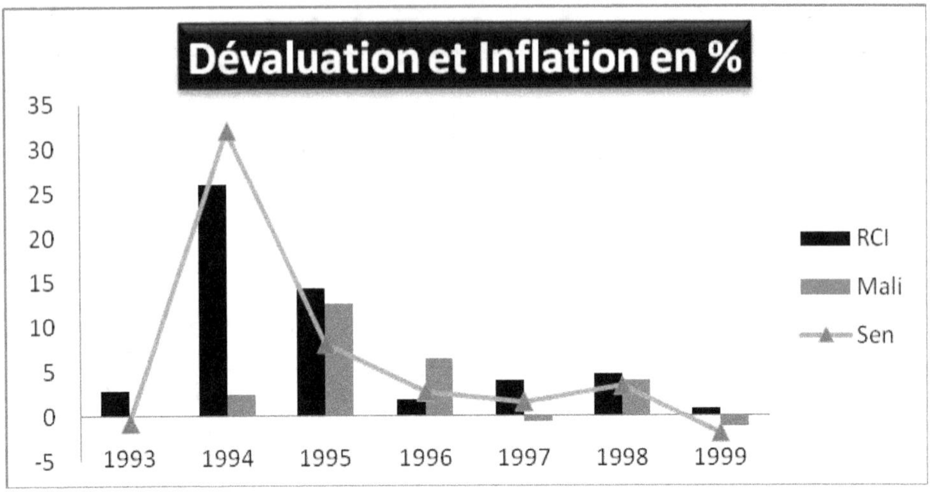

À partir de 1996 jusqu'en 1999, les trois pays extériorisent un taux moyen d'accroissement du niveau général des prix de 2,1 %, ainsi que l'atteste le graphique ci-dessus, corollaire d'une inflation maîtrisée au terme de deux ans après l'ajustement cambiaire.

Les conséquences inflationnistes directes de la dévaluation s'expliquent par des effets mécaniques provenant de la hausse des prix des intrants, des équipements et des biens et services de consommation importés. Aussi, le comportement des agents économiques n'est-il pas étranger à cette situation au travers de l'évolution de leurs anticipations, l'acceptation ou non de la baisse des revenus réels voire des mesures de politiques économiques administrées par les gouvernements tels que l'ajustement des droits de douane, le contrôle des prix… Par ailleurs, la hausse de la masse monétaire engendrée par le doublement des avoirs extérieurs de la BCEAO a fortement contribué à raviver les tensions inflationnistes après la dévaluation, même si cet impact a été contrebalancé par un alourdissement important du service de la dette et le niveau des taux d'intérêt.

Selon P. Guillaumont : « *l'effectivité de la dévaluation consiste à transformer la variation nominale du taux de change en une variation des prix relatifs internes de telle sorte que la rentabilité des activités d'exportation ou de substitution des importations est accrue ainsi que l'offre stimulée.*

L'indice d'effectivité de la dévaluation s'écrit :

$$\mathbf{(1/dt).(1+dt).[(1+dP^{\circ})/(1+dP) - 1]}$$

Où :

dt : variation du taux de change à l'incertain de la monnaie nationale.

dP : taux d'inflation interne,

dP° : taux d'inflation de l'extérieur.

Comme dt = 100 % pour le franc CFA au moment de la dévaluation, dP = dP° = 0 ; selon le modèle de P. et S. Guillaumont, l'effectivité est d'autant plus forte que l'ampleur totale de la dévaluation est faible et que la dévaluation se produit de manière concentrée dans le temps. Ce modèle suppose

1. *Que la baisse des rémunérations rencontre une résistance décroissante ; l'effectivité marginale de la dévaluation est ainsi décroissante (effet de saturation).*
2. *Qu'il y a illusion monétaire et donc la dévaluation n'est pas répétitive et crée un effet de surprise.*
3. *Que la rémunération du travail était relativement élevée (effet de rattrapage).*

Dans le cas des pays de la Zone Franc, la dévaluation a eu un effet de surprise. Par contre, il y a eu un faible effet de rattrapage, vu la forte baisse de la rémunération réelle du travail durant les années 90.

Dans l'ensemble au bout de trois ans, l'indice d'effectivité de la dévaluation a été de -0,50 ce qui est relativement une réussite »[19].

- **Dévaluation et commerce international :**

L'incidence d'une dévaluation comme celle de 1994 n'est pas neutre sur le volume et la valeur des exportations et des importations et partant sur la balance commerciale et la balance des paiements.

Les pays de la zone d'émission de la BCEAO sont exportateurs de produits primaires comme le café, le cacao, le pétrole, le phosphate, l'or... dont les cours sont déterminés par les marchés mondiaux. La dévaluation a amélioré en termes de franc CFA les recettes d'exportation que la hausse des coûts de production n'a pu suivre débouchant ainsi sur une réelle rentabilité de la branche des exportations.

En somme, selon la théorie des élasticités, la dévaluation accroît la valeur des exportations et réduit celle des importations en fonction des élasticités des prix des exportations et importations. Les effets de la dévaluation sur la balance commerciale sont souvent mesurés par la formule de Marsall-Lerner ou par celle Vanek-Lindert[20].

---

[19] P. Guillaumont cité par P. Hugon, *op. cit.*

[20] Plus les demandes d'importation et les demandes d'exportation sont élastiques par rapport au prix, plus la réaction de la balance commerciale à la dévaluation est positive... en réalité plusieurs effets ont joué indépendamment des effets de volume qui sont compensés par les effets détérioration des termes de l'échange à savoir :

- Les effets revenu de baisse des demandes d'importations,
- Les cours mondiaux favorables des produits primaires,
- L'endettement des secteurs du commerce international,
- Et les effets liés aux composantes d'intrants importés.

L'effet mécanique de la dévaluation conjugué avec l'effet des cours mondiaux et accroissement des volumes, a contribué à accroître la valeur des exportations alors que celle des importations chutait fortement en 1994. Au total la dévaluation a eu pour effet immédiat de créer une prime de change positive à l'exportation et négative à l'importation. En 1995, la dévaluation a eu pour conséquence d'accroître la valeur des exportations et de réduire drastiquement celle des importations à telle enseigne que la balance commerciale a évolué de la façon suivante :

Tableau 23

Balance commerciale en % du PIB

	1993	1994	1995	1996
RCI	7,1	17,6	15,3	18,3
Mali	-4,7	-6,1	-3,4	-4,4
Sénégal	-6,8	-6,2	-5,3	-6,1
Moyenne	**-1,5**	**+1,8**	**+2,2**	**+2,6**

Sources : CFD et rapports du comité monétaire de la Zone Franc.

La balance commerciale s'est globalement améliorée en 1994 et davantage les deux années suivantes, grâce à la performance du commerce international de la Côte d'Ivoire qui a accumulé des excédents importants après la dévaluation. Les balances commerciales du Mali et du Sénégal sont restées déficitaires de 1993 à 1996, c'est dire qu'il y a eu peu ou pas du tout d'incidence positive de la dévaluation sur les transactions internationales des deux pays.

Pour l'ensemble des pays de l'UEMOA, la balance commerciale s'est fortement améliorée à la suite de la dévaluation passant de -1,1 % du PIB en 1993 à 3,8 % en 1994 voire 4,1 % en 1996. Par contre la balance des opérations courantes n'a pas connu d'amélioration significative sur la période 1994 – 1996. La balance courante est restée fortement déficitaire du fait d'un service de la dette rendu important par l'ampleur de la dévaluation. Le déficit du solde extérieur courant des pays de l'UEMOA ressortait à -11,2 % en 1990-1993 et à -7,2 % du PIB en 1994.

- **Dévaluation et finances publiques**

Il convient de noter que la dévaluation accroît mécaniquement les recettes assises sur le commerce international, par simple augmentation de la valeur nominale des flux d'échange. Elle augmente également la contrepartie de l'aide extérieure comme des flux d'investissements directs étrangers en monnaie nationale (effet bonus). Par ailleurs, la dévaluation contribue au renchérissement du service de la dette ainsi que des dépenses publiques liées aux biens et services importés (effet malus).

Dans la zone d'émission de la BCEAO en général et en RCI, au Mali comme au Sénégal en particulier, la dévaluation du franc CFA de 1994 a eu pour incidence d'accroître le service de la dette publique extérieure, mais aussi de réduire les dépenses publiques. En UEMOA, la baisse des salaires réels a été compensée partiellement et totalement selon les pays par les investissements publics. La structure des charges publiques a ainsi fortement évolué : la part des traitements et salaires est passée pour l'ensemble de l'Union de 60 % en 1993 à 32 % en 1996 alors que les dépenses d'investissement ainsi que l'encours de la dette publique ont fortement progressé, de telle sorte que le paiement des intérêts a représenté 18 % des recettes publiques.

La part des recettes publiques dans le PIB est passée de 12 à 16 % dans les 7 pays de l'Union ; à l'évidence la diminution des recettes intérieures a été largement compensée par la hausse des droits d'exportation en 1994. La baisse des recettes douanières induite par la dévaluation s'est inversée par la suite et les recettes ont progressivement augmenté à partir de 1995.

Graphique 17

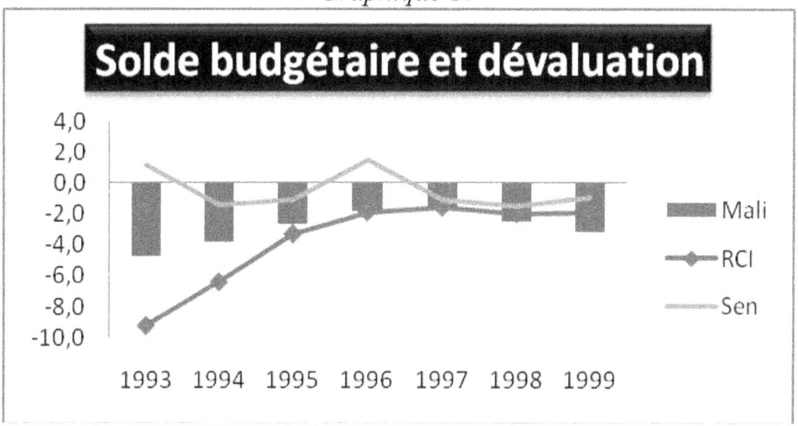

La dévaluation a légèrement amélioré le solde budgétaire de base dès la première année pour tous les pays, passant de -4,2 % du PIB en 1993 à -3,9 % en 1994. Cette amélioration du déficit budgétaire a été plus nette entre 1995 et 1997, avec une moyenne de -1,5 % du PIB. Le Sénégal qui dégageait un excédent budgétaire de 1,2 % en 1993, a pratiquement retrouvé la même position en 1996. Aussi l'ajustement du solde budgétaire s'est opéré plus par une contraction des dépenses publiques davantage que par une hausse des ressources des États.

4.1.2) Effets mesoéconomiques

L'agriculture d'exportation des pays de la Zone Franc d'Afrique de l'Ouest en général, celle de la RCI, du Mali et du Sénégal en particulier, ont enregistré une expansion depuis 1994. La rente de la dévaluation a permis d'ajuster à la hausse les prix aux producteurs dans un contexte macroéconomique où les cours mondiaux des produits primaires ont été favorables à moyen terme, les coûts à l'exportation ont été réduits ; il en résulte un accroissement substantiel du rendement des filières d'exportation du café et du cacao en RCI, la filière coton propre aux trois pays n'y fait pas exception. Les cours mondiaux étaient favorables pendant les campagnes 1994/1995, la filière coton a dégagé des excédents significatifs alors que la rente de la dévaluation a été favorable aux États.

Par contre l'effet de la dévaluation a été peu significatif sur le secteur pétrolier en Côte d'Ivoire l'essentiel des recettes et des charges d'exploitation étant réalisé en dollar US.

4.2) Les ajustements cambiaires au Ghana

De l'indépendance à nos jours, le Ghana a connu plusieurs ajustements cambiaires dont certains ont agi à la fois sur la valeur interne et externe du Cedi. Le pays va connaître trois générations de Cedi qui viennent répondre aux exigences d'une économie en proie à des déséquilibres structurels en rapport avec de nombreux régimes de changes implémentés sur les quarante dernières années.

4.2.1) L'introduction du Cedi

- Le **premier Cedi** va être introduit par la BOG en 1965 et va avoir cours légal jusqu'en 1967, avec un ancrage de la monnaie nationale sur la livre sterling. Il convient de préciser que sur la période précédente, le Ghana a accumulé un important déficit budgétaire qui se chiffrait à 212 M$. Ainsi sur recommandation du FMI, le Cedi va subir une première dévaluation de l'ordre de 20 % par rapport à l'US dollar dont il sera désormais arrimé au détriment de la livre sterling.
- Le **second Cedi** va être introduit en ce moment (soit en 1967), à la faveur d'un changement de régime politique et aura cours légal jusqu'en 2007. Au cours de cette longue période, le pays va adopter plusieurs régimes de change parmi lesquels :
  - De 1967 à 1982 : parité fixe par rapport à l'US dollar,
  - 1982 à 1986 : système à taux de change multiple,
  - 1986 à 1988 : taux de change dual, avec enchères,
  - 1988 à 1992 : pratique de cotations aux enchères sur plusieurs formes.

En somme avec le lancement du programme de redressement économique, le gouvernement va procéder à une série de dévaluations du Cedi entre 1983 et 1986. C'est ainsi qu'au troisième trimestre de 1983, la monnaie nationale du Ghana a été dévaluée de près de 97 % par rapport au dollar qui cotait alors 90 Cedis contre 2,75 auparavant. La nouvelle politique des changes est caractérisée par l'implémentation d'une prime aux exportations et par une surtaxe des importations. Aussi le système de taux de change multiple a-t-il été adopté par l'application d'un taux de change différent entre les transactions du secteur public et celles du privé.

Selon Dr Keshab R. B. & Mark K. A. : « *En septembre 1986, le gouvernement a adopté le système du marché aux enchères de devises à l'effet d'accélérer l'ajustement du taux de change du Cedi et d'achever la libéralisation des échanges, en abandonnant partiellement les forces du marché pour déterminer la parité du Cedi par rapport au dollar. Cette nouvelle réforme repose sur la pratique d'un taux de change dual comprenant deux ouvertures : la première est assortie d'une parité fixe par rapport à un crochet dollar dont le cours est fixé à 90 Cedis pour une unité et fondamentalement appliqué sur les recettes d'exportation du cacao, des oléagineux tropicaux... La seconde fenêtre concerne l'ensemble des autres transactions de l'économie et le cours de la monnaie est désormais déterminé sur la base de l'offre et de la demande de devises, sur un marché hebdomadaire supervisé par la BOG. Toutefois ajoutent-ils, les deux marchés ont été unifiés en février 1987* ».[21]

En 1990, le système de marché aux enchères global a été adopté, il s'agit d'un marché interbancaire des changes auquel étaient éligibles les bureaux de change agréés et les banques primaires autorisées à faire des transactions en devises ; les allocations sont assurées par la BOG en faveur des importateurs pour couvrir leurs besoins en monnaies étrangères. Mais ce mode de cotation a été retouché en 1992.

En somme depuis 1986, la politique des changes de la BOG a visé à administrer le marché aux enchères de devises ; son intervention a consisté à endiguer les fluctuations du marché des changes. En 2000, à la faveur de la campagne électorale, le déficit budgétaire atteignit 250 M$, quand bien même il n'aurait pas de dévaluation, du fait d'une politique monétaire laxiste de la BOG, le taux d'inflation s'inscrivit à 40,5 %, alors que la dépréciation de la monnaie avait atteint 49,5 %, niveau suffisamment élevé pour ne pas être mentionné.

- **Le marché parallèle :**

Nonobstant de nombreuses dévaluations qui se sont succédé afin de retrouver la valeur d'équilibre du Cedi et éliminer les distorsions dans l'économie, le marché parallèle est resté ferme, profond et décroché.

[21] Dr Keshab RB & Mark K A, *The effects of exchange rate on the trade balance in Ghana : evidence from cointégration analysis.* Août 2005.

Graphique 18

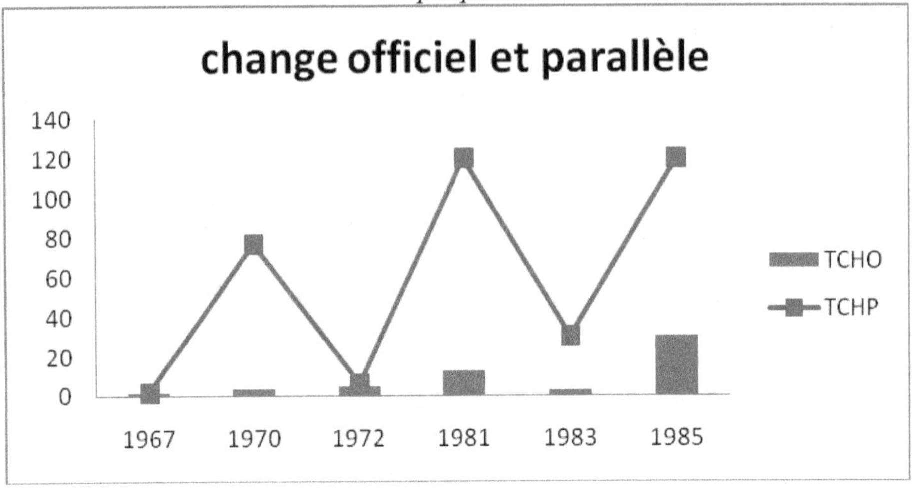

Comme l'atteste le graphique ci-dessus, le cours parallèle aura évolué en dents de scie, mettant en exergue une forte prime par rapport au taux de change officiel comme en 1970, 1981 et même en 1985. Les différents ajustements cambiaires ont engendré une convergence des deux marchés de façon éphémère sans pour autant réussir à asseoir une véritable stabilité du Cedi, toute chose qui aurait apporté à l'économie le stimulus nécessaire pour accumuler le capital physique et favoriser une croissance encore plus soutenue qu'elle n'a été au cours des trente dernières années.

De 1980 à 2010, à mesure que le Cedi enregistrait un taux de dépréciation moyen annuel de 37 %, le taux d'inflation s'inscrivait à son tour à l'approche de 32 % par an. Ce niveau d'inflation peut-il assurer la croissance et le développement ?

De 1967 au moment de l'introduction du 2e Cedi jusqu'en 1985, la prime du parallèle ressortait autour d'une moyenne de 70 %, de telle sorte qu'en 1981, par exemple, le taux de change parallèle représentait 9,6 fois le cours officiel du Cedi contre seulement 1,3 fois en 1972.

- **La réévaluation de** 2007 :

En 2007, la parité du Cedi s'inscrivit à 9 550 pour un dollar consécutivement à une série de dévaluations graduelles dans le but de libéraliser le marché des changes. Il convient de préciser que durant les années 90, la quatrième série des billets de banque a été introduite avec des coupures allant de 100 Cedis à 10 000, puis 20 000 Cedis émis plus précisément en 2002.

En juillet 2007, le **troisième Cedi** est mis en circulation et équivaut à 10 000 second Cedi et devient la monnaie africaine la mieux cotée par rapport au dollar US. Elle n'est pas ancrée à une devise forte comme la livre sterling ou le billet vert. Les anciens billets sont retirés progressivement par le système bancaire pendant un semestre.

Par ailleurs, la valeur externe a été fortement modifiée au travers d'une réévalution de près de 99 %. Le Cedi cotait alors 0,97/$ en juillet contre 9 600 peu avant l'ajustement cambiaire. Dès lors par les forces du marché, et en dépit du potentiel d'une économie exportatrice de pétrole, d'or et de diamants, mais aussi de café et de cacao, le Cedi reprend sa dépréciation graduelle pour coter 1,94 en avril 2013.

L'incidence à court et moyen termes de cet ajustement se résume dans le tableau suivant :

Tableau 24

Effets de la réévaluation au Ghana

	2006	**2007**	**2008**	**2009**	**2010**
Taux de croissance (%)	6,4	5,7	7,2	4,1	5
Inflation (%)	10,9	21,9	16,9	19,2	10,6
Solde budgétaire (% PIB)	-7,5	-9,2	-14,7	-9,8	-10,8
Balance commerciale (% PIB)	-23,8	-25,9	-30,3	-14,4	-20,7

Sources FMI : IFS et perspectives économiques régionales, oct. 2010.

Au prime abord, les effets de cette réévaluation du Cedi accompagnée d'ajustements sur le marché des biens et services voire sur celui des titres, ont été néfastes pour l'économie, car en 2007 le taux de croissance a fléchi de 70 points de base à 5,7 % contre 6,4 % une année plus tôt. Alors que les tensions inflationnistes se sont ravivées avec le doublement du taux d'inflation sur la même période, entretenu par une croissance de plus de 35 % de la masse monétaire, quoiqu'en recul par rapport à 2006 (38,8 %). Cette situation résulte également d'une forte croissance des dépenses publiques en 2007 qui ont pesé pour 38,1 % du PIB au lieu de 34,9 % en 2006, que la croissance modérée des recettes publiques n'a pu compenser en s'établissant à 22,7 % seulement du PIB contre 21,9 % en 2006. Le déficit budgétaire global, dons y compris, ne pouvait que se détériorer à -9,2 %.

A contrario de la dévaluation, la réévalution de la valeur externe de la monnaie nationale en l'occurrence le Cedi, se traduit par un renchérissement de la valeur des exportations et un fléchissement de celle des importations. Si la part des exportations est restée stable autour de 40 % du PIB entre 2006 et 2007, celle des importations s'est inscrite à 67 % du produit contre 65,1 % en 2006. Ainsi le déficit de la balance commerciale s'est logiquement creusé à près de 26 % du PIB en 2007. Le solde extérieur courant de la balance des paiements qui intègre les dons de toute nature, a suivi la même tendance ressortant un déficit de -12 % contre -10 % en 2006.

Cependant, au terme d'une année après l'ajustement cambiaire, l'économie ghanéenne a fini par capitaliser les effets bénéfiques de ce déséquilibre macroéconomique ainsi que le montre le tableau ci-dessus : le taux de croissance économique s'est significativement amélioré à 7,2 % en 2008, tandis que l'inflation, quand bien même serait demeurée forte à 16,9 %, s'est tout de même réduite de 5 points par rapport à son niveau de 2007, ce, nonobstant une forte croissance de la masse monétaire qui culmine à 40 % sur la période de référence.

Par contre en raison d'une forte croissance des dépenses publiques qui représentent désormais 42,4 % du PIB en 2008, pour des recettes quasiment stables à 23 % du produit, le déficit du solde global se creuse davantage pour ressortir à -14,7 % du PIB, toute chose qui explique en bonne partie la forte croissance des disponibilités monétaires et quasimonétaires corollaire d'une moindre indépendance de la BOG.

Par ailleurs, au cours de la même période, le solde du déficit de la balance commerciale s'est profondément alourdi à -30,3 % du PIB, la raison tient à une forte augmentation des importations qui s'établissaient dorénavant à 76,2 % du PIB en 2008 contre 67 % en 2007, conséquences directes de la réévaluation du Cedi qui n'a pu engendrer qu'une faible augmentation des exportations. En somme, le déficit du solde extérieur courant de la balance des paiements affiche un niveau anormalement élevé de près de -19 % du PIB.

En 2010, soit trois ans après la réévaluation, les impacts économiques positifs sont faibles comme on peut le constater au travers de la modicité du taux de croissance économique, les niveaux élevés du déficit budgétaire global comme de la balance commerciale.

4.3) Les dévaluations du Naira sont-elles opportunes ?

4.3.1) Les péripéties du change au Nigeria

Si la guerre du Biafra a été l'élément déclencheur de la suspension de la convertibilité de la livre nigériane entre 1967 et 1970 et son remplacement par le Naira, l'évolution du taux de change est assimilable à une course-poursuite du taux de change officiel derrière celui du marché parallèle. Le cours de change est déterminé de façon endogène par l'offre et la demande de devises, nonobstant le rationnement, la valeur externe du Naira est portée plus par les opérateurs économiques que par le gouvernement.

En 1987, les opérations de change doivent se faire sur le Foreign Exchange Market (FEM) transformé peu après en IFEM, un marché aux enchères de devises : le Naira est alors dévalué de 30 % par rapport au dollar US à ₦ 7,65 pour une unité du billet vert puis à ₦ 11 en 1991. La CBN mit en place une allocation basée sur les enchères à la hollandaise (plus offrant à un taux déterminé par la moyenne pondérée des offres retenues). Ce système est rapporté en 1992 et le Naira s'est déprécié de 40 % à 18,55/$ et la prime du marché parallèle se réduit considérablement à près de 6 %. En 1993, le marché interbancaire de devises est suspendu par CBN qui réinstaure le système aux enchères à la hollandaise et en février le Naira est dévalué de 25 % à 24,99 ₦ /$.

Parallèlement à la dévaluation du CFA en 1994, le Naira est fortement réévalué de 55 % passant subitement de 49 à 22 ₦ /$. Rappelons que le Nigeria est caractérisé par une grande instabilité politique et une position dominante dans la sous-région, les dévaluations ici servent à réparer les effets négatifs du Naira sur la compétitivité économique. Ainsi son taux de change effectif réel a été divisé par 10 entre 1984 et 1992, les prix ont été multipliés par 5,2 et l'indice du taux de change par rapport au dollar a accusé un coefficient multiplicateur de 21. Comme les exportations sont dominées par le pétrole, après le second choc pétrolier, les revenus de l'or noir ont atteint 25 Mds de $ en 1991 pour tomber à 5 Mds en 1993. Tandis que parallèlement, la décote du marché noir de devises est passée de 80 % en 1985 à 10 % en 1992. Les mesures d'accompagnement de la réévaluation du 10 janvier 1994 visaient à supprimer le marché parallèle, instaurer le contrôle des changes et des importations, limiter le niveau du déficit public.

Après quinze années de gestion tumultueuse du Naira, la CBN s'est embarquée dans une série de dévaluations graduelles de la monnaie nationale par rapport aux devises fortes comme £ et le $ sur un marché aux enchères à la hollandaise WDAS (Wholesale Dutch Auctions System) sur lequel le montant des offres de la Banque Centrale s'est réduit considérablement avec pour conséquence une dévaluation de 20 % du Naira sous l'inspiration du FMI.

Ces successives dévaluations du Naira sont des ajustements réparateurs et non compétitifs, le principal objectif de la politique des changes de la CBN vise plus à combler un manque absolu de réserves des changes que d'améliorer la compétitivité macroéconomique du pays. Aussi le secteur des exportations est-il peu sensible aux variations du taux de change en raison de la prédominance des produits pétroliers.

L'inflation au Nigeria est identifiée comme un réel problème macroéconomique : en 1996 par exemple, le taux d'inflation atteignit 93 % consécutivement à une rapide progression de l'offre de monnaie de la CBN, à un niveau élevé du déficit budgétaire, un niveau non moins élevé de la demande de biens et services liée à une forte urbanisation, sans omettre l'apport non négligeable du taux d'intérêt et du change.

Bacci et Grilli (1994) estiment que : « *la dévaluation est une situation typique d'un pays dont la monnaie est accrochée à une devise comme le dollar US. Considérant, par exemple une perturbation qui engendre une hausse des prix domestiques du Nigeria, cette dérégulation pourrait se traduire par une rapide expansion du taux de change ou par une baisse de la demande réelle de monnaie. Selon eux, un déséquilibre de ce genre tend à baisser les prix domestiques en rapport avec le pouvoir d'achat de la monnaie, impliquant les actifs de la Banque Centrale ; les banques commerciales dans ce cas réagissent en baissant le taux de change (appréciation du Naira) en terme de dollar US ».*

4.3.2) L'incidence des dévaluations du Naira sur l'économie réelle :

La balance des paiements est l'un des obstacles les plus importants de la dévaluation au Nigeria, car elle a été souvent déficitaire, non pas par manque de produits d'exportation, mais en raison de leurs prix élevés qui agissent négativement sur la demande à l'exportation en dehors du pétrole.

Le taux de change et la balance commerciale ont évolué de la façon suivante :

Graphique 19

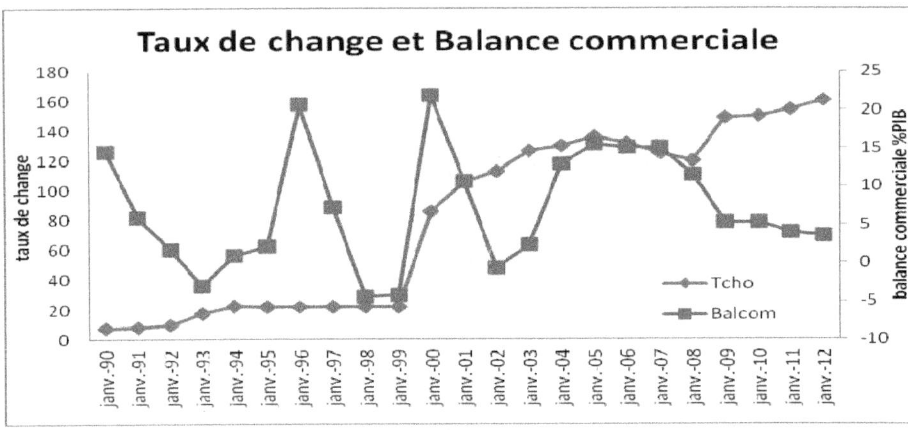

Au Nigeria, le taux de change ne semble pas avoir une influence significative sur les échanges commerciaux avec les partenaires, au regard des évolutions des deux variables sur le graphique ci-dessus. En d'autres termes, selon plusieurs sources, quatre raisons fondamentales font que les dévaluations ne peuvent être efficaces au Nigeria :

- La demande étrangère de produits nigérians est inélastique car il existe des sources alternatives d'approvisionnement plus compétitives,
- Les exportations sont dominées par les produits pétroliers qui en représentent les 88 %, ne laissant que 12 % pour les produits agricoles et manufacturés,
- La demande d'importation est très inélastique, car elle porte essentiellement sur les matières premières pour l'industrie locale et les produits manufacturés (89 %),
- Enfin le programme d'ajustement structurel a engendré une dévaluation qui a eu, entre autres, pour conséquences, une forte inflation exposant le pays à

des effets pervers et à un manque d'efficacité totale sur le commerce international et la compétitivité de l'économie,

À ce stade, il apparaît nécessaire d'approfondir l'analyse par un modèle à correction d'erreurs afin de cerner les effets de CT et de LT du taux de change comme du PIB sur la balance commerciale :

Régressions 20
Change, croissance et balance commerciale au Nigeria

Dynamique de LT	**Coefficient (t)**
BC(t-1)	1
TCHO(t-1)	-0,12*** (-10,92)
TCROIS(t-1)	1,00*** (3,74)
Cte	-0,66
Dynamique de CT	
ec	-0,96*** (-4,12)
DBC(t-1)	1,26***(4,47)
DTCHO(t-1)	0,23**(2,39)
DTCHO(t-2)	-0,46*** (-3,89)
DTCROIS(t-2)	-1,46** (-1,46)
Cte	1,83
$\bar{R}^2 = 0,64$	s = 2,58
F = 5,30**	AIC = 5,03
N= 19	R : TCHO/BC = 0,17

*** sc = 1% ; ** sc = 5%

La dynamique de LT infère que le taux de change a effectivement une influence sur la balance commerciale au Nigeria ; en effet une dépréciation de 10 % du Naira creuse le déficit de la balance des marchandises de -1,2 % du PIB, toute chose qui est loin d'être neutre sur la période 1990-2012, les données ayant fait l'objet d'un lissage d'amplitude 3 par la méthode des moyennes mobiles. Quant au taux de croissance économique, il évolue en phase et de même ampleur que la balance commerciale. Les deux coefficients sont significatifs au seuil critique de 1 %. La constante négative et relativement élevée atteste d'un effet non négligeable des variables non intégrées dans le sens du déficit commercial.

La dynamique de CT présente des résultats différents mais tout autant intéressants :

Le coefficient de correction d'erreurs s'inscrit à -0,96 % et significativement différent de zéro au seuil de 1 %. En somme 96 % des déséquilibres entre le niveau désiré et effectif de la balance commerciale sont résorbés à l'année qui suit le choc par les effets *feed-back*. Aussi une innovation constatée au cours d'une année est entièrement amortie au bout de douze mois (1/0,96 soit 1,03/an).

Il ressort qu'à CT, la variation décalée de la balance commerciale a un fort impact sur elle-même présentant une semi-élasticité de 1,26. Le taux de change officiel influence significativement mais de façon contrastée la balance commerciale. Dès la première année, une dévaluation de 100 % du Naira se traduit d'abord par un accroissement de 23 points de base d'excédent de la Balance commerciale suivie d'une réduction de 46 points de base à la deuxième année et l'effet total d'une dévaluation du Naira à CT pourrait plutôt creuser le déficit de la balance commerciale, ce résultat s'explique par la structure des exportations du Nigeria dont la quasi-totalité porte sur le pétrole libellé plutôt en dollar et non en monnaie locale.

Le taux de croissance économique se traduit sur les deux exercices budgétaires par un alourdissement du déficit commercial de telle sorte qu'un taux de croissance de 5 % du produit peut amener un déficit de la balance commerciale de -7,3 % du PIB. En somme l'accroissement du PIB tire son origine d'importations massives d'inputs pour le secteur industriel voire de services qualifiés d'Europe ou d'Amérique du Nord.

En somme, ce MVCE qui nous éclaire sur le rôle du taux de change sur le commerce international du Nigeria, montre que la théorie dite des élasticités de Marshall-Lerner n'est pas pertinente, explique près de 2/3 de la réalité au travers du niveau du coefficient de détermination corrigée et la performance globale du modèle est également acceptable au seuil de 5 % par un niveau du Fisher-Snedecor qui s'établit à 5,03. Aussi le coefficient de corrélation entre le taux de change officiel et la balance commerciale est-il faible avec un niveau de 0,17 seulement.

Est-il enfin besoin de préciser au cours de cette période allant de 1990 à 2012, que le taux de change moyen du Naira par rapport au dollar US s'est chiffré à 85,8 ₦ /$, alors que la performance de l'économie n'a pu excéder un taux de croissance moyen de 4,5 % et la balance commerciale s'inscrit en moyenne à hauteur de 7,1 % du PIB.

Synthèse et conclusion

Après une présentation sommaire du taux de change nominal et réel appliqué au GNF qui a connu une réelle appréciation depuis la mise en place du MIC en 2011, le mécanisme de change de la CEDEAO recommande une réévaluation importante du CFA et du GNF, modérée du Cedi, mais une dévaluation de plus de 20 % du Naira, pour déterminer la valeur de l'UCAO dont la pondération est assurée à 98 % par les quatre monnaies.

L'analyse de la pression du marché des changes et les mouvements réels du taux de change inspirés de la théorie de la ZMO de R. Mundel (1973) et des travaux de S. Black (1976) et de Kenen (1978), infèrent que la Guinée gagnerait à adopter un régime de parité fixe par rapport à un numéraire (euro), car ce système présente plus davantage à moindre coût. Toutefois le régime de parité mobile par rapport à plusieurs monnaies, reste une alternative.

Le TCER dans la plupart des pays de l'Afrique de l'Ouest est significativement influencé par les termes de l'échange, les dépenses publiques, le degré d'ouverture de l'économie, la productivité relative et les investissements directs étrangers. Il en est de même pour sa valeur d'équilibre tant en UEMOA qu'en ZMAO. Les analyses sur l'évolution du mésalignement des monnaies qui permettent de déterminer la surévaluation ou la sous-évaluation d'une devise, mettent en exergue que le franc CFA était surévalué de près de 21 % en décembre 1993 et cette situation aura été déterminante pour la dévaluation de 1994. Par ailleurs, les nombreuses dévaluations et dépréciations enregistrées dans les pays de la ZMAO ont servi à rapprocher le Cedi, le GNF et le Naira de leur valeur d'équilibre laissant ainsi peu de place à un mésalignement important sur la période en revue.

Enfin les différents ajustements du taux de change, comme la forte dépréciation du GNF en 2006, suivie d'une intense appréciation en 2007, la dévaluation du franc CFA en 1994, celle du Naira en 1999 et la forte appréciation du 3e Cedi en 2007, ont eu des effets pervers à CT sur chacune des économies avec à la clé des déséquilibres macroéconomiques se traduisant par une hausse importante de l'inflation, un déficit de la balance commerciale, une aggravation du déficit budgétaire.

En somme, une bonne gestion du taux de change est un gage certain à l'accélération du processus d'intégration monétaire engagé entre les quinze États depuis la création de la CEDEAO.

Chapitre 4
Intégration monétaire en Afrique de l'Ouest

Peu après les indépendances, le problème d'intégration économique s'est posé à l'ensemble de nos États, les dirigeants historiques ont senti la nécessité d'élargir l'espace économique donc d'accroître la demande pour atteindre les objectifs de développement que chaque gouvernement s'était fixés. Cette situation s'imposait d'autant plus que hormis le Nigeria, la plupart des pays, de la Gambie à la Guinée-Bissau et du Togo à la Sierra Leone, sont des micro-États tant au niveau des populations, qu'à celui de l'espace économique dans sa globalité.

Dès lors, il est difficile d'asseoir dans un seul pays une politique industrielle et agricole attractive de nature à garantir l'emploi, réduire le chômage et assurer de façon pérenne l'offre de biens et services nécessaire, tout en restant à l'abri des chocs asymétriques internes et externes. Comme ces petits ensembles sont des producteurs primaires, les fluctuations intenses des cours de l'or et du diamant, du cacao, du coton et du café, même du pétrole, les rendent vulnérables, eu égard à la fragilité de l'équilibre de leurs finances publiques.

Dès le milieu des années 70, les premières bases communautaires ont été posées avec la création de la CEDEAO et les premiers résultats ont été encourageants au travers de la libre circulation des biens et des personnes dont l'application, tout au moins au niveau des marchandises aux frontières terrestres et maritimes est des plus perfectibles.

La grande question à résoudre de nos jours demeure celle de l'intégration monétaire dont la complexité vient d'abord de l'histoire coloniale avec l'existence jadis de deux instituts d'émission différents celui de l'AOF avec son franc CFA et la West African Board Council pour les colonies anglaises de la sous-région et qui a fait l'objet de nos réflexions antérieures. L'autre problème vient de l'existence de l'UEMOA bien structurée, dotée d'une Banque Centrale indépendante (la BCEAO) et d'une monnaie solide, le franc CFA arrimé à l'euro : toute chose qui pourrait d'ailleurs passer à terme pour un avantage dans la convergence monétaire de la sous-région. Le troisième obstacle pas des moindres, demeure la taille différente des économies avec le Nigeria qui contrôle près de 60 % du PIB sous-régional et six pays qui en totalisent ensemble moins de 5 %. Le dernier obstacle tient à la réelle volonté des gouvernements d'opérer un vrai changement des structures monétaires actuelles en faveur d'une monnaie unique et qui suppose que les pays de la zone d'émission de la BCEAO renoncent à leur équilibre stable quant à la valeur externe de leur monnaie pour le troquer contre une situation certes politiquement correcte, mais qui pourrait avoir des conséquences imprévisibles sur les différentes économies. Les pays de la seconde zone monétaire dont la volonté a abouti à la création de ce projet, ne sont pas moins hésitants de quitter leur autonomie financière pour un ensemble plus vaste avec ses avantages et ses contraintes, toute chose qui se traduit par de nombreux reports d'échéances depuis le lancement de ce projet en 1983 en passant par la déclaration de Banjul jusqu'à nos jours.

Une analyse approfondie de toutes ces questions passe au prime abord par l'examen des flux commerciaux entre ces différents États, la structure du commerce intra-régional, ses évolutions récentes, sa tendance, son volume… et surtout tenter de comprendre sa portée dans le processus de création de la monnaie unique de la CEDEAO. Il importe également d'être au fait du fonctionnement actuel des différentes Banques Centrales de la sous-région appelées à converger, au travers de leurs objectifs, mais aussi les instruments mis en œuvre dans la conduite de la politique monétaire et s'enquérir de leur efficacité. Enfin convient-il de porter un regard observateur sur la problématique de la monnaie unique par le biais des étapes successives, de la cible de régime de change, le tout dans la genèse d'une union monétaire indépendante dans l'optique d'une zone monétaire optimale.

1) Le commerce intra-régional de la CEDEAO

La structure des échanges, en somme l'évolution des importations et des exportations, influence la balance courante et conditionne les flux monétaires dans un espace économique. Nous nous intéressons particulièrement à la politique commerciale de la CEDEAO, à la structure du commerce communautaire ainsi qu'à la convergence et l'harmonisation des politiques macroéconomiques…

1.1) La politique commerciale de la CEDEAO

Est-il besoin de rappeler que le traité du 28 mai 1975 des seize pays fondateurs de la CEDEAO, avait pour objectif de favoriser, promouvoir l'intégration régionale dans une perspective d'asseoir une union économique et créer un marché commun sur les bases suivantes :

- Libre circulation des biens et des personnes,
- Levée des barrières non tarifaires,
- Constitution d'une union douanière bâtie autour d'un schéma de libéralisation des échanges et de la mise en place de politiques commerciales communes ?

Depuis les indépendances durant les années 60 et avec la création de la CEDEAO, les États de la sous-région ont poursuivi l'exportation de produits primaires vers les anciennes métropoles et se sont évertués à apporter une forte protection aux unités industrielles héritées de la colonisation voire du lendemain des indépendances, afin d'éviter de les soumettre à la rude concurrence des produits identiques des pays voisins et assurer ainsi un approvisionnement régulier et dans des meilleures conditions du marché domestique. Dès lors le niveau de tarif appliqué à ces produits est relativement élevé. Par ailleurs, le dispositif de protection tarifaire de la CEDEAO est complété par la mise en place de barrières non tarifaires ainsi que de mesures administratives complémentaires.

Au cours des années 80, la plupart des États de la sous-région étaient sous le programme d'ajustement structurel du FMI qui recommandait, entre autres, l'ouverture des marchés locaux à savoir les biens industriels et agricoles localement produits à la concurrence internationale. En s'engageant dans le PAS, les États de la CEDEAO se sont donc retrouvés dans l'obligation d'implémenter les stratégies de libéralisation des échanges qui consistent fondamentalement à réduire le niveau des tarifs, les rationaliser d'une part et d'autre part à supprimer les barrières non tarifaires. Ces dispositions de libéralisation commerciale propres à chaque pays ont évolué de concert avec la participation de la CEDEAO au processus de libéralisation multilatérale avec l'adhésion des pays membres à l'Organisation Mondiale du Commerce.

En somme, la politique commerciale de la CEDEAO, en plus de l'impératif de faciliter l'intégration de la zone au marché international, doit impulser les échanges entre États membres en vue de promouvoir la croissance économique et réduire la pauvreté dans l'espace sous-régional. À cet égard, la CEDEAO devra mettre au point un Programme de développement communautaire (PCD) et des programmes sectoriels pour aider les États membres à lever les contraintes à la production, il s'impose alors la recherche d'une cohérence avec ses politiques sectorielles : nombre d'organisations sous-régionales estiment que le Tarif extérieur commun (TEC) ne protège pas suffisamment le secteur agricole et constitue même une menace pour son développement.

« La faiblesse du TEC actuel ne laisse pas d'alternative au choix de renoncer à mettre en place une zone de libre-échanges, il convient au contraire de s'appuyer sur l'Union Européenne et Organisation mondiale du commerce pour faire valoir au sens de la CEDEAO la nécessité d'un développement durable s'appuyant sur la souveraineté alimentaire et renforçant les instruments de cette politique. »[22]

---

[22] *Cf. Réseau des organisations paysannes et des producteurs agricoles*, in *La politique commerciale version finale*, août 2010.

1.2) Le Tarif extérieur commun de la CEDEAO (TEC)

Le TEC de la CEDEAO est composé d'une nomenclature tarifaire et statistique (NTS) et d'un tableau de droits et taxes ainsi que des mesures de sauvegarde. La NTS est une nomenclature douanière commune basée sur le système harmonisé adopté par les États membres. Le tableau des droits et taxes applicables aux produits importés comprend le droit de douane, la redevance statistique et le prélèvement communautaire de la CEDEAO ainsi que des mesures d'accompagnement sur certains produits selon des conditions bien définies.

Les produits figurant dans la NTS sont répartis en quatre catégories :

Tableau 25
TEC-CEDEAO

Catégories	**Nomenclature**	**Droit applicable**
0	Biens sociaux essentiels (médicaments, livres…)	0 %
1	Biens de premières nécessités : matières premières de base, biens d'équipements, intrants spécifiques.	5 %
2	Intrants et produits intermédiaires	10 %
3	Biens de consommation finale	20 %

Les taux des droits de douane inscrits au TEC sont déterminés sur la base d'une taxation *ad valorem* appliquée selon la nomenclature ci-dessus. Cette structure progressive de protection selon le niveau d'élaboration des biens, traduit une volonté des pays membres d'introduire une protection supplémentaire de l'industrie de transformation. La structure du TEC favorise ainsi l'importation de matières premières et décourage l'importation de produits transformés, car un droit de 35 % est appliqué à l'importation de biens similaires aux produits localement fabriqués.

Les principaux instruments de la politique commerciale de la CEDEAO sont le TEC, les mesures de défense commerciale et de sauvegarde, le schéma de libéralisation des échanges de la communauté, les accords préférentiels et les autres accords conventionnels. Le TEC protège de manière optimale les secteurs productifs ; un schéma de libéralisation des échanges bien appliqué est un démantèlement adéquat des barrières non tarifaires au niveau de la zone et doit en principe créer une préférence communautaire favorable aux échanges au sein de la CEDEAO. La mise en œuvre effective de ces instruments est une condition *sine qua non* de l'atteinte de cet objectif, toute chose qui nécessite l'élaboration de calendrier réaliste à cet égard.

Selon la Banque Mondiale, les ¾ des exportations communautaires proviennent de trois pays à savoir le Nigeria, la Côte d'Ivoire et le Ghana et se concentrent sur les produits primaires. L'analyse des données des échanges de la sous-région fait ressortir la faiblesse des volumes du commerce intracommunautaire et son instabilité, nonobstant la mise en œuvre du schéma de libéralisation des échanges. Les principales raisons tiennent à :

- La faiblesse de la production,
- L'absence de complémentarité des produits voire la concurrence entre États,
- L'instabilité politique et la mauvaise gouvernance,
- L'importance des échanges informels.

Le TEC et les négociations avec l'UE constituent les principaux instruments de la politique commerciale de la CEDEAO pour influer de manière sensible sur la croissance économique des États membres et sur le niveau des échanges intracommunautaires.

Au plan international, chaque État membre de la CEDEAO, tirerait meilleure partie, si les négociations sont menées par la Communauté avec l'OMC dans le cadre de l'APC et sur les accords de partenariat économique (APE) avec l'Union européenne, pour des compensations à CT des pays membres, relatives aux pertes de recettes de droits de douane sur les produits de l'UE (obtenir le statut de la clause de la nation la plus favorisée). L'AGOA mise en œuvre par les USA constitue un processus commercial important pour la CEDEAO. Des évolutions importantes avec la Chine devraient être concrétisées eu égard à son implication commerciale dans la sous-région.

1.3) Structure et tendance du commerce intra-régional

Selon différentes sources concordantes, la part du commerce intracommunautaire dans le commerce total de la région se situe dans une fourchette de 10 à 15 % des échanges des pays membres réalisés à l'intérieur de l'espace communautaire. Les statistiques disponibles de la CNUCED et de la CEA, estiment que la part du commerce communautaire a évolué de 3 % au début des années 70, à 8 % dans les années 90 et 10 % en 2000 voire 12,5 % en 2005.

1.3.1) Structure du commerce intracommunautaire :

Elle est dominée par les combustibles, ciments, matières plastiques, coton, produits halieutiques, tabacs et les équipements de navigation maritime et fluviale ainsi que le bétail sur pied, les céréales, tubercules et les huiles alimentaires.

- **Importations :**

Elles reposent sur deux catégories de biens : les produits alimentaires et les non alimentaires et pèsent en moyenne 8 251 M$ par an et représentent 45 % du commerce intracommunautaire hors réexportation et 47 % du total du commerce régional y compris les réexportations soit 12 % des importations globales réalisées dans l'espace CEDEAO et 5 % du commerce global de la région.

La structure des importations de la CEDEAO met en exergue une forte concentration : les importations non alimentaires sont dominées par les matières énergétiques (78 %), les ciments (4 %), le coton (2 %) et autres produits (16 %).

Les importations alimentaires moins concentrées restent néanmoins dominées par trois catégories de produits (63 % des achats communautaires) à savoir :

- Les produits alimentaires divers : 30 %
- Produits halieutiques : 26 %,
- Les céréales : 7 %

Il convient de préciser que les importations de la CEDEAO ont quatre pôles essentiels de destinations dans la zone :

- Le Sénégal et la Côte d'ivoire réalisent ensemble 40 % des importations communautaires,
- Le Mali, le Bénin et le Burkina Faso : 33 %,
- Le Niger et le Ghana 13 %,
- Le Nigeria : 6 %.

En somme, les importations intracommunautaires sont réalisées essentiellement par l'UEMOA à hauteur de 80 %, le Nigeria, comme on le constate en tant que première puissance régionale assure seulement 6 % des importations.

- **Les exportations :**

La structure des exportations de la CEDEAO se présente de la façon suivante :

- Combustibles : 57 %,
- Ciments : 5 %
- Matières plastiques 4 %,
- Huiles essentielles : 4 %,
- Équipements de navigation : 4 %
- Cosmétiques : 4 %.

Le Nigeria réalise 45 % des exportations communautaires dominées pour l'essentiel par le pétrole brut, la Côte d'Ivoire en contrôle les 32 %, le Ghana et le Sénégal contrôlent chacun 7 % des exportations intracommunautaires. Il reste tout à fait clair que ces cinq pays totalisent ensemble 93 % des exportations intra-zone laissant ainsi aux onze autres pays que les 7 % des ventes dans la sous-région.

Cependant, la structure globale des exportations est peu différente :

- Part du Nigeria dans les exportations globales : 67 %,
- La Côte d'Ivoire, le Sénégal et le Ghana : 22 %,
- Les onze autres pays : 11 %

La position dominante du Nigeria si on n'y prend garde pourrait compromettre tout projet d'union monétaire où à tout le moins, contraindre un rapprochement à deux vitesses des deux zones monétaires. Sur le plan purement commercial, il importe de constater que les taux de couverture des importations par les exportations se sont fortement dégradés passant de 142 % à 95 % entre 2001 et 2005. En moyenne le montant des exportations a représenté pratiquement 113 % des importations entre 2000 et 2010.

Les réexportations intracommunautaires représentent 1,6 % du commerce régional global, 14 % du commerce au sein de la CEDEAO et 29 % des importations de la zone. Elles constituent une composante très importante des échanges et sont effectuées au mépris de la réglementation commerciale des pays destinataires. Le Sénégal tient la part belle avec 35 % des volumes réexportés, suivi du Togo (21 %), du Niger (18 %), du Bénin (9 %), du Cap-Vert (6 %). En somme ces cinq pays totalisent 88 % des réexportations de la CEDEAO.

Par ailleurs, ces activités de réexportations sont dominées par les produits pétroliers qui en représentent les 35 %, le coton avec 13 % des volumes réexportés et les véhicules automobiles avec 6 % des transactions.

Pour favoriser le libre-échange et asseoir l'intégration économique sur des bases saines, il est nécessaire de lever des obstacles liés au manque de corridor Est-Ouest ainsi que le manque de transport ferroviaire, toute chose qui s'impose comme des conditions essentielles à l'intégration économique à LT. À cela s'ajoute la nature fragmentée des marchés de la sous-région ainsi que l'existence de dualité dans le processus d'intégration, source importante d'écart entre le système des protocoles d'accord et leur mise en œuvre effective.

Le commerce intra-régional a évolué de la façon suivante :

Tableau 26

Évolution du commerce intra-régional (M$ et en %)

	1980	1990	2000	2003
Exportations	33 348	22 743	30 338	35 186
Exportations intracommunautaires.	661	1 532	2 811	3 541
Part exp. Intracommunautaire (%)	9,6	8	9,5	9,8
Dont UEMOA (%)	9,6	13	13,1	12,8

Sources : CEA et CNUCED.

La tendance haussière du commerce sous-régional est incontestable mais se traduit par une certaine instabilité et une forte concentration, car les ¾ des échanges zonaux proviennent de la Côte d'Ivoire, du Ghana et du Nigeria fortement focalisés sur les produits primaires et ressortent les caractéristiques suivantes :

- Des échanges Nord-Sud de produits animaux, céréales, fruits et légumes… basés sur un avantage comparatif régional,
- Des réexportations vers le Nigeria, en raison d'une forte protection,
- Des disparités dans l'application du taux de change et de la politique monétaire,
- Des différences dans le pouvoir d'achat (plus fort dans les pays côtiers) et dans les habitudes de consommation,
- Des variations dans l'efficacité des réseaux d'échanges régionaux.

La balance commerciale intracommunautaire est globalement excédentaire sauf en 2005 et 2007, l'envolée du cours du baril de pétrole a provoqué des déficits records des balances commerciales des États non exportateurs d'or noir. En fait le Nigeria et la Côte d'Ivoire dégagent des excédents dans les échanges intracommunautaires, les autres pays constituant des débouchés pour leur production très diversifiée et qui par ailleurs réalisent l'essentiel des transactions entre eux, laissant à cet égard peu d'opportunités aux autres États.

Par ailleurs, selon les sources dignes de foi, le ratio commerce/PIB de la CEDEAO a évolué de 45 % en 1981 à 71 % en 2000 puis à 68 % en 2008. La concentration des exportations de la sous-région tient au fait que les dix premiers produits représentent plus de 80 % des exportations globales, mais l'intensité des échanges à l'intérieur de l'espace économique ouest-africain reste modeste avec 10 % des échanges totaux (20 % dans les pays enclavés). Elle présente toutefois une évolution favorable dans le temps et place la CEDEAO devant plusieurs communautés régionales en Afrique. Par ailleurs, les statistiques doivent être utilisées avec précaution du fait qu'elles n'intègrent pas le secteur informel, or le commerce informel demeure important en Afrique de l'Ouest surtout dans le secteur agricole et d'industrie légère. Selon la Banque africaine de développement, le volume des échanges intra-régionaux informels, est estimé à environ 15 % du commerce total et varie de près de 2 % au Mali à 92 % au Bénin, il apparaît également que les échanges informels sont plus intenses dans les pays frontaliers du Nigeria et du Ghana.

1.3.2) Tendance du commerce de la CEDEAO

En somme, la CEDEAO a lancé un schéma de libéralisation des échanges commerciaux (SLEC) en 1990 et envisage d'implémenter une union douanière disposant depuis 2008 d'un Tarif extérieur commun. Nonobstant les difficultés de mise en œuvre, les droits de douane ont été éliminés à l'intérieur des frontières de la CEDEAO, mais de nombreuses difficultés persistent, relativement aux règles d'origine des marchandises, aux assurances, au transit et aux barrières non tarifaires à savoir, des barrages routiers et des demandes de paiements informels sans commune mesure avec le droit communautaire en vigueur.

Il convient de noter que les pays de l'UEMOA ont réussi à asseoir dès janvier 2000 la création d'une union douanière et d'un Tarif extérieur commun ; une convention sur le transit routier inter-État a été élaborée et mise en œuvre dans la zone d'émission de la BCEAO ainsi qu'un système d'assurance transfrontalier sans omettre l'harmonisation de la fiscalité intérieure en l'occurrence la TVA et droit d'accises.

Pour dynamiser le commerce intracommunautaire CEDEAO, les obstacles non tarifaires qui entravent la libre circulation des marchandises doivent être levés, les négociations sur le TEC menées à leur terme afin de contenir ces obstacles. En dépit de la création d'un observatoire sous-régional des mauvaises pratiques, le chemin est encore long à faire pour parvenir à une réelle efficacité du système mis en place.

Par ailleurs, il importe de préciser que « *selon le critère de la part du commerce intra-régional, les données disponibles suggèrent qu'un élargissement de la zone UEMOA à la Gambie, au Ghana, à la Guinée et au Sierra Leone marquerait un renforcement des échanges. Tel semble être le cas avec le Liberia. En raison de son poids économique, et de l'importance du pétrole dans ses exportations, le Nigeria forme avec l'UEMOA un espace plus ouvert sur le reste du monde avec cependant une accélération des échanges sous-régionaux* ».[23]

En somme l'élargissement de l'espace économique et monétaire est un atout essentiel de l'intégration économique. Dans le cas d'espèce de la CEDEAO, tout porte à croire qu'une intégration à deux vitesses apparait incontournable, car le rapprochement de L'UEMOA avec les autres pays hors le Nigeria, s'avérera plus factuel et moins compliqué à réaliser à moyen terme. Une fois cette étape franchie, la fusion des deux grands ensembles peut être envisagée avec plus de sérénité et moins d'obstacles structurels liés à une position trop dominante.

Au plan purement monétaire, il convient d'analyser le fonctionnement des différentes Banques Centrales en vue de cerner au travers des instruments mis en œuvre, s'il y a convergence des politiques monétaires.

2) De la convergence des politiques monétaires

La BCEAO, la Bank Of Ghana, la Central Bank of Nigeria et la BCRG, ont engagé des réformes importantes depuis les années 80 en vue de renforcer l'efficacité de leur politique monétaire. Il s'agit avant tout de libéraliser les

[23] *Cf.* O Ouedraégo in *Une monnaie unique pour toute l'Afrique de l'Ouest;* page 50.

marchés monétaires, accroître l'autonomie des Banques Centrales vis-à-vis des Trésors Publics.

La BCEAO a ciblé un objectif de stabilité des prix et de préservation de la valeur interne et externe du franc CFA. Cette stratégie a été revue en octobre 1989 puis renforcée en 1993 et 1996 ; le dispositif de la monnaie est désormais fondé sur le recours accru aux mécanismes de marché, privilégiant ainsi les méthodes et instruments de régulation indirecte des liquidités. Le marché monétaire fonctionne par appels d'offres avec un système d'adjudications tant pour l'injection que pour la reprise des liquidités. Les procédures d'avances permanentes ou de refinancement sont mises en œuvre à l'intention exclusive des banques par le biais des prises de pensions et/ou de réescompte. Le système des réserves obligatoires n'est pas en reste.

Par ailleurs les innovations portent sur le remaniement de la grille du taux directeur de la BCEAO avec l'introduction des taux des prises de pensions dont l'évolution est adaptée à celle du taux du marché monétaire en appui au taux d'escompte et même à celui du marché monétaire.

Les années 80 sont marquées également au Ghana, en Guinée et au Nigeria par d'importantes réformes monétaires et financières, des fois avec l'appui du FMI et de la BM. En 1986 les trois pays adoptent une évolution vers une plus grande flexibilité du taux de change avec l'implémentation du marché aux enchères de devises. Tandis que les politiques monétaires des trois pays ont connu des orientations plus libérales.

En 1988 la BOG suspend le contrôle des taux d'intérêt des banques et en 1990, lève l'obligation aux banques de financer le secteur agricole. Le Nigeria de son côté suspend l'encadrement des taux d'intérêt bancaires, l'objectif principal de la politique monétaire mise en œuvre par la CBN vise à asseoir la stabilité des prix et promouvoir le développement économique au travers d'une politique monétaire active et une stratégie de change libérale. Les mêmes préoccupations de stabilité des prix et de création d'un environnement plus favorable à la croissance économique sont partagées par la BOG et la BCRG dans un environnement du change plus propice, reflétant une valeur externe de la monnaie conforme à celle du marché et débarrassée de toute distorsion.

Ainsi du point de vue de la politique monétaire, les quatre Banques Centrales ont recouru à des cibles d'agrégats monétaires. Elles ont aussi pour cibles la maitrise de l'inflation, la croissance économique, un niveau adéquat des crédits à l'économie et des réserves de change voire de taux de change (hors BCEAO) pour un ajustement optimal des taux d'intérêt des banques commerciales.

Il est donc tout à loisir de passer en revue les différents instruments utilisés par ces Banques Centrales pour atteindre les objectifs de politique monétaire ci-dessus énumérés en vue de tenter de cerner la différence au niveau des résultats macroéconomiques dans un espace qui constitue un échantillon bien représentatif de la CEDEAO, somme toute près de 95 % des disponibilités monétaires et quasi-monétaires communautaires.

Notre analyse sommaire devra porter sur les taux d'intérêt en tant qu'instrument privilégié de la politique monétaire, à savoir les taux directeurs, les taux débiteurs voire les taux réels et leur impact macroéconomique, l'évolution des agrégats et leur incidence sur les prix, l'évolution et le niveau des coefficients des réserves obligatoires, la politique d'*open market*... et leur effet sur la liquidité bancaire.

2.1) Structure et évolution des taux d'intérêt

Les taux d'intérêt sont les taux au jour le jour fixés par la Banque Centrale d'un pays ou d'une union monétaire pour des fins de régulation de l'activité économique.

Il existe trois taux directeurs :

- Les taux de rémunération des dépôts,
- Les taux de refinancement,
- Et le taux d'escompte ou des prêts marginaux.

En ce qui concerne la BCE, par exemple, le taux directeur est le taux de refinancement minimum, c'est-à-dire le principal instrument dont dispose la Banque Centrale pour influencer la distribution du crédit et moduler l'inflation dans l'ensemble des espaces de l'Union. Plusieurs taux de crédit et d'épargne sont plus ou moins étroitement corrélés au taux directeur d'où sa grande influence sur le marché de la monnaie et sur l'activité économique. Toutefois, cette influence dépend de l'environnement économique et de la profondeur des marchés.

2.1.1) Les taux d'intérêt de la BCEAO

Il existe également plusieurs taux d'intérêt pratiqués sur les marchés de l'UEMOA. On peut distinguer les taux à CT pratiqués sur le marché monétaire et qui sont déterminés en fonction de l'offre et de la demande de capitaux, alors que sur le marché financier les principaux taux pratiqués sur le LT sont ceux des marchés obligataires qui fournissent le rendement des obligations et celui du marché immobilier, c'est-à-dire le rendement des titres représentant les créances sur l'habitat d'une durée supérieure à 10 ans.

Les taux d'intérêt constituent les objectifs intermédiaires dès lors qu'ils sont facilement mesurables. Si la BCEAO ne peut directement intervenir sur ces taux, elle peut par contre se fixer comme objectif intermédiaire un niveau cible et influer directement sur eux au travers du taux de refinancement, c'est-à-dire les taux auxquels les banques primaires achètent la monnaie centrale.

Le niveau des taux d'intérêt ainsi que leur évolution sont de nature à influencer le comportement des agents économiques : en fait si les taux d'intérêt sont élevés, ils favorisent les plans financiers et l'épargne au détriment de l'investissement et de la consommation, en somme la demande de biens et services donc la croissance économique. Si l'objectif final est la lutte contre l'inflation, les autorités de la BCEAO doivent se donner comme objectif intermédiaire de relever les taux d'intérêt de manière à réduire la demande globale.

La politique des taux d'intérêt en tant qu'instrument central de la politique monétaire de la BCEAO, vise à assurer la stabilité interne et externe de la monnaie, la mobilisation de l'épargne et son recyclage optimal au sein de la zone d'émission. La politique des taux d'intérêt implémentée par la BCEAO a connu une évolution significative en fonction du cadre et des objectifs de la politique monétaire et du crédit. Au début des années 70, le souci de financement de l'économie à faible coût a conduit à l'instauration d'une politique des taux d'intérêt peu active, basée sur les limites individuelles et plafonds de réescompte relativement rigide. Cette pratique n'a pu influencer que de façon marginale sur l'allocation des ressources, favorisant une forte concentration des financements bancaires sur les activités commerciales au détriment des secteurs productifs.

La réforme de 1975 visait à assurer un financement plus optimal de l'économie, le maintien et une meilleure allocation des ressources au sein de l'Union. Il a été instauré un marché monétaire supranational et un système de taux d'intérêt indexé sur les taux en vigueur sur le marché international. Il a été mis en œuvre une différenciation des taux directeurs de la BCEAO : le Taux d'escompte préférentiel (TEP) pour les crédits aux secteurs prioritaires et aux PME... et le Taux d'escompte normal (TEN) pour les autres formes de concours. En 1989 la BCEAO a procédé à une libéralisation de sa politique des taux d'intérêt consacrée par la suppression de la dualité TEP/TEN pour instaurer un taux d'escompte unique (TES). Cette pratique n'a pas fondamentalement changé jusqu'en juillet 1997 date à laquelle la BCEAO a fixé le taux d'usure à 18 % pour les banques et à 27 % pour les établissements financiers.

Le taux directeur de la BCEAO a évolué de manière suivante depuis 1990 :

Graphique 20

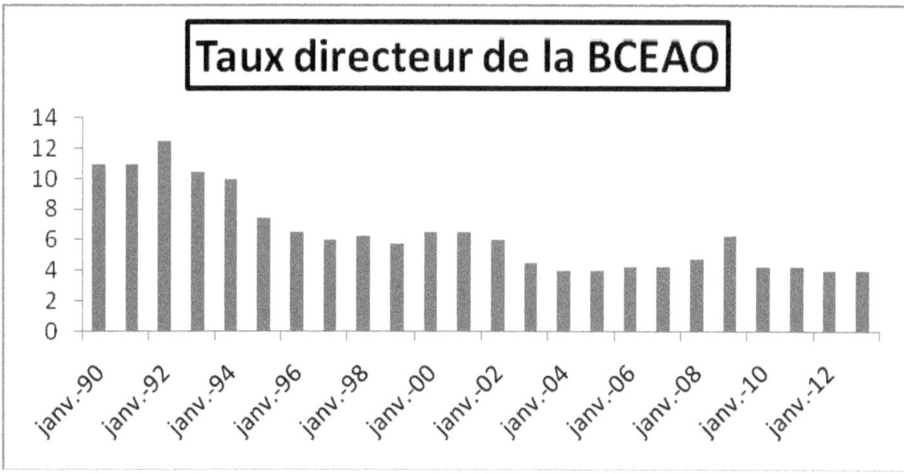

Le taux directeur de la BCEAO a accusé un fléchissement régulier, passant d'une valeur modale de 12 % en 1992 à seulement 4 % en 2013. Sur les 24 dernières années le taux directeur ressort une moyenne de 6,1 % avec un écart-type de 2,16 %. Ce niveau de taux au regard de celui des autres Banques Centrales de la sous-région, demeure tout à fait convenable pour un financement adéquat des économies de l'Union. Ce taux directeur n'avait pas été modifié depuis janvier 2009 date à laquelle le taux des pensions (taux de prêt marginal) avait été ramené de 4,75 % à 4,25 % et le taux d'escompte de 6,75 % à 6,25 %. Par ailleurs le taux minimum de soumission des adjudications hebdomadaires de la Banque Centrale avait également été abaissé de 3,75 % à 3,25 %, le CPM de la BCEAO ayant constaté une décélération de l'inflation dans la zone, a décidé de diminuer de 50 points de base les taux directeurs de la Banque Centrale.

En raison d'un taux de bancarisation faible des pays de l'UEMOA, la portée du taux directeur apparait très faible sur l'environnement économique et de fait réduit considérablement l'efficacité de la politique monétaire dans la zone d'émission de la BCEAO. Nous avons cherché à mesurer son impact sur la croissance économique, le taux d'épargne et l'investissement sur la Côte d'Ivoire et le Sénégal entre 1990 et 2013, on aboutit aux résultats suivants :

Tableau 27

Effets macroéconomiques du taux directeur

	Croissance économique	Taux d'épargne	Investissements
Côte d'Ivoire	-	**0,35***	-
Sénégal	**-0,43****	**-0,65****	**-0,08****

** sc = 5% ; * sc 10 %.

Les chiffres ci-dessus mettent en exergue un impact différencié du taux directeur de la BCEAO selon les pays ; en effet les variations et le niveau du taux directeur n'ont aucune incidence ni sur la croissance économique, ni sur les investissements en Côte d'Ivoire, par contre ils influencent fortement la mobilisation de l'épargne dans ce pays de telle sorte qu'une hausse du taux directeur de 10 % implique une augmentation du taux d'épargne de 3,5 %. Toute chose conforme à l'orthodoxie économique ; tout porte à croire que cette épargne n'est pas utilisée pour financer les investissements publics et privés qui sans doute trouvent leurs ressources dans les budgets de l'État d'une part et dans l'IDE d'autre part.

Le cas du Sénégal est nettement différent, car le taux directeur ressort une influence effective, mais négative sur l'économie :

En fait une hausse de 10 % du taux directeur de la BCEAO se traduit par une baisse de 4,3 % du niveau du taux de croissance, induit sans doute par un fléchissement du niveau de la formation brute du capital fixe de 800 M$ et d'une baisse du taux d'épargne de 6,5 %. Ce dernier résultat s'explique par le fait que les variations du taux directeur n'ont aucune influence sur le taux d'épargne qui est resté stable à 3,5 % sur plusieurs années.

2.1.2) Conduite de la politique monétaire de la CBN

Depuis 2008, la politique monétaire de la CBN vise à influencer le taux de croissance de la masse monétaire pour influer sur la croissance économique, assurer l'équilibre financier, maintenir la stabilité et la compétitivité de la valeur externe du Naira et garantir un taux réel positif. La politique monétaire a été fortement influencée par la crise financière mondiale qui a touché les marchés émergents ainsi que le Nigeria. Cette crise a engendré une insuffisance de liquidité bancaire, un accroissement des créances obérées, une fuite des capitaux et une forte pression sur le taux de change du Naira avec pour conséquence la baisse des réserves de change, tandis que les dépenses publiques s'accroissent en raison d'une forte injonction fiscale du fait d'une défaillance du marché des capitaux.

En conséquence, la CBN a adopté une politique monétaire accommodante orientée à résoudre le problème de liquidité du système bancaire. Entre septembre 2008 et septembre 2010, elle a implémenté les mesures ci-après :

- Neutraliser la liquidité excessive depuis septembre 2008,
- Réduction progressive du taux directeur de 10,6 % à 6 %,
- Baisse du ratio de liquidité de 40 % à 30 % et même à 25 %,
- Réduction du coefficient des réserves obligatoires de 4 % à 2 % voire à 1 % seulement.
- Introduction d'une procédure d'escompte supplémentaire (Expanded Discount Windaw : EDW) pour accroître l'accès aux facilités de la CBN qui a été néanmoins remplacé par la contre garantie de la Banque Centrale sur les transactions interbancaires.
- Réduction de la position extérieure nette indexée sur les dépôts bancaires de 20 % à 10 % puis à 5 % et enfin à 1 % seulement.
- Injection de 620 Mds de ₦ tier 2 aux huit plus grandes banques de la place.

À la suite de la restauration de la stabilité financière et de l'émergence des liquidés bancaires, en 2011, la CBN a adopté d'autres mesures de politique monétaire couplées avec la forte expansion fiscale et ses conséquences sur la pression inflationniste, le taux de change et les réserves extérieures, ainsi la politique monétaire accommodante de la CBN laisse la place à une politique restrictive se traduisant par des actions concrètes suivantes :

- La restauration d'une politique d'*open market* à l'effet d'assécher la liquidité bancaire,
- L'accroissement progressif du taux directeur de 6 à 12 %,
- L'accroissement progressif du coefficient des réserves obligatoires de 1 % à 8 %.
- La hausse du ratio de liquidité de 25 % à 30 %,
- L'augmentation du niveau de la position de change nette de 1 % à 5 % puis légèrement ajusté à la baisse à 3 %,

Ces différentes mesures de politique monétaire de la CBN reposent sur un mandat statutaire de la Banque Centrale pour l'intérêt supérieur de l'économie nationale. En somme ces décisions de politique monétaire de la CBN ont eu à renforcer la stabilité du système financier et supporter la croissance économique au Nigeria.

Au plan strict de la politique des taux d'intérêt, le FMI dans le cadre du programme d'ajustement structurel a recommandé une dérégulation des taux d'intérêt eu égard à son impact faible voire négatif sur la valeur ajoutée des secteurs d'activités. Il a été accepté par le gouvernement la détermination des taux d'intérêt par le marché. Dès lors l'allocation des ressources est assurée par la force du marché en d'autres termes l'offre et la demande de capitaux, mais aussi par le niveau de risque que présente une contrepartie voire tout un secteur.

Par ailleurs, la CBN poursuit sa politique quantitative intégrant l'environnement financier global et la crise économique à l'effet de réduire l'impact de celle-ci sur l'économie nationale.

On comprend donc là aussi, que si la politique des taux d'intérêt visait à privilégier les secteurs dits prioritaires au cours des années 70 et 80, les taux d'intérêt étaient ajustés périodiquement pour promouvoir et accroître l'investissement dans les différents secteurs de l'économie, notamment dans l'agriculture et l'industrie manufacturière. Les banques commerciales étaient instruites d'appliquer les taux d'intérêt préférentiels sur les concours accordés à ces secteurs.

De nos jours, le faible impact des instruments de la politique monétaire sur les agrégats est un facteur qui influence la décision de la CBN d'implémenter une politique quantitative, le véritable challenge étant d'éviter la baisse du crédit accordé au secteur privé. À cet égard la Banque Centrale a assuré un faible niveau de taux interbancaire qui s'établissait à 2,9 % à fin 2009 pour atteindre 1,5 % en 2010 ; au regard du taux directeur fixé à 6 %, les taux d'intérêt débiteurs appliqués aux concours bancaires ressortaient à 23,3 % en 2010, alors que le taux de rémunération de l'épargne passait de 6,1 % en 2009 à 5,5 % en 2010. Le *spread* entre le taux débiteur et le taux créditeur élevé, tient, dit-on, au coût du management.

Bien que le niveau du crédit au Nigeria continue de s'accroître, sa structure met en exergue un effet d'éviction du secteur privé, en ce sens que le taux de croissance des concours au secteur privé s'est fortement ralenti passant de 55,6 % en 2009 à près de 16 % en 2010, parallèlement, le crédit net au gouvernement progresse de 18 % alors que les crédits à l'économie déclinent de 10 %.

Récemment, le Comité de Politique Monétaire de la CBN a décidé le 25 juillet dernier de maintenir son taux directeur à 12 % eu égard au succès récolté sur le niveau de l'inflation et la stabilité du taux de change voire la stabilité macroéconomique en général durant cette période : le *benchmark* du taux d'intérêt est fixé à 12 %, selon la Banque Centrale, le taux moyen enregistré entre 2007 et 2013 s'inscrit autour de 9,25 %. Par ailleurs le MPC (CPM) a noté une récente volatilité sur le marché des changes et a aussi reconnu le comportement loyal des banques à défendre la valeur externe de la monnaie face à l'afflux des capitaux ; il a donc décidé de tenir le *benchmark* du taux directeur à 12 % pour la 10e fois consécutive depuis janvier 2012 et l'inflation est contenue à un chiffre.

Le niveau des différents indicateurs de la politique monétaire ressort de la façon suivante en juillet 2013 :

- Taux directeur : 12 %, inscrit dans un corridor de +/- 200 points de base,
- Le coefficient des réserves obligatoires à 12 %,
- Ratio de liquidité à 30 %,

- La position nette de change à 1 % des dépôts.

On comprend que la CBN applique une politique active des taux d'intérêt pilotée par un MPC qui jugule la mauvaise conjoncture économique dans une indépendance relative avec un succès opérationnel évident du moins depuis la crise financière de 2008.

2.1.3) La politique des taux d'intérêt de la Bank of Ghana

Les actions et la politique de la BOG ont un impact effectif sur les taux d'intérêt et sur les disponibilités des capitaux prêtables. Si la Banque Centrale n'a pas le pouvoir de modifier directement le niveau des taux d'intérêt, elle a le contrôle direct sur le taux d'escompte donc son taux directeur. Tout changement au niveau de ce dernier influence fortement les taux du marché ; la BOG comme les autres Banques Centrales, a également le pouvoir de changer le coefficient des réserves obligatoires et peut fortement influer sur les taux débiteurs et créditeurs au travers de sa politique d'*open market.*

Au Ghana, le ministère de l'Économie et des Finances et la BOG a décidé de réduire le taux directeur de 18,5 % à 13,5 %, afin que les banques primaires soient moralement amenées à baisser les taux sur les crédits. Il convient de préciser qu'au cours des deux dernières années, les taux bancaires ont affiché une moyenne de 31 %, s'inscrivant dans une fourchette de 24 % à 35 % d'une part, et d'autre part, les institutions bancaires ont baissé le taux de rémunération de l'épargne de 28 % à 12 %. Le taux d'impayés étant très élevé, les engagements douteux du système bancaire ayant atteint 18,75 % en décembre 2008, les banques ont justifié la raison fondamentale du maintien d'un niveau élevé de leurs taux débiteurs qui s'inscrit entre 15 et 25 % selon le niveau du taux directeur.

Par ailleurs, au Ghana et en Guinée nous avons tenté de mesurer l'incidence macroéconomique du taux directeur, nous avons obtenu les résultats ci-après :

Tableau 28

Effets macroéconomiques du taux directeur

	Croissance économique	Taux d'épargne	Investissements
Ghana	**-0,09****	**0,25****	-
Guinée	-	**-0,31***	-

** sc = 5% ; * sc 10 %.

On comprend aisément que les variations du taux directeur ne sont pas neutres sur l'activité économique en général, sur le taux de croissance et le taux d'épargne en particulier. C'est ainsi qu'un accroissement de 10 % du taux directeur de la BOG, affecte négativement le taux de croissance économique de

-0,9 %, comme son effet est significativement nul sur l'investissement, il reste clair que le taux directeur affecte négativement la consommation globale au Ghana. Par contre son impact sur le taux d'épargne est plus net car une hausse de même ampleur du taux directeur soit 10 %, assure à 95 % d'intervalle de confiance, une augmentation de 2,5 % du taux d'épargne nationale ; c'est dire que le système bancaire ghanéen répercute effectivement les variations du taux directeur sur la rémunération des comptes d'épargne et des capitaux à taux de marché.

2.1.4) La politique des taux d'intérêt de la BCRG

Elle a déjà fait l'objet d'une réflexion antérieure de notre part[24]. On peut en substance noter que la politique monétaire de la Banque Centrale laisse la liberté au système bancaire de fixer ses taux à condition de garantir une rémunération réelle de l'épargne. Elle évite la pratique de taux usuraires sur le crédit et administre en conséquence un plafond des taux prêteurs fixé entre 19,75 % et 21,25 % toutes commissions comprises depuis 1995. Ce plafond fait l'objet d'ajustement en fonction du niveau de l'inflation.

Après avoir utilisé le TREP et le TREN au cours des années 80 et 90, la politique des taux d'intérêt de la BCRG repose sur la détermination d'un taux directeur qui varie peu et qui a encore moins d'influence sur l'économie au travers du taux de croissance et l'investissement. Toutefois une hausse de 10 % du taux directeur de la BCRG, se répercute par une baisse de 3,2 % du taux d'épargne nationale.

Ce taux directeur a évolué de la manière suivante entre 2005 et 2013.

Graphique 21

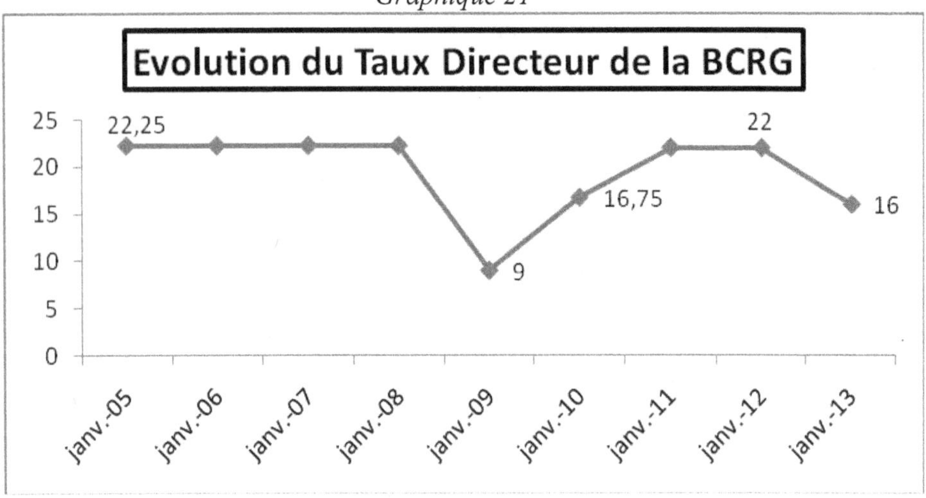

[24] En effet dans notre publication *Monnaie, change et inflation en Guinée,* une analyse a été faite sur la politique des taux d'intérêt en Guinée et sa relation avec l'inflation en pages 142 à 151.

Le taux directeur est resté figé à 22,25 % entre 2005 et 2008 avant de connaitre une baisse drastique intense jusqu'à 9 % en 2009 et remonter par la suite à 16 % en 2013 passant par 22 % en 2011 et 2012. En toute vraisemblance, la politique des taux d'intérêt de la BCRG vise à administrer une valeur réelle positive à son taux directeur pour influencer le niveau des taux prêteurs du système bancaire ainsi que la rémunération de l'épargne.

2.1.5) Les taux d'intérêt réels

Dans l'espace CEDEAO, la rémunération de l'épargne reste un réel handicap pour le système financier à drainer l'épargne nécessaire à la distribution du crédit et à une meilleure bancarisation des économies.

Les taux d'intérêt réel servi sur l'épargne ont évolué de la manière suivante aussi bien dans la zone d'émission de la BCEAO que dans les trois pays de la ZMAO :

Tableau 29

Taux d'intérêt réels CEDEAO (en %)

Années	**UEMOA**	**Ghana**	**Guinée**	**Nigeria**	**Moyenne ZMAO**
1990	**-0,7**	-3,5	-4,8	+0,24	**-2,69**
1995	**-0,5**	-14,9	+9,8	-39,6	**-14,9**
2000	**+1,76**	+10	+2,7	+3,2	**+5,3**
2005	**+0,5**	-6,45	-14,2	-3,2	**-8,08**
2010	**0**	+5	-16,3	-5,2	**-5,5**
2012	**0,8**	+3,7	-8,8	-4	**-3,03**
Moyenne	**+0,4**	**-1,03**	**-5,3**	**-8,1**	**-4,81**

Sources : IFS/FMI.

Le tableau ci-dessus met en lumière une politique des taux d'intérêt créditeur différente selon l'espace monétaire considéré de la sous-région : dans les pays de la zone d'émission de la BCEAO, la rémunération de l'épargne est invariable à 3,5 % et semble être une donne exogène à laquelle s'ajuste l'inflation. Hormis les années 90 où l'épargne a été négativement rémunérée, la Côte d'Ivoire, le Mali et le Sénégal assurent une rémunération certes faible, mais positive aux épargnants et ressortent sur la moyenne des points de passage entre 1990 et 2012, un taux d'intérêt créditeur réel positif sur les comptes d'épargne de +0,4 %.

La situation est bien différente au Ghana, en Guinée et au Nigeria, où sur la même période aucun pays n'extériorise une réelle rémunération de l'épargne allant en moyenne de -1 % au Ghana, à près de -8 % au Nigeria passant par -5,3 % pour la Guinée (les trois pays cependant ont affiché en moyenne un taux réel de +5,3 % en 2000) ; cet ensemble de la ZMAO ressortant un taux d'intérêt réel négatif de -4,8 % sur les comptes d'épargne. Un effort doit être déployé dans la ZMAO en vue d'une maitrise de l'inflation afin que l'épargne soit effectivement rémunérée dans chaque pays.

2.2) La politique d'*open market*

Une opération d'*open market* consiste à acheter ou vendre des titres par la Banque Centrale sur le marché interbancaire, afin d'influencer la liquidité bancaire dans le sens voulu et partant influer directement sur les prix des titres et agir sur leur rendement. L'*open market* intègre aussi les transactions temporaires que constituent les prises et les mises en pension de titres ; il s'agit de cession temporaire de titres qui servent de garantie au crédit de trésorerie.

2.2.1) La politique d'*open market* de la BCEAO

La BCEAO par ses opérations d'*open market*, influence la trésorerie du système bancaire en prenant en pension les effets pour apporter la trésorerie nécessaire au système financier.

Dans la zone euro les opérations d'*open market* obéissent à quatre modalités :

- Les *opérations de refinancement* constituent l'essentiel des opérations d'*open market*, c'est-à-dire les prises en pension ou les prêts de courte durée effectués sur appels d'offres d'une fréquence hebdomadaire. Dans ces conditions, les établissements de crédit adressent leur demande de refinancement à la Banque Centrale assortie de taux d'intérêt proposés. Entre 2000 et 2008, les taux d'intérêt ont été plutôt variables et les offres à taux plus élevés prioritaires. Depuis 2008 les appels d'offres de la BCE sont réalisés à taux fixes.
- Il existe des *opérations de refinancement à LT*, car la durée est portée sur trois mois à l'adresse des établissements de petite et moyenne tailles qui interviennent rarement sur le marché pour couvrir leur besoin de liquidité.
- Les *opérations dites de réglage financier* ont un caractère plutôt exceptionnel et sont destinées à atténuer les variations importantes des taux d'intérêt sur le marché, issues de chocs transitoires sur la liquidité bancaire.
- Les *opérations structurelles* ont aussi pour but d'influencer la position de liquidité du système bancaire, sans pour autant influer sur le niveau des taux d'intérêt.

Les instruments de l'*open market* de la BCEAO sont focalisés sur les banques et les Trésors Publics.

Les concours apportés par la BCEAO aux établissements de crédit dans le cadre de ces opérations ont atteint CFA 723 Mds à fin décembre 2011 selon les sources de la Banque Centrale, en progression de 68,5 % sur l'exercice 2010, et en rapport avec les tensions de liquidité observées au début de l'exercice 2011 consécutivement à la crise politique en Côte d'Ivoire. Cette intervention a permis d'atténuer la crise de liquidité des banques.

Quant aux concours aux trésors publics, ils se sont accrus de 4,1 % pour atteindre CFA 718 Mds. Il convient de noter qu'en 2009, les concours aux États se sont limités aux allocations de DTS accordées par le FMI au troisième trimestre, soit CFA 453 Mds ; alors que le montant des concours statutaires consolidés a fléchi de CFA 213 Mds, soit une baisse de 7,8 %.

Tableau 30
Évolution des concours globaux de la BCEAO
(en Mds CFA)

	Banques			**Trésors publics**		
	2010	2011	évolution	2010	2011	évolution
RCI	59,5	68,4	15,1 %	336,3	359	6,7 %
Mali	67,4	74,9	11,1 %	55,2	55,7	0,9 %
Sénégal	60,3	120,5	98,8 %	104,2	103,5	-0,7 %
Sous-total	187,2	263,8	40,9 %	495,7	518,2	4,5 %
BCEAO	429,2	723,3	68,5 %	689,2	717,8	4,1 %
Part	43,6 %	36,5 %	-	71,9 %	72,2 %	-

Le tableau ci-dessus infère un apport important de la BCEAO au système bancaire sénégalais dont les concours ont pratiquement doublé dans l'intervalle d'une année, alors que pour l'ensemble des trois pays objet de notre étude, cette hausse se limite à près de 41 % et leur contribution aux concours globaux de la BCEAO pour renflouer la liquidité bancaire des huit pays de l'UEMOA a fortement baissé de 43,6 % en 2010 à 36,5 % seulement en 2011. C'est dire que les cinq autres pays de l'union ont plus profité de la forte croissance (68 %) des apports de liquidité de la Banque Centrale à leur système bancaire.

La Côte d'Ivoire tient la part belle des concours de la BCEAO aux Trésors Publics nationaux avec 50 % des apports en 2011 à CFA 359 Mds en hausse de 6,7 % sur 2010. Les trois pays pris dans leur sous-ensemble à savoir la Côte d'Ivoire, le Mali et le Sénégal assurent près de 72 % des concours de la BCEAO aux Trésors Publics en 2010 comme en 2011 ressortant sur la période une croissance plutôt faible de 4,5 %.

La pratique d'une politique d'*open market* prudente et optimisée par la BCEAO a mis les banques de sa zone d'émission à l'abri d'une crise de liquidité tout en les préservant d'une surliquidité à conséquence inflationniste. Aussi la restriction des concours aux trésors publics reste-t-il un élément déterminant de l'indépendance de la BCEAO.

2.2.2) La politique d'*open market* de la BOG

Au Ghana les opérations d'*open market* sont organisées par la BOG une fois par semaine sous forme d'appels d'offres aussi bien sur les obligations d'État que sur les titres de Régulation Monétaire (TRM). Le marché est ouvert aux banques primaires et aux institutions financières non bancaires telles que les *discount houses*. Sur ce marché hebdomadaire les banques participent à hauteur de 90 à 95 % des volumes, le reste étant souscrit par les institutions non bancaires.

Le marché aux enchères hebdomadaire organisé tous les vendredis, faut-il le rappeler, vise un double objectif : extérioriser un taux du plus haut possible sur les obligations d'État de manière à les rendre acceptables par les soumissionnaires, et d'autre part déterminer le volume global des soumissions à valoir pour les prochaines enchères sur la base de la dette publique requise et du niveau désiré des opérations d'*open market* de la BOG. Ce volume est déterminé par un comité créé à cet effet et qui comporte entre autres, les représentants du ministère de l'Économie et des Finances ; au regard de la différence entre les réserves effectivement constituées par les banques primaires et le niveau cible hebdomadaire de ces réserves administrées par la BOG, majoré par celui des obligations d'État, il est ainsi déterminé le volume global des offres d'enchères de la semaine.

À titre d'exemple entre 1994 et 1996, le niveau de souscriptions des BDT a atteint en moyenne 65 %, en 1999, ce chiffre a grimpé à 74 % et même à 86 % en septembre de la même année selon les sources dignes de foi. C'est dire une importance croissante des opérations d'*open market* au Ghana ; en toute vraisemblance, la BOG a participé par ce canal au financement de GHS 256 Mds de BDT, toute chose qui a contribué effectivement à aider le gouvernement dans le financement de son déficit budgétaire. Toutefois le risque inflationniste de ce financement *ex nihilo* est évident.

Comme les taux d'intérêt ne sont pas élastiques pour permettre d'assurer l'équilibre du marché, on débouche sur une situation où les offres non souscrites subsistent face à une demande de BDT et de TRM non couverte. Il reste donc à mettre en œuvre d'autres instruments de politique monétaire voire d'implémenter un marché secondaire pour un meilleur équilibre global. Il convient d'intégrer toutefois qu'un niveau élevé des taux d'intérêt pourrait grever significativement les budgets de l'État. Ces offres non souscrites échappent également aux réserves obligatoires des banques mises en place par la BOG, toute chose qui compromet tant soit peu la politique de neutralisation de la liquidité bancaire.

2.2.3) La politique d'*open market* de la BCRG

Elle consiste également à émettre de façon hebdomadaire les BDT du gouvernement par appels d'offres ; les adjudications sont faites aux banques dont les offres sont assorties de taux faibles et les offres à taux élevés sont rejetées. Les maturités vont de 91, 182, à 360 jours. Ce mécanisme a permis de financer dans les meilleures conditions GNF 2240 Mds de déficits publics en Guinée. Par ailleurs jusqu'en 2009 la BCRG asséchait la surliquidité bancaire par l'émission des Titres de Régulation Monétaire (TRM), cette pratique a été abandonnée depuis lors et le niveau des réserves obligatoires a été significativement revu à la hausse. Les BDT peuvent être mis en pension au taux directeur de la BCRG pour une courte durée.

2.3) La politique des réserves obligatoires

2.3.1) La politique de réserves obligatoires de la BCEAO

La BCEAO a pratiqué pendant longtemps une politique des réserves obligatoires à taux différencié de manière à neutraliser significativement les liquidités au sein de l'Union. Avant 2009 le Comité de Politique monétaire imposait un coefficient de réserves obligatoires aux banques de la zone dans une fourchette de 3 % à 10 % selon l'environnement économique et le niveau de liquidité du système bancaire. En 2009 les coefficients les plus élevés étaient appliqués au Bénin (9 %) et les plus bas étaient pratiqués au Togo et en Guinée-Bissau (3 %).

Le coefficient des réserves obligatoires a évolué de la façon suivante en Côte d'Ivoire, au Mali et au Sénégal.

Tableau 31

Évolution du coefficient de réserves obligatoires

Pays	Mars 2004-Janvier 2005	Janvier 2005-Janvier 2009	Janvier 2009-Mai 2010	Mai 2010-Mai 2012	Depuis mai 2012
RCI	5 %	5 %	5 %	7 %	5 %
Mali	9 %	9 %	7 %	7 %	5 %
Sénégal	9 %	9 %	7 %	7 %	5 %

Sources : BCEAO.

Ce tableau met en évidence dans la différence une similitude de la politique des réserves obligatoires de la Banque Centrale entre le Mali et le Sénégal : leur coefficient aura été stable à 9 % de 2004 à 2009, avant de fléchir à 7 % en 2010 puis à 5 % en 2012. On comprend également l'évolution de la politique de la BCEAO vers une unification des coefficients à partir de 2010 date à laquelle elle a appliqué un seul taux de 7 % au système bancaire de toute l'union laissant ainsi au marché monétaire le soin de réguler la liquidité au sein de la zone d'émission aux côtés d'autres instruments comme l'*open market* et les taux d'intérêt.

Le coefficient des réserves obligatoires a été également très stable en Côte d'Ivoire avec un niveau de 5 % de 2004 à 2010 avant l'ajustement global sur l'ensemble de l'union à 7 %.

« *Dans le prolongement du dispositif amorcé en juin 2009 et afin de mettre un terme aux distorsions de concurrence dans un marché monétaire progressivement plus intégré, la situation globale de liquidité ne suscitant pas d'inquiétude, le CPM de la BCEAO a décidé de parachever l'harmonisation des coefficients des réserves obligatoires applicables aux banques dans les États membres de l'UEMOA. Le coefficient a été fixé de façon uniforme dans l'ensemble de la zone à 7 % à partir du 16 mars 2010. En mars 2012 le CPM a décidé d'abaisser à 5 % le coefficient des réserves obligatoires pour l'ensemble des banques de l'union, afin de desserrer leur contrainte de liquidité et de favoriser un financement approprié des économies* ».[25]

2.3.2) La politique des réserves obligatoires en ZMAO

En vue de renforcer l'impact de la politique monétaire et de restaurer la stabilité et la transparence sur le marché des changes, la BOG a pris des mesures suivantes :

- – Réinstauration des titres de régulation monétaire de 30 jours, 60 jours et 270 jours, dans le but de supporter les opérations monétaires de la BOG et d'apporter plus d'assurance aux investisseurs en monnaie locale.
- – Révision du coefficient des réserves obligatoires des banques à 9 % des dépôts (Cedi et devises) constituées en Cedi uniquement.
- – Toutes les banques sont amenées à assurer une couverture à 100 % de leurs engagements chez les correspondants (*comptes nostri*) en parfaite ligne avec la réglementation des changes de 2006.

Les réserves obligatoires constituent un instrument efficace de politique monétaire qui consiste à neutraliser une partie des dépôts clients empêchant ainsi les banques de disposer de cette liquidité pour accroître leurs concours. En conséquence les réserves obligatoires influencent les taux d'intérêt du fait qu'elles obligent les banques à recourir à l'*open market* pour financer les opérations clientèle. Les effets des réserves obligatoires sont multiples : les fonds destinés à être prêtés sont redéposés à la Banque Centrale et une partie de ces réserves peut être reprêtée aux banques ; l'effet sur l'offre de monnaie de la

[25] *Cf.* BCEAO.

politique des réserves obligatoires par le niveau du coefficient multiplicateur de la base.

La Banque Centrale a la possibilité de modifier le coefficient des réserves obligatoires. Si elle l'augmente, les banques primaires sont amenées à constituer davantage de monnaie sur les livres de la Banque Centrale au détriment des crédits bancaires, toute chose qui influence les taux d'intérêt. La Banque Centrale peut ouvrir le marché par le changement du coefficient des réserves obligatoires affectant ainsi le niveau des ressources prêtables des banques et les taux d'intérêt auront tendance à baisser.

La BOG a une longue pratique des réserves obligatoires qui étaient utilisées à la fois comme un instrument de politique monétaire et comme un outil prudentiel. En 1990, le niveau du coefficient dépendait de la durée des dépôts, de toute évidence, la BOG privilégiait les ressources longues afin d'amener les banques à moins de transformation dans le financement de l'investissement et de l'équipement à MLT. Toutefois après 1990 les coefficients étaient unifiés et en 1997, les réserves obligatoires étaient élargies aux dépôts en devises chez les correspondants étrangers avec un coefficient de 9 %.

« *En Guinée, la politique des réserves obligatoires est assujettie sur les dépôts : au cours des années 90, les banques devraient constituer auprès de la Banque Centrale 11 % de leurs ressources toutes catégories et toutes devises confondues ; elles ont été ramenées à 5,5 % en 2002 puis remontée à 9,5 % des dépôts bancaires en 2005, mais constituées exclusivement en monnaie nationale, même sur leurs composantes en devises. Dès lors, cette politique vise à assécher la liquidité bancaire en monnaie nationale, en vue d'une meilleure maitrise de l'inflation.*[26] »

Notons que par la suite ce coefficient a été porté à 17 % en 2008, 22 % en 2012 puis à 20 % en 2014 avec l'éligibilité de la Guinée à la facilité élargie du crédit dans le cadre de programme pour la croissance économique et de réduction de la pauvreté du FMI.

Les coefficients appliqués dans les pays de la ZMAO se résument de la façon suivante :

[26] Manga Fodé TOURE *op. cit.*

Tableau 32
Coefficients des réserves obligatoires

Années	BOG	CBN	BCRG
1990	27 %	nc	11 %
1995	5%	6%	11%
2000	9%	8%	5,5 %
2005	9%	9,5%	9,5 %
2010	9%	4%	17 %
2012	9%	8%	22 %

Sources : diverses études et instructions sur les réserves obligatoires

2.4) Les agrégats monétaires

L'analyse de l'évolution des agrégats des quatre Banques Centrales de la CEDEAO repose essentiellement sur l'agrégat M2 c'est-à-dire la masse monétaire au sens large. Le tableau ci-dessous nous en donne un aperçu global entre 2000 et 2012.

Tableau 33
Taux de croissance de M2

pays	2000	2004	2008	2012
RCI	-1,9 %	9,5 %	5,7 %	4,4 %
Mali	19 %	-2,4 %	0,5 %	14,7 %
Sénégal	10,7 %	12,9 %	1,7 %	6,8 %
Moy. UEMOA	**9,3 %**	**6,6 %**	**2,6 %**	**8,6 %**
Ghana	36,9 %	25,9 %	38,1 %	24,2 %
Guinée	10,6 %	37 %	39 %	0,9 %
Nigeria	48,1 %	14 %	57,9 %	12 %
Moy. ZMAO	**31,8 %**	**25,6 %**	**45 %**	**12,3 %**

Sources : IFS/FMI

Ce tableau met en exergue une croissance modérée de la masse monétaire M2 des pays de la zone d'émission de la BCEAO sur la période en revue qui ressort pour notre échantillon une moyenne de 6,8 % (des points de passage).

Pour la Côte d'Ivoire, le Mali et le Sénégal la circulation fiduciaire a représenté 31 % de M2 en 2008, la monnaie scripturale en a constitué 69 % sur la même période. La part des billets en circulation a baissé à 28,9 % pour l'ensemble des trois pays (26,9 % pour l'ensemble de l'UEMOA en 2011), cette situation traduit une monétarisation relativement plus importante des trois pays par rapport au reste de l'Union qui à son tour capitalise une bancarisation légèrement plus élevée.

Le taux de croissance de M2 porté par le Mali atteint 9,8 % en 2000 voire 8,6 % en 2012 ; par contre la création monétaire a été particulièrement faible dans les trois pays en 2008, ressortant une moyenne de 2,6 %. La discipline budgétaire dont font montre les différents États membres et l'indépendance d'une Banque Centrale supranationale en sont la cause.

La situation est un peu différente dans les trois autres pays de la ZMAO où l'expansion de la masse monétaire M2 a connu un essor fulgurant avec une moyenne des points de passage annuels de près de 29 %, porté par le Nigeria, grand pays exportateur de pétrole, la croissance de la masse monétaire au sens large est parvenue à 45 % en 2008 (près de 58 % au Nigeria). Toutefois en 2012, ces pays de la ZMAO ont extériorisé une moindre croissance de M2 grâce entre autres à la stabilité des disponibilités monétaires en Guinée. Il en résulte une hausse de 12,3 % pour la zone. La forte croissance de M2 sur l'ensemble de la période, source principale de tensions inflationnistes à LT, peut trouver son origine d'un développement rapide des avoirs extérieurs nets (rente pétrolière), mais aussi des financements monétaires des Trésors Publics.

En somme les quatre Banques Centrales utilisent les mêmes instruments de politique monétaire pour influencer la liquidité bancaire et orienter l'activité économique sur un sentier de croissance. Le taux directeur reste l'outil clé des différentes Banques Centrales, mais sa portée reste limitée sur la mobilisation de l'épargne au Sénégal et en Guinée, toutefois déterminante en Côte d'Ivoire et au Ghana, alors que son incidence sur la croissance économique et l'investissement est négative (au Sénégal) et neutre dans les autres pays. Par ailleurs eu égard à la forte inflation qui sévit dans la seconde zone monétaire, l'épargne n'est réellement rémunérée que dans la zone UEMOA, ce handicap est un véritable frein à la bancarisation des économies. Une des solutions idoines passe par une plus grande maîtrise de l'évolution des agrégats monétaires, notamment la masse monétaire M2 ou la création monétaire *ex nihilo* en faveur des Trésors Publics, en vue de contenir le taux d'inflation à un chiffre et réduire en conséquence les taux directeurs qui, faut-il le rappeler, affichent une moyenne de près de 7 % en UEMOA, 17 % en Guinée et 25 % au

Ghana tout au moins entre 1990 et 2013. L'harmonisation des instruments passe aussi par une optimisation du niveau des coefficients des réserves obligatoires comme il a été le cas à la BCEAO, car on assiste à une pratique fort différenciée entre la BCRG qui applique un coefficient de 22 % et la CBN qui touche un plancher de 1 % seulement pour mieux juguler la crise de liquidité des banques de la fédération. Une combinaison des différents instruments à savoir le taux directeur, la politique d'*open market* assortie de l'utilisation impérative des titres de régulation monétaire, la pratique des réserves obligatoires… serait fortement recommandée pour permettre au système bancaire de jouer pleinement son rôle tant dans la mobilisation de l'épargne que dans le financement de l'économie. Les banques de leur côté doivent répercuter les signaux issus des Banques Centrales et éviter d'annihiler leurs actions auprès des épargnants et sur l'économie dans sa globalité.

3) La problématique de la monnaie commune

En vue de mieux cerner le problème de la monnaie unique de la CEDEAO partagée entre une Union monétaire qui a posé ses bases depuis 1962[27] et les pays qui tentent de créer une seconde zone monétaire, il est essentiel de rappeler la théorie de la zone monétaire optimale, avant d'examiner concrètement les obstacles réels qui empêchent la création de cette monnaie unique au travers du niveau d'inflation, la flexibilité des taux de change, la convergence des stratégies budgétaires et fiscales notamment sous l'angle de l'endettement public et du niveau du solde budgétaire voire celui des taux d'intérêt.

3.1) Théorie de la Zone Monétaire Optimale (ZMO) et la CEDEAO

Une ZMO est une réunion d'espace économique qui a en partage soit un régime de monnaie unique, soit un régime de change fixe entre les différentes monnaies qui ont cours légal dans la zone. Plusieurs critères ont fait l'objet de réflexions de célèbres économistes pour asseoir une ZMO, parmi lesquels la mobilité des facteurs (R. Mundel : 1961), le degré d'ouverture des marchés pour atteindre les objectifs de la politique monétaire et fiscale (J. McKinon : 1963), la flexibilité des prix et salaires ainsi que le degré de diversité des économies

[27] En 1962, la commission économique pour l'Afrique a sollicité le Pr R. Triffin de produire un rapport sur la possibilité de mettre en œuvre une Union de paiement en Afrique. En 2013, la situation monétaire n'a toujours pas évolué : la multiplicité des monnaies demeure encore un facteur de division et un obstacle majeur au développement du commerce sur le continent. Toutefois, le franc CFA dans un tel environnement apparaît comme un exemple unique du fait de sa convertibilité et l'organisation institutionnelle de sa zone d'émission.

nationales (Kenen : 1964) ; le degré d'intégration financière (Scitovsky : 1967 et Ingram : 1969), les critères macroéconomiques et tant d'autres.

3.1.1) La mobilité des facteurs

Selon Mundel, la mobilité des facteurs de production à l'intérieur d'un espace économique est une condition fondamentale de la réalisation d'une ZMO. En fait, il s'agit d'adapter le postulat ricardien sur le commerce international, selon lequel la mobilité des biens équivaut à la mobilité des facteurs. Dès lors une ZMO peut se définir lorsque la mobilité des facteurs à l'intérieur de la zone est plus forte que celle qui en est à l'extérieur. On peut alors maintenir le régime de change fixe lorsque la mobilité interne des facteurs est plus importante et appliquer le change flexible avec un avantage comparatif lorsque la mobilité des facteurs est plus forte à l'extérieur de la zone.

« À la lumière du fonctionnement de l'UEMOA, on peut dire que sur beaucoup d'aspects, ce critère n'est nullement approprié ; en effet au début des années 80, il y a eu une réduction des taux d'inflation avec dans certains cas des baisses conjuguées des prix et salaires. En ce qui concerne la main-d'œuvre, les flux financiers et l'investissement direct, la mobilité est beaucoup plus forte vis-à-vis de l'extérieur qu'à l'intérieur de la zone »[28]

Toutefois avec le bénéfice de la parité fixe entre le franc CFA et l'euro, le nouvel espace économique constitué de l'UEMOA et de la zone euro, peut contrôler près de 2/3 des flux commerciaux de l'union, toute chose qui justifie valablement le critère de mobilité des biens et des facteurs de Mundel et donne ses lettres de noblesse à la parité fixe entre les deux monnaies.

Par contre, la situation est bien différente dans les pays de la ZMAO dont les monnaies ne sont pas ancrées à une devise et qui évoluent dans un espace économique qui assure moins de 10 % du commerce à l'intérieur de la zone, encore moins de flux financiers et de mobilité de la main-d'œuvre, en raison des positions géographiques des fois peu favorables au commerce de proximité, mais aussi du fait des difficultés linguistiques, tout au moins de la Guinée par rapport aux autres pays de la seconde zone monétaire. En somme ce critère de ZMO de Mundel est inapplicable en l'état dans cet espace.

3.1.2) Le degré d'ouverture

Pour McKinon, une zone monétaire optimale se définit comme un espace dans lequel les politiques monétaires et fiscales sont utilisées pour trois objectifs :

- Le plein-emploi,
- La stabilité des prix,
- Et l'équilibre de la balance des paiements.

[28] *Cf.* Pr M. Kassé in *Intégration et partenariat en Afrique : de l'UEMOA au NEPAD.*

Ce critère repose sur la distinction claire entre les biens échangeables et les biens non échangeables.

Dans une économie ouverte, le rapport des biens échangeables sur des biens non échangeables est très élevé ; dans ce cas, l'adoption du régime de change fixe est recommandable avec le reste du monde ; en effet si l'économie est peu ouverte, le recours au taux de change flottant est plus avantageux.

En conséquence, un fort degré d'ouverture devient donc un critère de réalisation d'une zone monétaire optimale ; il découle de la théorie de Kenen qui stipule qu'un groupe de pays peut d'autant plus avoir un taux de change fixe à l'intérieur de la zone que son économie est très diversifiée. Par contre, une économie peu diversifiée doit recourir au change flexible.

Un regard observateur sur le degré d'ouverture des pays de la CEDEAO, nous amène aux constats ci-après :

Tableau 34
Degré d'ouverture CEDEAO :
(en % du PIB)

Pays	2004	2008	2012
RCI	88	90	105,3
Mali	56,9	72,2	68,4
Sénégal	66,9	78,5	72,9
Moy. UEMOA	**70,6**	**80,2**	**82,2**
Ghana	60,2	68,8	99,9
Guinée	50,4	74,8	91,7
Nigeria	74,2	74	70
Moy. ZMAO	**61,6**	**72,2**	**87,1**

Sources : Perspectives économiques régionales, mai 2013 / FMI

De toute évidence, les six pays de la CEDEAO que nous avons retenus et qui disposent de plus de 95 % des échanges communautaires font montre d'une grande ouverture des économies avec une moyenne de 73 % du PIB tant dans L'UEMOA que dans la CEDEAO dans sa globalité. Cette ouverture est encore plus importante dans notre échantillon avec près de 78 % pour les trois pays de la zone d'émission de la BCEAO contre 74 % pour les trois autres pays retenus de la ZMAO. Le degré d'ouverture de la Côte d'Ivoire à s'en tenir à la moyenne des points de passage ci-dessus, ressort à plus de 94 %. À ce niveau d'ouverture tant dans une zone que dans l'autre, la pratique d'une parité fixe entre le Cedi, le Naira, le GNF et le franc CFA est recommandable, le prérequis reste à assurer dans la zone à change flexible la stabilité des prix et/ou l'équilibre de la balance des paiements pour asseoir l'applicabilité parfaite des critères de McKinon sur les zones monétaires optimales de la CEDEAO.

Quant aux critères de Kenen relatifs à la diversification des économies, il convient de remarquer que ces différentes économies, quelle que soit leur zone d'appartenance, sont peu diversifiées ; le secteur des exportations dépend fortement des produits miniers comme le pétrole au Nigeria, en Côte d'Ivoire et au Ghana, de la Bauxite, de l'or et du diamant en Guinée et au Ghana, du phosphate au Sénégal… Ces économies sont également dépendantes d'une agriculture de subsistance qui occupe plus des 2/3 de la population active et sont exportatrices de café, cacao, coton… le tissu industriel est léger et de fait le commerce sous-régional est peu développé comme nous l'avons précisé plus haut. En conséquence, au sens de Kenen, la parité fixe entre les deux zones voire à l'intérieur de chaque espace est peu recommandable, par contre il est même souhaitable que les pays de l'UEMOA encore peu diversifiés glissent dans la pratique d'un taux de change flexible.

3.2.3) Le degré d'intégration financière est-il applicable dans cet espace économique ?[29]

Le marché financier actuel constitué essentiellement par la BRVM pour les pays de l'UEMOA et la Bourse de Lagos et d'Accra, est exigu car faiblement impliqué dans le système économique. Aussi existe-t-il une faible représentation des institutions financières en son sein pour y apporter une dimension plus large.

Ce marché financier ressort les caractéristiques et faiblesses suivantes :

- Marché essentiellement limité aux banques locales,
- Les économies d'échelle n'y sont pas apparentes,
- Les régulateurs bancaires ne sont pas harmonisés : absence de régulateur régional unique,
- Pratique de régime de change différent : le franc CFA arrimé à l'euro et sept autres monnaies plutôt focalisées sur le dollar,

---

[29] Selon Scitovsky et Ingram, un fort degré d'intégration des marchés financiers élimine la nécessite de recourir au change flexible pour corriger les déséquilibres de la balance des paiements. Donc plus l'intégration financière est forte, plus les différentiels d'intérêt et par-là de change sont réduits. Les pays en question ont alors intérêt à participer à une union monétaire et à évoluer en régime de change fixe, car les flux financiers viendront compenser les déficits de la balance des paiements.
Par ailleurs, selon Johnson, cité par le Pr M Kassé (*op. cit.*), le critère d'intégration fiscale présente un grand intérêt pour les pays de la CEDEAO. Il cherche à montrer qu'un haut degré d'intégration fiscale entre deux pays, permet de mieux amortir les divers chocs par le biais d'un mécanisme de transferts fiscaux d'une région à faible taux de chômage vers une autre à taux de chômage plus élevé.

- Les mouvements de capitaux transfrontaliers sont peu fluides, en raison du contrôle de change appliqué par chaque État.

Pourtant, l'amélioration et l'intégration du secteur financier devraient amplifier le commerce intracommunautaire par l'accroissement réel des échanges commerciaux d'une part et d'autre part par la captation des transactions informelles dans les canaux de transmission bancaire.

On comprend dès lors aisément que le degré d'intégration financière est loin d'être un facteur de convergence et de réalisation de la zone monétaire optimale de la CEDEAO, car le marché financier embryonnaire, en dépit de son potentiel important, doit faire l'objet de rapprochement et de fusion avant de jouer pleinement ce rôle dans la sous-région.

3.2) Les nouveaux critères de convergence

Ils sont dits modernes du fait de leur application récente par les économistes qui ont actualisé la problématique des critères de reconnaissance d'une zone monétaire optimale. Ces nouvelles approches tirent leur origine de la définition des conditions macroéconomiques devant être assurées par les pays candidats à la réalisation d'une union monétaire. Elles s'inspirent des derniers développements de l'analyse macroéconomique et des expériences d'intégration monétaire de l'Europe.

Ces critères sont de trois ordres :

- La convergence des taux d'inflation,
- Le degré d'intégration des politiques économiques,
- Et les critères macroéconomiques.

3.2.1) L'inflation

Ce critère est issu des travaux de Harberler, Fleming et de De Grauwe, qui mettent en lumière que les déséquilibres des paiements tiennent aux divergences de développement structurel comme aux différences de stratégies commerciales et de politiques monétaires. L'accent est particulièrement mis sur les perturbations macroéconomiques, relatives à l'offre et à la demande. Dans ce contexte une ZMO sera celle dans laquelle on peut observer une similitude des taux d'inflation.

Le cas des deux groupes de pays de la CEDEAO peut s'illustrer de la façon suivante :

Graphique 22
Biais inflationniste de l'union monétaire de la CEDEAO

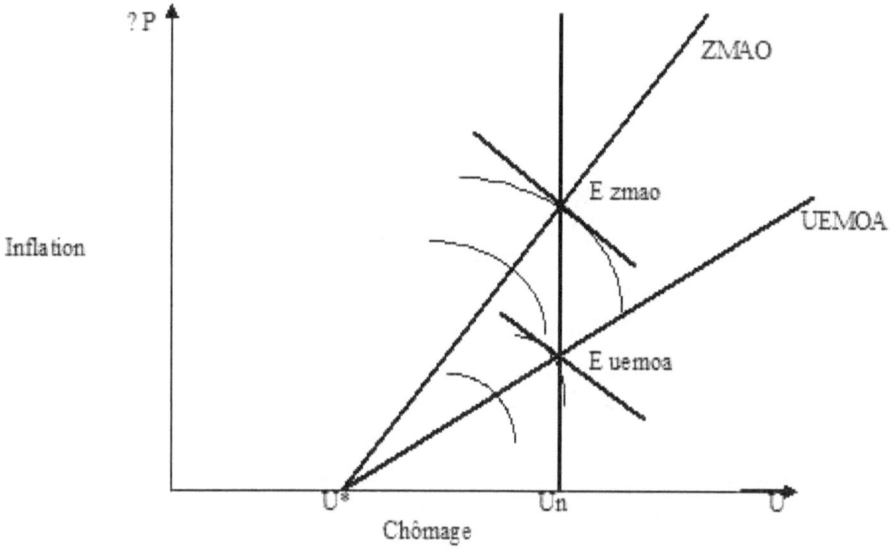

Les deux espaces de notre sous-région sont constitués de l'UEMOA et de la ZMAO et présentent des niveaux d'inflation très différents. Dans le cadre de la réalisation d'une ZMO communautaire, le taux d'inflation d'équilibre qui n'aggrave pas le niveau de chômage doit se situer sur la droite Un entre les points E uemoa et E zmao, en somme le taux d'inflation devrait augmenter dans la zone d'émission de la BCEAO et baisser dans la ZMAO. Cependant il faut intégrer les gains liés à l'entrée dans une union monétaire (moindre coût des transactions, faibles risques) ; ces gains d'efficience doivent être néanmoins comparés aux pertes de bien-être occasionnées par la hausse de l'inflation. Si ces dernières sont plus importantes que les premiers, l'UEMOA ne peut rejoindre la Zone Monétaire Unique (ZMU), car les pays de la zone d'émission de la BCEAO verront leur situation se détériorer dans une union avec les pays de la seconde zone monétaire qu'à certaines conditions :

Que la future Banque Centrale ait les mêmes préférences que la BCEAO et qu'avant la réalisation de l'union monétaire, les pays candidats fournissent la preuve de leur souci de contrôle de l'inflation et qu'ils remplissent cette exigence en baissant leur niveau général des prix à la hauteur de celui de l'UEMOA, même si le prix à payer reste celui d'un taux de chômage plus important pendant la phase de désinflation. Concrètement, il n'y a aucune raison que la ZMU ne fonctionne pas avec la moyenne des taux d'inflation des deux zones à savoir (3 + 15)/2 = 9 %. Or ce niveau d'inflation équivaut au triple des pays de l'UEMOA. On comprend dès lors qu'un préalable à toute unification est la baisse de l'inflation à un chiffre pour la seconde zone monétaire, toute chose que certains pays comme la Guinée, la Gambie… ont souvent réussi dans leur période de discipline budgétaire et monétaire. En tout état de cause, pour réussir cette transition, si la cible d'inflation dans la ZMU s'inscrit à 5 %, le taux d'inflation cible dans la ZMAO ne devrait pas dépasser 7 %.

3.2.2) Le degré d'intégration des politiques économiques

Nombre d'économistes tels Tower et Willet, estiment que ce ne sont pas les critères économiques qui sont à la base de la création d'une ZMO, mais plutôt la compatibilité des politiques économiques entre les pays membres et leur aptitude à faire face à l'inflation et à la croissance, ce qui impose non seulement l'harmonisation mais aussi la coordination des politiques monétaires, budgétaires et de stabilisation.

Si l'UEMOA a fait montre d'uniformisation à la fois des objectifs de politiques économiques et des instruments de régulation, aidée par une politique monétaire commune après la dévaluation de 1994, l'harmonisation des stratégies budgétaires et fiscales ainsi que celles de l'endettement va être l'une des pièces maîtresses pour la réussite de la nouvelle expérience d'intégration, c'est donc dire que ce critère se positionne comme une condition *sine qua non* à la réalisation d'une ZMO.

Dès lors, la convergence des politiques budgétaires va reposer sur le déficit budgétaire et le ratio de la dette. Si la dette publique/PIB est plus élevé dans une zone par rapport à l'autre, l'importance de cet endettement fait naître des tensions inflationnistes surprises. Le ratio de la dette se présente comme suit dans les six pays en revue :

Tableau 35

Ratio dette/PIB (en %)

Pays	2004	2008	2012
RCI	84,9	75,3	49,1
Mali	46,4	22,6	32
Sénégal	47,5	23,9	45
Moy. UEMOA	**59,6**	**40,6**	**42**
Ghana	57,4	33,6	56,5
Guinée	119,8	89,9	43
Nigeria	52,7	11,6	17,8
Moy. ZMAO	**76,6**	**45**	**39,1**

Sources : IFS/FMI

La création d'une union monétaire poserait un problème difficile à surmonter pour une zone qui risque d'être confrontée à un partenaire qui aura tendance à pousser l'inflation à la hausse aussi longtemps que le ratio dette publique/PIB est plus élevé ; l'autre groupe risquerait d'y perdre, par conséquent insisterait sur la nécessité de réduction de ce ratio préalablement à toute entrée dans l'union monétaire.

Le tableau ci-dessus atteste que les deux groupes de pays sont peu endettés sans doute grâce à l'éligibilité au PRPC du FMI avec ses effets positifs sur l'annulation de la dette bilatérale et multilatérale et l'effet de richesse des pays producteurs de pétrole. Si l'échantillon de l'UEMOA ressort un ratio d'endettement moyen de près de 47 %, les pays de la seconde zone monétaire en extériorisent 53 % ; en 2012 leur ratio d'endettement tombe à 39 % contre 42 % pour les pays de l'UEMOA.

Par ailleurs, les soldes budgétaires en pourcentage du PIB sont également comparables là aussi avec un léger avantage aux pays de la ZMAO qui marquent près de -2 % en moyenne sur la période 2004/2012 contre -2,8 % du PIB pour les pays de l'UEMOA. Il s'agit bien sûr du solde budgétaire global dons y compris. En somme la convergence des stratégies budgétaires et fiscales est un facteur favorable à la réalisation de la ZMU de la CEDEAO.

3.2.3) Les critères macroéconomiques

Les travaux de Kindelberger et de Bourguinat s'orientent vers la recherche de critères macroéconomiques pour définir une ZMO.[30]

L'approche de Kindelberger repose sur deux critères : l'intensité des échanges et les préférences identiques aussi bien pour les biens et services échangés que pour les biens collectifs eux-mêmes. Les conditions de mise en œuvre d'une ZMO sont liées à des critères macroéconomiques qui ont fait l'objet de nos réflexions antérieures.

- **Les critères relatifs au taux de change et au taux d'intérêt :**
  - **Convergence des taux de change ou la clause de non-dévaluation.**

Cette exigence couvre une période de deux ans antérieurs à l'entrée dans l'union monétaire. La principale raison vise à empêcher les pays candidats à la

[30] L'environnement actuel selon les deux économistes, est dominé par le renouveau du régionalisme et la mondialisation. Bourguinat estime qu'il faut soumettre tout projet d'union monétaire à une kyrielle d'indicateurs d'opportunités qui reposent sur deux conditions : la circulation d'un actif acceptable à l'intérieur de la zone d'une part, et d'autre part la communauté ou du moins la proximité des préférences nationales en matière d'évaluations significatives (taux de change, salaire réel, productivité…). En conséquence, le critère va reposer essentiellement sur l'idée selon laquelle en dehors d'un consensus sur les déterminants essentiels des économies d'une zone, tout processus de monnaie unique est quasiment impossible.

réalisation d'une union monétaire de manipuler leur taux de change afin d'intégrer l'union avec un taux de change plus avantageux, car comme chacun le sait une monnaie dévaluée est un avantage pour la compétitivité.

Afin d'intégrer la ZMU de la CEDEAO, les pays membres devraient maintenir leur taux de change à l'intérieur d'une bande de fluctuations normale, sans réalignement sur une période de deux ans avant l'entrée dans la zone monétaire unique de la communauté.

- **La convergence des taux d'intérêt.**

La justification de la convergence des taux d'intérêt vient du fait que de grands différentiels de taux d'intérêt antérieurs à la ZMU pourraient favoriser d'importants gains ou pertes de richesse lors de la mise en application de l'union monétaire parfaite. Si les taux à LT des obligations de l'UEMOA sont plus faibles par rapport à ceux de la ZMAO, au lancement de la ZMU, le taux de change entre les monnaies est irrévocablement fixé entre les deux zones, il devient très intéressant pour les détenteurs d'obligations de faire des arbitrages à savoir vendre des titres de l'UEMOA pour acheter des obligations de la ZMAO, eu égard à la fixation du taux de change. Ces gains ou pertes augmenteraient proportionnellement au différentiel d'intérêt. Si celui-ci avait été suffisamment large, il aurait occasionné d'importantes perturbations sur les marchés des capitaux nationaux. Une chute des prix des titres de l'UEMOA serait enclenchée, tandis que les prix des titres de la ZMAO, en raison de la forte demande, auraient connu une hausse jusqu'à ce que les rendements des deux types de titres s'ajustent. Pour limiter ces perturbations, le différentiel d'intérêt devrait être réduit avant l'introduction de la monnaie unique.

La particularité de cette règle est qu'elle est de nature auto-réalisatrice, car elle établit que les taux d'intérêt à LT sur les obligations d'un candidat à l'union monétaire ne doivent pas excéder la moyenne des taux d'intérêt majorée de 2 points, des trois pays qui connaissent les plus faibles inflations.

Un différentiel de taux d'intérêt élevé peut suffisamment motiver le refus des autres pays à participer à la création d'une ZMU pour des raisons évoquées plus haut.

*

* *

À la lumière de ce qui précède, la mobilité des facteurs, le degré d'ouverture des économies et la coordination des politiques macroéconomiques vont jouer un grand rôle dans la réalisation d'une zone monétaire optimale de la CEDEAO et dans la création de la monnaie unique. Comme nous le savons, cette sous-région est composée d'une union monétaire constituée depuis 1962 dont les économies convergent faiblement et d'un ensemble de pays regroupés autour d'un projet de zone monétaire dont les économies ne convergent pas : la monnaie en est-elle pour quelque chose ?

Comme nous l'avons mis en évidence au cours de l'application des théories de la ZMO à ces pays de l'Afrique de l'Ouest, des efforts doivent être consentis autour de trois axes fondamentaux qui peuvent constituer les critères de base préalables à tout rapprochement monétaire :

- **La maitrise de l'inflation :** car elle demeure la résultante de plusieurs critères macroéconomiques ayant trait au déficit budgétaire et son financement, l'encours de la dette publique et le règlement des arriérés... Comme l'inflation peut être faible, modérée ou forte, il convient de cibler à court terme un niveau d'inflation modéré pour la seconde zone monétaire c'est-à-dire une évolution du niveau général des prix compris entre 5 % et 9 %, avant de cibler une inflation plutôt faible soit celle des pays de l'UEMOA ou 1 % à 4 %. Ce niveau de stabilité des prix sera de nature à faciliter la création de la ZMU en préservant le bien-être acquis dans la première zone.
- **La stabilité du taux de change :** la valeur externe des monnaies de la communauté en terme effectif et réel ne doit pas s'écarter ni fortement, ni durablement de sa valeur d'équilibre. En d'autres termes, les monnaies ne doivent ni être surévaluées, ni être sous-évaluées durant la phase de transition monétaire. Les forces du marché devraient par des mécanismes de dépréciations et d'appréciations, aidées par des stratégies des changes des Banques Centrales, permettre de stabiliser les taux de change dans la seconde zone. Comme le degré d'ouverture intracommunautaire est faible, toute chose qui constitue un avantage incontestable en phase de transition monétaire, le passage à la parité fixe entre les monnaies ne sera pas de nature à engendrer des pertes de bien-être dans la zone, ni des perturbations macroéconomiques majeures endogènes.
- **Le niveau d'endettement** doit être sous contrôle, afin de préserver les réserves de change, contenir les déficits de la balance des paiements et une trop forte dépréciation de la monnaie locale source d'inflation. Un endettement public excessif conduit les États à rembourser les anciennes dettes par les nouvelles, la structure de la dette doit être de nature à assurer plus de croissance économique et le respect des critères y relatifs favoriser l'intégration monétaire.

On comprend dès lors aisément que les autres critères qui ont certes leur importance pour les gouvernements ne sont que des mesures d'accompagnement pour une meilleure maîtrise de l'inflation, de l'encours de la dette publique et une stabilité du taux de change autour de sa valeur d'équilibre. Il s'agit de critères relatifs au niveau de la masse salariale dans les recettes fiscales, du solde budgétaire, du niveau des réserves de change et du déficit extérieur courant...

Il est utile de noter que la commission de la CEDEAO pour l'harmonisation des critères de convergence dans la Communauté, recommande quatre critères de premiers rangs :

- *En ce qui concerne **l'inflation**, elle recommande l'adoption du taux d'inflation moyen annuel comme dans les pays de l'UEMOA. Ainsi à l'avènement de la monnaie unique dans la zone en 2015, la norme de 5 % de la CEDEAO devrait être adoptée.*
- ***Le critère déficit budgétaire :** selon la simulation effectuée par la commission de la CEDEAO, à un taux de croissance économique moyen annuel de 5 % et un ratio de la dette publique de 70 % pour l'économie de la zone, correspond à un déficit global de 3,5 % ; en attendant d'effectuer ces calculs en fonction des caractéristiques des économies nationales, la norme de déficit budgétaire (solde global dons compris) rapporté au PIB ≤ 3 %, peut être recommandée.*
- ***Le critère des réserves de change :** il est recommandé de retenir ce critère pour son importance dans la mise en place et le fonctionnement du mécanisme des changes de la CEDEAO... La norme de 3 mois d'importation peut être retenue pour la CEDEAO et la ZMAO par réalisme...*
- ***Le critère financement du déficit budgétaire par la Banque Centrale :** il est recommandé de retenir ce critère pour la CEDEAO et la ZMAO, pour sa portée symbolique, dans la mesure où il consacre d'une certaine manière l'indépendance de la Banque Centrale. La norme de 10 % des recettes fiscales de l'exercice précédent peut être retenue jusqu'en 2014 et portée à 5 % à partir de cette date et 0 % en 2019. Mais cet effort de réduction doit être accompagné par la mise en place d'un marché financier régional.*[31]

Il convient aussi de s'intéresser néanmoins à la stratégie adoptée par les pays de la CEDEAO pour réussir la réalisation de la zone monétaire unique de son espace.

4) Contraintes de la réalisation de la zone monétaire unique de la CEDEAO

L'Afrique de l'Ouest comporte 8 monnaies dont deux convertibles (le franc CFA et l'escudo cap-verdien) et six monnaies non convertibles comme le Cedi, le GNF, le Naira, le Dalasi, la Leone et le dollar libérien. Le débat qui est loin d'être clôturé consiste à savoir quelle stratégie adopter pour réaliser rapidement la ZMU, quand on sait que l'Europe mieux organisée et plus structurée a mis

---

[31] Dr J. Lama, in *Étude sur l'harmonisation des critères de convergence de l'espace CEDEAO.* Commission de la CEDEAO, rapport final, Conakry juin 2011.

plus de vingt ans pour sortir sa monnaie commune. Nous marquons davantage d'intérêt à la genèse du projet de monnaie unique et ses scenarii en perspective.

4.1) Historique et obstacles du projet de monnaie unique

L'intégration monétaire de la CEDEAO a posé ses bases dès le lendemain des indépendances au début des années 60 avec la création de l'UMOA et de la BCEAO qui regroupaient alors six États de la sous-région avec le franc CFA comme monnaie, faut-il le répéter, arrimé au franc français dans une parité fixe, alors que les autres pays ont fait des choix politiques d'autonomie financière, même si certaines monnaies étaient rattachées dans un premier temps à la livre sterling puis au dollar avant d'opter pour un flottement pur et simple de la devise locale. Ces voies déjà divergentes se sont tant soit peu rapprochées avec la création de la CEDEAO en 1975 et surtout de la Chambre de Compensation de l'Afrique de l'Ouest (CCAO) basée à Freetown et dont les premiers résultats ont été encourageants, même si l'importance des déficits de certains pays membres ont fini par entamer sa crédibilité et annihiler son efficacité.

La volonté politique d'alors a posé les fondements d'une vraie coopération monétaire en dépit des différences de politiques économiques.

La volonté politique s'est également traduite en 1983 par le lancement de l'idée de la création d'une ZMU, dans un délai de trois ans et pour une concrétisation en 2004. Dix ans après, les avancées restent mineures, les échéances sont régulièrement reportées, les raisons évoquées peuvent être nombreuses sans être exclusives, parmi lesquelles :

- L'absence de transformations structurelles importantes de gestion monétaire des différents pays membres,
- L'instabilité politique dans les différents espaces considérés,
- La position dominante de certains pays comme le Nigeria,
- La dualité entre une union monétaire structurée avec une monnaie convertible et une zone à monnaies non convertibles,
- Les différences culturelles entre pays membres, source de méfiance et de distance,
- Les avantages d'une autonomie financière pour les finances publiques.

L'histoire récente inspire que la zone CFA a la capacité d'intégrer certaines économies de petite taille sans perturbations macroéconomiques majeures, ni pertes de bien-être.[32]

---

[32] Selon O. Ouedraégo, « l'élargissement de l'UEMOA au Mali n'avait pas soulevé de difficultés particulières pour ce qui est du taux de conversion en franc CFA de la monnaie malienne dans la mesure où le pays était redevenu membre de la zone franc en mai 1967 et avait à l'occasion de ce retour dans la zone, fixé la parité du franc malien à un taux de 100 FM/1FRF, consacrant ainsi la parité de 2 FM/1 F CFA. Le cas de la Guinée Bissau qui s'écarte de celui du Mali par le fait que le peso bissau-guinéen était une monnaie inconvertible… l'impact d'un taux de conversion

Il convient d'ajouter à ces écueils, non seulement le poids important du secteur informel partout dans la sous-région, véritable force des économies qui entretient un système de change parallèle d'autant plus important que la monnaie est inconvertible et qui tire son origine du mésalignement des taux de change de leurs fondamentaux.

La déclaration de Banjul en 2005 est également une étape décisive qui marque une fois de plus la volonté politique sans toujours se traduire par des actes concrets au niveau de la seconde zone monétaire. Mais elle a fait l'objet de nos réflexions antérieures.

Si le critère de McKinon sur le degré d'ouverture en matière de commerce communautaire montre une bonne évolution des indicateurs, avec l'élargissement de l'UEMOA aux petites économies de la seconde zone monétaire, il convient de préciser que le Nigeria exerce une forte attraction commerciale aux pays limitrophes (Bénin, Niger, Togo), qui effectuent avec lui une proportion importante de leurs échanges internationaux ; il contribue également à l'amélioration des critères de convergence au sens de McKinon.

Sur un autre plan, il convient d'intégrer d'une part, les impacts positifs d'une union monétaire relatifs au principe de partage des risques qui porte sur la centralisation des réserves de change, et d'autre part, permet dans le cas des pays en développement dont les économies sont peu diversifiées de renverser l'hypothèse initiale défavorable de chocs asymétriques en considérant les différents pays de la CEDEAO comme des régions au sens de Mundel. La différenciation des structures productives nationales au lieu d'être une source de divergence d'intérêt quant à l'utilisation ou non du taux de change comme instrument, devient un élément favorable à la stabilisation de la ZMU de la CEDEAO.

L'instauration de la ZMU aura pour effet direct de soustraire la politique monétaire de la sphère des gouvernements nationaux et de fixer des contraintes strictes sur la politique budgétaire de manière à la rendre compatible avec les objectifs de la Banque Centrale communautaire. Il s'imposera en conséquence l'implémentation d'une série de mesures d'accompagnement solidaires en rapport tant avec des situations conjoncturelles que pour faciliter la correction des écarts structurels de revenus.

Mais quelles approches stratégiques adopter pour parvenir à la réalisation d'une zone monétaire unique de la CEDEAO ?

4.2) Stratégies d'intégration monétaire

L'adoption d'une stratégie de convergence monétaire de la sous-région relève de l'économie positive comme toute décision de politique

---

inapproprié du peso sur les pays de l'UEMOA est certainement sans commune mesure avec l'impact d'un taux de conversion inapproprié pour les monnaies de la ZMAO ».

macroéconomique et non du normatif qui s'interpréterait ici comme une règle unique qui s'applique à tous les cas de figure. Dans ces conditions, on est en droit de penser que la convergence monétaire peut s'opérer de plusieurs manières parmi lesquelles :

- L'intégration monétaire par ancrage,
- Et l'intégration monétaire par flottement.

4.2.1) L'intégration monétaire par ancrage

Est-il besoin de rappeler que les quatre Banques Centrales objet de notre étude à savoir la BCEAO, la CBN, la BOG et la BCRG, ont engagé des réformes monétaires depuis les années 80, en vue de renforcer l'efficacité de leur politique monétaire et d'affirmer leur autonomie vis-à-vis des Trésors Publics ? Ces réformes pour l'essentiel ont visé à libéraliser le marché monétaire et à gérer les agrégats et la liquidité bancaire en privilégiant ainsi les méthodes et instruments de régulation indirecte. Cette ressemblance des instruments comme nous l'avons précisé auparavant, est un avantage incontestable dans le cadre de la convergence monétaire.

Dans les quatre Banques Centrales, l'objectif principal de la politique monétaire est de s'assurer de la stabilité des prix, promouvoir le développement économique au travers des politiques monétaires et des changes.

On peut noter également qu'au cours des années 80, les trois Banques Centrales de la ZMAO ont fait une évolution vers la flexibilité des taux de change du Naira, du GNF et du Cedi avec l'ouverture des marchés aux enchères de devises, toute chose qui rime avec la suspension du contrôle des changes. Par ailleurs, l'encadrement du crédit et le contrôle des taux d'intérêt bancaires ont été également suspendus sous l'inspiration du FMI dans le cadre de la mise en œuvre des programmes d'ajustements structurels. Pourtant il a été souvent constaté dans ces pays une incohérence temporelle de la politique monétaire en raison de choix peu approprié des instruments relatifs au ciblage des objectifs selon qu'il s'agisse de la maitrise de l'inflation ou de la relance de l'activité économique voire de la stabilité du taux de change. On sait désormais que l'efficacité de la politique monétaire dépend des instruments utilisés, du cadre institutionnel de gestion monétaire et des paramètres relevant du système financier comme du marché du travail. Selon Taylor (2000), il y a désormais un choix à opérer entre le ciblage du taux de change et celui de l'inflation en raison du fait que le ciblage de la base monétaire est rendu délicat du fait des instabilités constatées sur la demande de monnaie, sur le multiplicateur du crédit et sur les mesures de volatilités de la valeur externe de la monnaie.

Le taux d'intérêt à CT en tant qu'instrument de la politique monétaire est peu inapproprié dans la régulation de l'économie en période de désinflation comme en phase d'hyperinflation. L'instrumentalisation de la base monétaire peut se révéler meilleure à la politique des taux d'intérêt en cas de corrélation forte et stable entre l'agrégat monétaire et l'inflation (Batini 2003).

Si nul n'a plus de doute que la création de la zone monétaire unique de la CEDEAO se traduira par un dopage des échanges intracommunautaires, une meilleure maitrise de l'inflation dans les quinze pays, aura également pour conséquences la stabilité du taux de change et de fait l'émergence d'un environnement plus stable pour les entreprises, tout en dopant la création de projets à LT. Elle réduirait significativement le risque d'instabilité macroéconomique pour parvenir à plus de croissance économique. La stabilité financière réduirait le risque de fuite de capitaux, augmenterait l'IDE tout en facilitant les transactions commerciales. Il en résultera un marché unique de la CEDEAO ; la monnaie unique utilisée dans les transactions intra-régionales, permettrait des économies de devises et réduirait les transactions spéculatives transfrontalières y compris le marché parallèle de devises. En somme, la réalisation d'une ZMU vise à favoriser l'intensification de l'effort global d'intégration communautaire.

Selon plusieurs économistes, le rattachement de la monnaie unique à l'euro sera le moyen le plus sûr de donner à la seconde zone monétaire un taux de change nominal stable par rapport à celui des pays voisins et ses principaux partenaires commerciaux d'Europe. Aussi l'ancrage à l'euro de la seconde zone monétaire faciliterait-il sans doute une fusion ultérieure avec l'UEMOA – point d'ancrage commun –. Si cette intégration peut présenter des obstacles insurmontables à CT pour des pays comme le Nigeria et dans une moindre mesure pour le Ghana, en raison de la taille de leur économie par rapport au reste du monde de la CEDEAO, il apparaît plus aisé pour la Guinée du fait de la taille réduite de son économie et de la similitude des instruments de la BCRG avec ceux de la BCEAO, de procéder à ce type d'intégration.

Comme chacun le sait, les flux monétaires sont commandés par des flux commerciaux ; plusieurs études empiriques attestent d'une augmentation importante des échanges entre les pays membres d'une union monétaire. Selon A. Rose (Université de Berkley Californie), une union monétaire multiplie les échanges par trois... Mais un examen des unions monétaires récentes aboutit à des résultats divers et variés, par exemple, des échanges commerciaux restent modestes au sein de l'UEMOA et de l'UEDEAC, alors qu'au sein de la CEDEAO, le commerce entre les pays membres n'excède pas 12 %, il n'est pas certain que la création de la ZMU puisse agir significativement sur la structure de la demande d'importations de chaque pays du moins tant que le tissu industriel reste moins dense et peu porteur.

Cependant il est incontestable que la volatilité du taux de change pénalise l'investissement, en fonction du degré d'ouverture du pays et du niveau de réalisation du commerce intrabranche horizontale. Or l'impact de la volatilité du change sur les variables réelles tels que le commerce, l'IDE et l'investissement domestique, justifie que la détermination d'une politique des changes tienne compte du niveau de compétitivité, mais aussi de la volatilité du taux de change. La flexibilité parfaite du taux de change porte le risque d'une forte volatilité, tandis que la fixité totale par rapport à une monnaie voire à un panier de monnaies, supprime complètement la volatilité par rapport à cette ancre. En somme l'ancrage des monnaies de la seconde zone monétaire à la devise européenne sera un gage certain de lutte contre les fortes inflations, mais aussi une assurance de stabilité des devises locales pour induire un niveau intracommunautaire du commerce plus élevé. Mais pour être valable, cette stratégie d'arrimage doit reposer sur une réelle concordance entre zone commerciale et zone monétaire ; en d'autres termes, la politique d'ancrage doit être dictée par l'intensité des échanges commerciaux et expliquée en grande partie par la proximité géographique des partenaires, toute chose qui renforce l'intérêt de la stabilisation réciproque des monnaies.

Une analyse de la structure commerciale des pays de la ZMAO met en évidence l'importance de l'euro et du dollar dans les facturations des exportations et des importations de chaque pays, tout comme la montée en charge de la Chine dont la part devient de plus en plus importante dans les importations.[33]

En moyenne sur les trois dernières années, la part des monnaies de facturation du commerce international de ces pays se présente de la manière suivante :

Tableau 36

Parts des monnaies de facturation dans le commerce international des pays de la ZMAO

(en %)

Pays	Euro/CFA	Dollar	Autres
Ghana	29,8	27	43,2
Guinée	48,8	26,1	25,1
Nigeria	25,2	29,3	45,3
moyenne	**34,6**	**27,5**	**37,9**

Sources : CNUCED et statistiques du commerce international

[33] En raison de l'inconvertibilité du yuan, en dépit de l'importance croissante de la Chine dans les importations du Ghana, de la Guinée et du Nigeria, la facturation des échanges de ce pays se fait essentiellement en dollar et dans une moindre mesure en euro et dans une autre devises convertibles comme la livre sterling, le yen... nous faisons l'hypothèse que les facturations des transactions internationales avec la Chine sont réalisées au moins à 50 % en dollar, 30 % en euro et 20 % dans une autre devise.

Ce tableau met en exergue l'utilisation de plusieurs devises internationales dans le règlement des transactions internationales de ces trois pays de la seconde zone monétaire ; il s'agit de la livre sterling, du yen... mais aussi de l'euro et du dollar.

Le Ghana exporte essentiellement l'or (45 %), le cacao (28 %) voire le manganèse (3 %) avec pour principaux partenaires l'Afrique du Sud, la Hollande, les Émirats Arabes Unis, le Royaume-Uni et la France, tandis que ses importations proviennent de la Chine (24 %), de la Côte d'Ivoire (13 %), des USA (11 %), du Royaume-Uni (9 %)... Il est aussi bien intégré dans la zone euro que dans la zone dollar avec un léger avantage comparatif à la zone euro/CFA (environ 30 % des facturations internationales).

La Guinée présente un tableau peu différent, car ses exportations s'orientent en bonne partie vers le Chili (23,5 %), l'Espagne (9,5 %), la Russie (9 %), l'Irlande et les USA avec respectivement 7 % et 6 %... La Guinée qui importe essentiellement de Chine (23 %), de Côte d'Ivoire, du Brésil, de la Grande-Bretagne (7 %), d'Allemagne (4 %), est plutôt intégrée davantage dans la zone euro/CFA que dans la zone dollar. En effet, près de 50 % de son commerce extérieur s'opère avec cet espace contre 26 % pour la zone dollar. Elle exporte essentiellement la bauxite, l'or et le diamant et importe le pétrole, les motocycles, le sucre, le riz...

Le Nigeria, géant économique de la région, n'est pas moins exportateur de pétrole qui compte pour 88 % de ses exportations, contre 10 % de gaz... vers en substance les USA 33 % des exportations, l'Inde (9 %), l'Espagne et le Brésil (6 % chacun), l'Afrique du Sud (5 %)... Comme les autres pays de la ZMAO, il importe ses biens et services à hauteur de 20 % de Chine, des USA pour (10 %), de la Hollande (9 %), de la Grande-Bretagne (6 %)... Ses importations concernent le pétrole raffiné, les véhicules, les céréales, les téléphones mobiles... Le Nigeria est aussi bien intégré dans la zone dollar que dans la zone euro avec un avantage comparatif au dollar US.

En somme, le Ghana, la Guinée et le Nigeria assurent un peu plus du tiers de leur commerce international en euro et plus du quart des échanges en dollar. Les autres devises internationales ne sont pas en reste.

En d'autres termes, l'ancrage des monnaies de la ZMAO à l'euro est recommandable et les économies de devises qui en résultent peuvent conduire le marché des changes à l'équilibre et mettre fin à la spirale de dépréciations que connaissent le Cedi, le GNF et le Naira. Cependant à regarder de plus près, le Ghana et surtout la Guinée sont beaucoup plus intégrés dans la zone euro/CFA que le Nigeria qui a plutôt intérêt à administrer un amarrage du Naira à la devise américaine pour assurer une véritable concordance entre zone commerciale et zone monétaire.[34] Toutefois, la prise en compte des flux financiers émanant de

[34] À titre illustratif, selon le CEPII, dans le Mercosur, le choix d'une currency board sur le dollar a accru la dépendance de l'Argentine aux flux des capitaux américains, qu'ils s'agissent des IDE ou

l'aide bilatérale et multilatérale, de l'IDE, des transferts des ressortissants de l'étranger ainsi les opérations effectuées en dehors des deux zones, donne un avantage évident au dollar américain au détriment de l'euro et rend envisageable l'ancrage de ces monnaies au billet vert, voire aux deux devises à la fois. La conséquence, comme c'est le cas avec le Peso argentin sera l'absence de stabilité du taux de change et des prix à la consommation sur les marchés des biens et services de la ZMAO. Un des aspects importants de l'arrimage à l'euro tient aux aspects institutionnels que celui du dollar ne garantit pas, des exemples historiques (UEMOA et UDEAC) et plus récents (Guinée-Bissau, Cap-Vert) attestent que l'ancrage à l'euro assure à la fois la stabilité du taux de change et la maîtrise de l'inflation dans l'espace de la CEDEAO. L'autre avantage incontestable vient du fait que ce crochet euro, de toute évidence, facilitera à terme le rapprochement entre la seconde zone monétaire et l'UEMOA et déboucherait sur un dialogue constructif entre les deux institutions à savoir l'IMAO d'une part et l'UEMOA voire la BCEAO d'autre part. Plusieurs éventualités peuvent être envisagées : intégration progressive de la Guinée, du Ghana, de la Gambie, toutes choses égales par ailleurs, à la zone euro au travers des accords de coopération monétaire avec une des grandes puissances économiques de l'Europe monétaire (France, Allemagne, Benelux...) dans un premier temps, avant d'envisager une éventuelle intégration à l'UEMOA pour créer un espace économique plus solide, capable de résister aux chocs macroéconomiques externes et favoriser la constitution de réserves de change importantes avec ses conséquences positives sur la valeur externe de la monnaie commune. La Sierra Leone et le Liberia peuvent adopter la même stratégie sans risque majeur de perte de bien-être pour les autres pays dont les monnaies sont déjà ancrées à l'euro. Le Nigeria, eu égard à son poids économique qui peut s'interpréter à la fois comme un avantage et un inconvénient, grand exportateur de pétrole, doit implémenter une stratégie de stabilité macroéconomique de moyen terme au travers de la stabilisation de la valeur externe et interne du Naira, afin d'asseoir avec la zone euro une pratique de parité fixe modulable en fonction du niveau des indicateurs macroéconomiques tels les réserves de change, la balance des paiements, l'inflation, le mésalignement du TCER... Les résultats obtenus, satisfaisants, conduiraient sans doute à une intégration

des flux de capitaux plus CT, renforçant ainsi l'incitation des autorités à conserver l'ancrage au dollar. Cependant l'Argentine est beaucoup plus intégrée au Mercosur – elle effectue une grande partie de ses échanges avec le Brésil (27 % des exportations et 24 % des importations) – de plus le commerce intra-branche est considérablement plus élevé qu'avec les USA ou qu'avec l'UE, reflétant la relative proximité des structures productives des deux pays. Pour limiter sa forte dépendance au dollar, l'Argentine a modifié depuis juillet 2001, sa règle d'ancrage monétaire : le Peso ne sera plus à terme exclusivement ancré sur le dollar, mais devrait également dépendre de l'euro (le nouveau panier d'ancrage comporte ainsi une pondération de 50 % pour le dollar et de 50 % pour l'euro). Certes l'UE représente une part significative des échanges du pays (plus élevée que celle des USA : 19 % des exportations contre 9 % et 28 % des importations contre 21 %). Mais cette réforme laisse entier le problème de stabilisation du peso.

monétaire aisée entre le nouvel ensemble et le Nigeria. Cette économie positive n'est qu'une solution parmi tant d'autres, mais pour nombre d'économistes, un ancrage strict ou souple s'avère être une solution incontournable aux problèmes d'intégration monétaire de la sous-région, sans exclure le dollar, un panier euro/dollar et enfin le DTS comme ancres éventuelles.

4.2.2) Intégration monétaire par flottement

Pour plusieurs autres économistes, la solution de l'intégration monétaire de la CEDEAO passe inéluctablement par le change flexible et évoque plusieurs raisons.

« Pour faciliter les échanges internationaux avec les économies hors espace monétaire africain et soutenir les termes de l'échange, il est suggéré d'adopter le système de change flottant pour préserver la souveraineté monétaire africaine et assurer un meilleur équilibre des fluctuations monétaires. L'innovation consiste à arrimer une future monnaie commune africaine sous-régionale puis continentale sur un panier de monnaies composé de l'euro, du dollar américain et du yuan chinois. Avec la formation d'unions monétaires fiables, il est question de retrouver une souveraineté monétaire et donc la liberté d'agir en Afrique au service des populations africaines »[35]

Pour d'autres économistes qui abordent le problème dans le même sens, l'ancrage de la monnaie commune à une devise internationale comme l'euro, par exemple, ne serait pas l'idéal, car les exportateurs de produits de base ne pourraient pas bénéficier d'un certain degré de flexibilité du taux de change ; le rattachement à une monnaie pourrait ne pas être soutenable à LT. Par contre selon les mêmes sources, un panier de monnaies comme le DTS, qui intègre à la fois l'euro, le dollar et le yen voire le yuan serait une solution plus souple qui donnerait une certaine protection en cas de fortes fluctuations du dollar par rapport à l'euro. Cette décision doit reposer sur des considérations économiques, dictées par la mesure dans laquelle le commerce est libellé en euro ou en dollar ou en tenant compte de la manière dont la deuxième zone monétaire fusionnerait avec l'UEMOA et en dernier ressort de la forme que prendrait la politique des taux de change de l'union monétaire élargie de la CEDEAO.

En somme, la perspective de fusion de la ZMAO avec l'UEMOA n'est envisageable que si cette zone est créée et dotée d'une Banque Centrale et qu'elle démontre sa capacité à assurer la stabilité des prix comme dans la zone UEMOA. Or, depuis la création de l'IMAO en 2005, la circulation de l'*ECO* n'a pas encore fait jour en ce sens qu'aucun pays n'a pu remplir l'ensemble des critères en raison de contraintes externes et internes et ce, malgré les mesures d'assouplissements de ceux-ci, les calendriers fixés vont de report à report de telle sorte que l'émergence effective d'une zone monétaire ayant vocation à se

[35] *Cf.* Dr Yves Ekoué Amaïzo.

transformer en une union monétaire demeure intimement liée à l'évolution des échanges à l'intérieur de l'espace géographique et à la capacité des gouvernements à contrôler l'inflation.

Il convient de rappeler que nous évoluons dans un espace économique caractérisé par une position dominante celle du Nigeria qui contrôle déjà près de 53 % de la population de la CEDEAO et dont la contribution au produit intérieur brut de la communauté ouest-africaine est remarquable :

Graphique 23

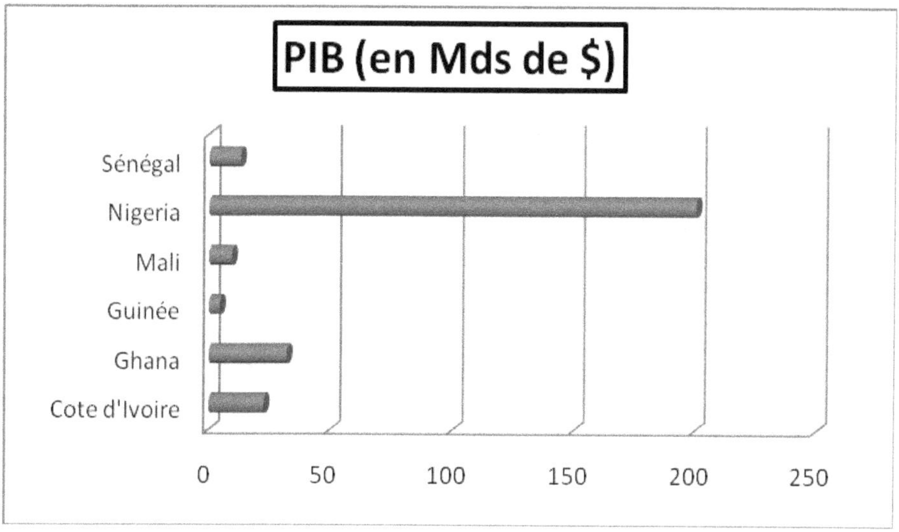

Le graphique ci-dessus montre une position économique dominante du Nigeria dont le PIB en 2012 représente 6,2 fois le PIB du Ghana, 8,8 fois celui de la Côte d'Ivoire, tandis que les produits du Sénégal, du Mali et de la Guinée accusent un coefficient multiplicateur de 15,6, 21,5 et 44,5 respectivement par rapport au PIB du Nigeria.

Par ailleurs, les pays de la ZMAO sont caractérisés par une offre limitée de devises étrangères, des primes de marché parallèle importantes et une baisse du revenu réel par habitant, toute chose qui a engendré des réformes indispensables et coûteuses. En conséquence, la libéralisation des marchés des changes a été un élément fondamental des efforts de réforme partout aux côtés de celle des finances publiques au travers de la réduction des déficits budgétaires et l'accroissement de la masse monétaire et l'aide extérieure.

Selon A. Siri, « *la relance du processus d'intégration monétaire à l'échelle de la CEDEAO a suscité des analyses sur la viabilité de l'économie de la région en tant que zone monétaire optimale. L'objectif de création de la monnaie commune à travers ce projet d'intégration appelle à s'interroger sur la stratégie monétaire à mettre en œuvre pour assurer au mieux la stabilisation conjoncturelle des économies de la sous-région* ».[36]

Comme chacun le sait, les six pays de la Communauté ouest-africaine de notre échantillon ont engagé des réformes monétaires avec les PAS des années 80 en vue de renforcer l'efficacité_de leur politique monétaire. Comme il a été précisé plus haut, ces réformes ont visé à la libéralisation des marchés monétaires puis à l'accroissement de l'indépendance des Banques Centrales vis-à-vis des Trésors Publics. Ainsi les missions assignées aux Banques Centrales des pays de la ZMAO, allient l'objectif de stabilité des prix à l'impératif de développement économique au travers des politiques actives de la monnaie et du taux de change.

Pour examiner l'effet de la régulation monétaire sur les économies de la CEDEAO, nous retenons dans le vecteur X les variables représentatives dans les cibles de la politique monétaire, le PIB réel et l'indice des prix à la consommation et celles provenant de l'intermédiation financière à savoir : le taux directeur, la masse monétaire et le taux de change effectif réel, ce dernier étant introduit dans le vecteur pour contourner la difficulté d'agréger les taux de change nominaux des pays appartenant à des régimes de changes différents. Le taux directeur représente dans le système l'instrument de la politique monétaire.

Le modèle VAR que nous appliquons aussi bien aux trois pays de l'UEMOA qu'à ceux de la ZMAO présente les caractéristiques ci-après :[37]

Notre objectif, modeste, consiste à mesurer l'effet du TCER aussi bien sur la croissance économique (le PIB) que sur l'inflation (indice des prix) pour déterminer quel régime de change optimal faut-il adopter pour la future union monétaire de la CEDEAO.

Par ailleurs, il convient de noter que la période de référence (soit de 1990 à 2012) est caractérisée par :

- La dévaluation du CFA en 1994,
- La dévaluation du Naira en 1999,
- L'appréciation du GNF en 2007,
- Et l'ajustement cambiaire du Cedi en 2007.

---

[36] Alain Siri in *Règle de la politique monétaire optimale pour la future Banque centrale des pays de la CEDEAO. Une analyse VAR.*

[37] VAR à (K = 5) dimensions.

A(L)Xt + CD*t = Bμt où

A(L) : est une matrice polynomiale dans l'opérateur de retard L,

B est la matrice diagonale,

Xt est vecteur (5 X 1) de la variable stochastique telle que Xt = (X1t, X2t, ... Xkt) est le vecteur des K variables endogènes du système,

D*t est un vecteur de termes déterministes appartenant ou pas à l'espace de co-intégration,

μt est le vecteur des chocs structurels.

Ils peuvent engendrer dans l'analyse, des points de ruptures et/ou des instabilités ponctuelles.

Auparavant, il importe de préciser qu'il est dangereux d'implémenter des stratégies économiques basées sur la stabilisation du taux de change sans l'aide d'une politique monétaire et fiscale adaptée. La détermination de la valeur externe de la monnaie par des décisions administratives, à des niveaux incompatibles avec les principes fondamentaux de la politique monétaire et des stratégies budgétaires et fiscales a abouti à un taux de change surévalué et souvent décroché du niveau du marché parallèle. Par ailleurs, pour des raisons économiques et/ou géopolitiques, des approches régionales à l'intégration ou à la coopération monétaire, en rapport avec les accords commerciaux préférentiels ont été mises en œuvre jusqu'à la création d'une monnaie commune. En certains cas, le système a pu opter au rattachement régional à une monnaie internationale alors qu'en d'autres cas, le rattachement intra-régional à une ancre locale mérite d'être mentionné. Toutefois, ce type d'ancrage peut apporter une forte vulnérabilité sur les transactions hors zone, mais ce risque peut être réduit en adoptant un bloc financier flottant commun à toutes les économies de la sous-région.

Le modèle VAR que nous avons adopté contient deux relations de co-intégration ; comme il comporte cinq variables, on devrait pouvoir déterminer deux tendances communes correspondant aux deux chocs permanents.

L'examen des conditions monétaires sur l'activité réelle tant en UEMOA qu'en ZMAO donne les résultats ci-après.

La relation de co-intégration pour l'UEMOA se présente de la façon suivante :

Régression 21
Change et croissance économique en UEMOA

$$PIB^* = 0{,}53 - \underset{(-6{,}70)}{12{,}54TE} - \underset{(-4{,}06)}{28{,}46m2} + \underset{(6{,}66)}{0{,}37TCER} \text{ avec } \bar{R}^2 = 0{,}45 \; ; \; F=6{,}92 \quad \chi^2=0{,}013$$

$$ec = -1{,}04 \; (-4{,}40)$$

Au regard de ces résultats, il est aisé de constater que la masse monétaire au sens large comme le taux d'escompte de la BCEAO ont un effet de freins à LT sur le taux de croissance économique en UEMOA, en d'autres termes les innovations provenant de la politique monétaire de la Banque Centrale ne semblent pas favoriser l'accroissement de la valeur ajoutée de la zone d'émission. Par contre, à CT, ces innovations sont neutres sur le produit réel.

Toutefois la parité fixe du franc CFA avec l'euro est favorable à la croissance économique en Côte d'Ivoire, au Mali et au Sénégal, à telle enseigne qu'une dépréciation de 1 % de la monnaie commune engendre une hausse du produit réel de 0,37 % ; la robustesse du modèle est mise en évidence par le niveau élevé du coefficient de détermination corrigée qui explique près de moitié de la réalité ainsi le Fisher qui ressort à une performance proche de 1 % de marge d'erreur. Le test du χ^2 met en exergue plutôt une relation de dépendance entre le TCER et le taux de croissance économique. Ce MVCE de L'UEMOA atteste que les économies de l'Union sont soumises aux conditions monétaires et de taux de change de la BCEAO. Cette influence est démontrée tant au niveau de la relation de co-intégration entre le PIB et les trois variables qu'au travers de la dynamique des chocs structurels de la politique monétaire et du TCER. Aussi apparaît-il clairement que si le TCER est neutre à CT, il peut corriger les déséquilibres temporaires de l'activité à LT. Par ailleurs, un choc provenant des actions de la politique macroéconomique équivalentes à l'écart-type résiduel du produit réel, va se résorber au bout d'un trimestre pour retrouver son équilibre de LT.

Cette relation de co-intégration prend la forme suivante en ZMAO.

Régression 22
Change et croissance économique en ZMAO

$$PIB^* = 0{,}18 + 0{,}67TD + 2{,}60m2 + 1{,}24TCER \quad \text{avec } \bar{R}^2 = 0{,}62 \; ; \; F = 22{,}35 \quad \chi^2 = 0{,}015$$
$$(2{,}81) \quad (3{,}95) \quad (3{,}53)$$
$$ec = -1{,}5 \; (-9{,}02)$$

La situation des pays de la ZMAO est un peu différente de celle de l'UEMOA. Pour des raisons que nous savons, le Ghana, la Guinée et le Nigeria pratiquent le change flexible qui a fait l'objet de nos réflexions antérieures. L'équation de co-intégration ci-dessus met en exergue que le taux directeur a une influence positive sur le taux de croissance économique, sans doute en raison de sa faiblesse en terme réel, car il n'est pas exagéré de dire que le niveau d'inflation élevé des pays de la ZMAO, confine souvent le taux d'intérêt réel dans une valeur négative, toute chose qui peut accélérer la croissance économique au travers d'un accroissement du financement des investissements productifs, voire de la consommation des ménages. L'expansion de la masse monétaire apporte une forte contribution à la croissance économique tant et si bien qu'une hausse de 1 % de M2 se traduit par une induction de 2,6 % sur le taux de croissance économique. Le TCER qui loin d'être neutre sur l'activité économique y apporte à son tour une hausse de 1,24 % dans les mêmes conditions. L'impact du change flexible sur la croissance économique est plus prononcé que celui de la parité fixe dans l'espace CEDEAO. Aussi le modèle de la ZMAO ressort une plus forte robustesse avec un coefficient de détermination corrigé qui explique près de 2/3 de la réalité et un Fisher-Snedecor performant à près de 1‰. Le χ^2 comme dans la première zone monétaire montre également une relation de dépendance entre le TCER et le PIB.

Par ailleurs, un choc né des innovations de la politique économique de l'ordre de l'écart-type résiduel du taux de croissance économique, se résorbe au bout de deux mois et le PIB retrouve son niveau d'équilibre à LT.[38]

Pour mesurer l'impact du taux de change sur les prix tant en UEMOA qu'en ZMAO, nous avons établi les équations de co-intégration suivantes :

Régressions 23
Change et inflation en CEDEAO

UEMOA :

$$P^*t = 0{,}86 + \underset{(3,54)}{3{,}65m2} - \underset{(-6,34)}{7{,}38TCER} + \underset{(1,94)}{0{,}05t} \quad \text{avec } \bar{R}^2 = 0{,}27 \text{ ; } F = 3{,}44 \text{ ; } \chi^2 = 0{,}018$$

ec = -0,65 (-3,71)

ZMAO

$$P^*t = -2{,}92 + \underset{(4,33)}{0{,}73m2} + \underset{(2,13)}{0{,}48TCER} - \underset{(-4,53)}{0{,}11t} \quad \text{avec } \bar{R}^2 = 0{,}65 \text{ ; } F = 22{,}2 \text{ ; } \chi^2 = 0{,}015$$

ec = - 1,46 (-8,93)

Ces relations de co-intégration qui s'apparentent à une équation quantitative de la monnaie augmentée du taux de change, nous éclairent sur le rôle du taux de change sur l'inflation dans l'espace CEDEAO. En effet dans la zone d'émission de la BCEAO, les variations de la masse monétaire jouent un rôle important sur le niveau des prix à LT, mais restent neutres à CT ; par contre la parité fixe du franc CFA par rapport à l'euro, administre à l'indice général des prix un effet de freins extrêmement important, car si le CFA s'apprécie de 1 %,

[38] Toutefois, selon Bamba Ka, « Fielding et Shields (2001) ont montré avec la technique du VAR structurel qu'au sein de l'UEMOA, les chocs de produits ne sont pas corrélés. De même, Banassy, Quere et Coupet (2005), Tsangarides et Qureshi (2006), démontrent par la méthode de classification par grappes que les chocs des États ouest-africains sont fortement divergents. Debrun et al. (2005) aboutissent à une conclusion similaire en utilisant la corrélation des termes de l'échange. Houssa (2008) a également utilisé le modèle des facteurs dynamiques et structurels pour trouver une forte hétérogénéité des chocs d'offre dans l'espace CEDEAO.
Ainsi, selon ces études, la divergence des chocs constituent le principal coût d'une union monétaire africaine. Les économies de la région ne disposent pas d'institutions solides et suffisamment développées pour faire face aux chocs asymétriques ».

l'inflation baisse de 7,38 % par trimestre. La dérive temporelle met en exergue une composante déterministe des prix positive mais très faible. Tout se passe comme si le régime de change en vigueur dans l'UEMOA protège l'Union beaucoup plus que la politique monétaire de la BCEAO de l'envolée des prix des biens et services. Toutefois, le MVCE a une performance limitée car il n'explique que 27 % de la réalité et le test de χ^2 confirme une relation de dépendance entre le TCER et le taux d'inflation.[39] Par ailleurs le niveau de l'opérateur de correction d'erreur atteste qu'un choc asymétrique sur l'inflation est résorbé à 65 % dans le trimestre et retrouve son niveau d'équilibre à LT au bout d'un trimestre et demi.

Dans la seconde zone monétaire, le niveau de l'inflation est entretenu à la fois tant par les variations de la masse monétaire que par celles du taux de change flexible adopté par la BOG, la BCRG et la CBN. En effet dans cet espace, une dépréciation de 10 % du Cedi, du GNF ou du Naira, conditionne en moyenne une inflation additionnelle de l'ordre de 5 % environ, ce qui confirme, contrairement à la parité fixe, que l'adoption d'un régime de change flexible ne protège pas les économies de la sous-région contre l'inflation.

Ce MVCE présente plus de robustesse avec un coefficient de détermination corrigé qui explique 2/3 de la réalité et Fisher significatif à 1‰ de marge d'incertitude. Une modulation sur l'indice des prix est résorbée à hauteur de 146 % dans le trimestre ou en d'autres termes, tout choc asymétrique sur les prix est absorbé au bout de deux mois dans la seconde zone monétaire.

*

* *

En somme de ce qui précède, et en focalisant l'analyse sur le TCER, il apparaît clairement que le choix de la parité flexible pour la future Banque Centrale apporterait plus de croissance économique aux pays membres de la CEDEAO, mais également plus d'inflation. Ce déséquilibre macroéconomique peut être un véritable obstacle à l'intégration monétaire, en raison de la perte de bien-être qu'il pourrait engendrer à la première zone monétaire qui, faut-il le rappeler, dispose déjà d'une monnaie commune et d'un niveau d'inflation faible.

Le choix de la parité fixe apporte une croissance économique modérée du fait d'une contribution négative de la politique monétaire à la création de la

[39] Selon A Siri, « Une règle de Taylor originelle (1993) ou une règle de Taylor augmentée du taux de change, stabiliserait mieux le système constitué par le PIB et l'IPC que la règle de Taylor augmentée de M2. Cela s'explique par la faible réactivité de la masse monétaire aux modulations du taux d'escompte. En tenant compte du fait que l'ajustement de la règle de Taylor par le taux de change n'améliore pas la stabilité des prix et de l'activité, la règle optimale pour la future Banque centrale des pays de la CEDEAO, devrait être la règle de Taylor simple. Ce résultat milite en faveur de l'adoption d'un régime de change flexible ».

valeur ajoutée, car ni la politique des taux d'intérêt de la BCEAO, ni le rythme d'expansion de la masse monétaire n'apportent une hausse même modique du taux de croissance économique de l'Union au travers des économies de la Côte d'Ivoire, du Mali et du Sénégal. Mais la parité fixe du franc CFA apporte au PIB de l'Union une hausse modérée, tandis que ce change fixe avec la devise européenne est un gage certain d'une faible inflation.

En somme la parité flexible soutient fortement l'activité dans un déséquilibre macroéconomique d'où l'absence de convergence dans la ZMAO, alors que la parité fixe apporte aux économies une croissance modérée mais équilibrée. S'il est incontestable que l'adoption de la parité fixe faciliterait intégration monétaire en Afrique de l'Ouest avec ses avantages et ses inconvénients, elle doit être adaptée à la situation économique actuelle de la sous-région. En fait, le test de causalité entre le taux de croissance économique et le TCER révèle que le change réel cause fortement l'accroissement du produit réel au bout de sept ans (2 % de marge d'erreur) et faiblement mais significativement au terme de cinq ans (7 % d'incertitude) toute chose qui inspire que pour retrouver plus de croissance dans la zone d'émission de la BCEAO, un ajustement du TCER par rapport à ses fondamentaux s'impose au détriment du système actuel qui le fige pendant cinquante années sans ajustement aucun en dépit de conjonctures économiques défavorables généralement induites par les cours mondiaux des produits primaires et leur conséquence sur la balance des paiements et le déficit budgétaire.

Synthèse et conclusion

Si l'intégration monétaire en Afrique de l'Ouest se fait dans un environnement caractérisé par la position dominante du Nigeria tant au niveau du commerce intracommunautaire qu'à celui du PIB et de la population, force est de constater que ces pays sont économiquement peu intégrés et effectuent moins de 12 % de leur commerce international entre eux : est-ce un obstacle ou un avantage à l'intégration monétaire ? En somme, beaucoup d'économistes estiment que l'intégration monétaire de la CEDEAO doit reposer sur le change flexible entre la future monnaie commune et les devises fortes, avec ses vertus d'autonomie, de croissance économique et ses inconvénients d'instabilités des prix et ses effets négatifs sur le bien-être des pays de l'UEMOA. D'autres, en reconnaissant que la création de la ZMU de la CEDEAO se traduirait par un développement des échanges communautaires, une meilleure maîtrise de l'inflation et une plus grande stabilité du taux de change et de fait l'émergence d'un environnement plus propice pour les entreprises.

Plusieurs autres études concluent que le rattachement de la monnaie unique à une ancre extérieure (euro), sera le moyen le plus sûr pour donner à la seconde zone monétaire un taux de change nominal stable par rapport au reste du monde et ses principaux partenaires commerciaux ; elle favoriserait une fusion plus rapide des deux espaces monétaires. Si l'adoption de la parité fixe peut engendrer la croissance économique dans la stabilité des prix, elle devrait s'adapter à la nouvelle réalité économique de la sous-région avec une révision périodique (5 à 7 ans) de la parité dans un sens comme dans l'autre, en fonction des fondamentaux du TCER, ce qui sera de nature à améliorer l'incidence du taux de change sur la croissance économique et à amortir les chocs macroéconomiques nés de la fluctuation des cours mondiaux des produits primaires, des déséquilibres de la balance des paiements, de la détérioration des termes de l'échange, du financement monétaire des Trésors Publics…

CONCLUSION GÉNÉRALE

Nonobstant une grande similitude entre les économies des pays de la CEDEAO, elles n'en demeurent pas moins duales et ce, à plusieurs niveaux : tout d'abord comme nous l'avons montré tout le long de cet ouvrage, l'existence de deux blocs économiques peu intégrés en tout cas pas complémentaires, laisse une grande place à la juxtaposition des politiques macroéconomiques différentes :

- Si les économies des pays de la zone d'émission de la BCEAO, convergent lentement à une vitesse de 5,6 % vers un état régulier proche de 400 $, celles de la ZMAO divergent fortement à une vitesse de -18,6 %, tout en affichant un niveau d'état régulier plus élevé à près de 500 $. De toute évidence, il s'impose à la communauté ouest-africaine d'implémenter des mesures collectives et individuelles pour inverser la tendance dans la seconde zone et accélérer le rythme de la convergence dans la première.
- Par ailleurs, les instruments de stabilisation macroéconomique ou critères de convergence, quand bien même, existent de part et d'autre, doivent être harmonisés et simplifiés dans un cadre d'économie positive.
- Nonobstant une réelle similitude des instruments de la politique monétaire, il est aisé de constater, par exemple, que les niveaux des taux d'intérêt présentent des écarts importants, tout comme la croissance des agrégats monétaires et dans une moindre mesure les coefficients des réserves obligatoires. Cependant ces politiques monétaires reposent essentiellement sur les instruments indirects qui sont sporadiquement combinés aux instruments directs. Toutefois l'efficacité de la politique monétaire demeure souvent limitée dans l'espace CEDEAO.

En ce qui concerne l'autonomie des Banques Centrales, force est de reconnaitre que la BCEAO tient la part belle, en raison de son caractère supranational. Elle ressort une cote d'indépendance satisfaisante. La BOG et la BCRG sont encore perfectibles notamment sur les points d'autonomie légale et fiscale.

- Le commerce intracommunautaire ne doit pas être un obstacle à l'intégration monétaire : en dépit d'une monnaie commune, les pays de l'UEMOA ne font pas davantage d'échanges entre eux, car la faiblesse du tissu industriel et son manque de diversité ne permettent pas de répondre à une demande des consommateurs orientée plutôt sur la technologie de pointe d'Europe, d'Asie et d'Amérique du Nord...

En somme, les critères de convergence fondamentaux de la CEDEAO devraient reposer sur trois pieds :

- **La maîtrise de l'inflation,**
- **La stabilité du taux de change effectif réel,**
- **Et le contrôle de l'endettement public.**

On peut comprendre aisément, sans perdre de vue l'objectif d'intégration économique et monétaire, qu'il s'agit de donner plus de degré de liberté aux politiques économiques des gouvernements qui doivent désormais s'assigner sur tous les critères, des mesures d'accompagnement pour pouvoir les atteindre et qui tournent autour du niveau du solde budgétaire et son éventuel financement, les recettes publiques, le niveau de la pression fiscale, la structure des dépenses publiques, le niveau des taux d'intérêt et des réserves de change des Banques Centrales… Il s'agit également d'éliminer les critères superflus qui peuvent être du ressort de la future Banque Centrale commune.

La maîtrise de l'inflation s'avère être un critère de convergence fondamental qui peut indiscutablement favoriser le rapprochement des deux zones. Est-il besoin de rappeler que les causes de la hausse du niveau général des prix dépendent essentiellement de la variation du taux de change, de la masse monétaire et des anticipations ? Aussi ces déséquilibres sur le marché des biens et services tiennent aux divergences de développement structurel, aux différences de stratégies commerciales et de politiques monétaires. De toute évidence, la maîtrise de l'envolée des prix passe par la stabilité du taux de change en ZMAO quand on sait que la variabilité de la valeur externe de la monnaie est à l'origine de la moitié des tensions inflationnistes dans cette zone. Par ailleurs, une faible inflation émane d'une moindre croissance de la masse monétaire ; or dans la seconde zone monétaire, entre 2000 et 2012, les encaisses absolues ont progressé de près de 28 %, contre environ 7 % en UEMOA. Il est donc essentiel d'agir sur le niveau de la création monétaire au travers de ses différents canaux de transmission tels que les crédits intérieurs, surtout ceux relatifs à la monnaie externe et les avoirs extérieurs nets qui peuvent être très importants pour les pays exportateurs de pétrole comme le Nigeria et le Ghana.

La réalisation d'une ZMU dans notre sous-région commande d'extérioriser pour chaque acteur, un taux d'inflation optimal qui n'aggrave pas le niveau du chômage dans chaque État membre (NAIRU) ; cela signifie que les pays de l'UEMOA doivent subir une perte de bien-être en acceptant une augmentation du niveau d'inflation actuel, tandis que les pays de la ZMAO en adoptant des politiques macroéconomiques de stabilisation du taux de change et d'agrégats monétaires doivent extérioriser dans un premier temps tout au moins, une inflation rampante de l'ordre de 7 à 7,5 %, la cible pour les deux zones étant d'atteindre et de façon pérenne un niveau d'inflation modéré autour de 5 %. Ce niveau d'inflation sera sans nul doute un meilleur vecteur de rapprochement entre les zones monétaires de l'Afrique de l'Ouest.

La stabilité du taux de change : la gestion du taux de change est le point focal de l'intégration monétaire en Afrique de l'Ouest, les deux régimes qui se juxtaposent disposant chacun d'avantages certains et d'inconvénients aussi. Mais en toute vraisemblance, l'adoption d'une ancre nominale internationale qui peut être l'euro sera de nature à accélérer la vitesse d'intégration et éviter des chocs asymétriques aux différentes économies. Les TCER à cet égard ne devraient pas trop s'écarter de leurs fondamentaux et le niveau de mésalignement acceptable devrait s'inscrire dans une fourchette de +/- 5 % à la création de la Banque Centrale commune. À CT, la pratique de la parité fixe permettra de contenir les tensions inflationnistes dans la seconde zone monétaire, stabiliser ainsi le taux de change et drainer davantage d'investissements directs étrangers dans l'ensemble de l'espace CEDEAO.

La Banque Centrale Commune plus indépendante du fait de son caractère supranational, en fonction du degré d'intégration et de la robustesse des économies, pourrait s'orienter en toute autonomie vers un changement de régime de change et administrer une plus grande flexibilité du taux de change ou adopter un régime de change fixe modulable suivant une périodicité bien déterminée (5 à 7 ans) de manière à assurer plus de croissance économique et moins d'inflation.

Dans cette optique la stratégie d'intégration monétaire peut être totale comme c'est le cas actuellement entre les deux blocs avec ses obstacles majeurs liés à la taille différente des économies et aux différences culturelles... L'implémentation d'une stratégie partielle viserait à intégrer rapidement les économies moins grandes telles la Guinée, la Gambie la Sierra Leone... avant de fusionner les institutions mises en œuvre par ce nouveau bloc avec le Nigeria, ou asseoir une coopération monétaire avancée avec cette puissance régionale. L'intégration de ces petites économies à la zone d'émission de la BCEAO engendrerait des perturbations mineures donc supportables pour ces pays, le préalable passe par une meilleure gestion du taux de change du GNF, du Dalasi et de la Leone, par exemple, une maitrise de l'inflation et un niveau d'endettement public raisonnable...

Le contrôle de l'endettement public, s'avère également nécessaire pour favoriser l'intégration monétaire. Comme il a été déjà exposé, au cours des années 90, le ratio de la dette a été supérieur au niveau du PIB dans la plupart des États de l'UEMOA en raison de la dévaluation du franc CFA ; il a atteint 244 % en RCI en 1994 et près de 150 % au Mali en 1995. Par ailleurs en ZMAO, le poids de la dette publique s'est inscrit à 150 % du produit réel en Guinée en 2006. En raison des ressources budgétaires limitées, ces États n'avaient d'autre choix que de recourir aux jeux de Ponzi pour faire face au service de la dette tout en accumulant des arriérés plus ou moins importants.

Les estimations des relations entre dette publique et croissance économique mettent en exergue que l'endettement est neutre sur la croissance économique en Côte d'Ivoire et au Mali. Par contre au Nigeria, le niveau raisonnable d'endettement (soit 52,7 % du PIB en 2004), assure un effet positif du stock de la dette sur le développement économique, même si le faible impact de la dette domestique est plutôt négatif. Aussi si un choc sur la dette publique de Côte d'ivoire est résorbé à 28 % la première année, contre 47,2 % au Mali et seulement 14 % au Nigeria, l'endettement public retrouve son niveau d'équilibre à LT respectivement au bout de 3,5 ans, 2 ans et près de 7 ans.

Le programme de réduction de la pauvreté et la croissance du FMI avec ses effets déclencheurs sur l'annulation ou tout au moins le rééchelonnement important, ont permis à la plupart des pays de la CEDEAO d'asseoir un niveau d'endettement acceptable de telle sorte que le ratio de la dette publique est tombé à 17,8 % au Nigeria, 56,5 % au Ghana, 43 % en Guinée en 2012 contre 49,1 % en RCI, 32 % au Mali et 45 % au Sénégal sur la même période. Ce niveau d'endettement soutenable ne peut être un frein à l'accélération du processus d'intégration monétaire. Il convient dès lors d'éviter un réendettement trop excessif qui agirait au travers du service de la dette sur le solde de la balance des paiements et partant sur les réserves de change de la future Banque Centrale commune voire sur une dépréciation de la monnaie commune qui viendrait alourdir le stock de la dette et provoquer les tensions inflationnistes. La dette publique dans la sous-région doit être orientée vers les infrastructures, l'équipement, la santé publique, l'éducation, l'environnement… en somme doit être au service de la croissance économique et du développement.

*

* *

L'implémentation des politiques macroéconomiques de stabilisation aptes à maîtriser l'inflation, stabiliser le taux de change et extérioriser un niveau d'endettement correct, ne peut se faire sans une volonté politique affirmée des dirigeants de la CEDEAO. L'exemple des pays qui ont rejoint l'UEM d'Europe, devrait être pour nous une véritable source d'inspiration, car ils ont réussi à converger en dépit d'écarts relativement importants au départ. Si en absence de volonté politique rien ne pourra aboutir pendant encore plusieurs décennies, un soutien politique harmonisé et coordonné sera de nature à impulser à MT une dynamique d'intégration monétaire aboutie des deux zones. Pour preuve, la Guinée a réussi sur plus d'une décennie, de 1993 à 2004, un niveau d'inflation conforme aux critères de convergence actuels, alors que la période post-dévaluation a occasionné des niveaux d'inflation élevés partout dans l'UEMOA. C'est dire qu'avec la volonté politique, la convergence des niveaux d'inflation n'est pas un obstacle insurmontable loin s'en faut. Par ailleurs, en raison de relations de cause à effet entre la hausse du niveau général des prix et le taux de change réel, une faible inflation cause un taux de change stable, il apparaît donc clair que l'équilibre du TCER ne peut être non plus un handicap majeur à l'intégration monétaire dans un environnement où le PRPC du FMI doublé de l'initiative PPTE, a rendu la dette publique soutenable dans l'espace CEDEAO. Il revient donc aux politiques d'adopter une seule institution ouest-africaine de convergence et d'intégration monétaire dotée de moyens techniques et financiers importants.

ANNEXES

Annexe 1
Indépendance de la Banque Centrale de Grilli *et al.*

Indépendance politique :	BCEAO	BCRG	BOG	CBN
1. Ce n'est pas le gouvernement qui nomme le gouverneur de la BC :	1	0	0	0
2. Le mandat du gouverneur est de plus de cinq ans :	1	0	0,5	1
3. Ce n'est pas le gouvernement qui nomme tous les membres du CA :	1	0	0	0
4. Le mandat du CA est de plus de cinq ans :	0,5	1	1	1
5. Le gouvernement ne fait pas obligatoirement partie du CA de la BC :	1	1	1	1
6. Le gouvernement n'a pas à approuver les dispositions de la PM	0	0	0	0
7. Les statuts de la BC exigent qu'elle veille sur la stabilité monétaire :	1	1	1	1
8 Des dispositions légales existent pour affermir la position de la BC dans tout conflit avec le gouvernement :	0	0	0	0
Sous-total	**5,5**	**3**	**3,5**	**4**
Indépendance économique				
1. Le gouvernement n'a pas automatiquement accès aux facilités directes de crédit de la BC :	0	0	0	0
2. Les facilités directes du crédit sont disponibles au taux du marché :	1	0	0	0,5
3. Les facilités directes du crédit sont expressément temporaires :	1	0	0	0,5
4. les facilités directes du crédit limitent les sommes prêtées :	1	0	0	0,5
5. La BC ne joue aucun rôle sur le marché primaire de la dette publique :	0	1	1	1

6. La BC fixe le taux d'escompte :	1	1	1	1
7. La surveillance de l'activité bancaire n'est pas confiée à la BC**/ ou n'est pas limitée à la BC* :	1,5	1	1	1
Sous-total :	**5,5**	**3**	**3**	**4,5**
Score Grilli *et al.* :	**11**	**6**	**6,5**	**8,5**

**= 2 points ; *= 1 point.

CA : Conseil d'Administration ; BC : Banque Centrale ; PM : politique monétaire.

Annexe 2
Une modélisation de l'indépendance de la Banque Centrale

A Indépendance légale et politique :	**6 points**
□ **A1 Mandat du gouverneur de la BC :**	
□ Supérieur ou égal à 6 ans :	1
□ Égal à 5 ans :	0,5
□ Inférieur à 4 ans	0,33
□ Non mentionné	0
□ **A2 Nomination du gouverneur de la BC :**	
□ Par le comité exécutif de BC	1
□ Par le parlement	0,5
□ Par le gouvernement	0
□ **A3 Révocation du gouverneur de la BC**	
□ Par le comité exécutif de BC	1
□ Par le parlement	0,5
□ Par le gouvernement	0
□ **A4 Le choix ou la révocation du comité exécutif de la BC est-il apolitique ?**	
□ Non	1
□ Oui	0
□ **A5 La BC intervient-elle dans le management public ?**	
□ Non	1
□ Oui	0
□ **A6 le gouverneur de la BC siège-t-il au Conseil des ministres ?**	
□ Non	1
□ Oui	0

B Indépendance relative à la stabilité des prix :	**4 points**
□ **B1 Objectif de stabilité des prix :**	
□ Principal voire l'objectif unique de la BC	1
□ Un objectif parmi d'autres de la BC	0,33
□ Pas mentionné dans les missions de la BC	0
□ **B2 L'objectif de niveau d'inflation cible de la BC existe-t-il ?**	
□ Oui	1
□ Non	0
□ **B3 La politique des taux d'intérêt est-elle librement assurée par la BC ?**	
□ Oui	1
□ Non	0
□ **B4 La BC est-elle indépendante dans le choix et la mise en œuvre des instruments de la politique monétaire ?**	
□ Oui	1
□ Non	0
C Indépendance de la stratégie des changes de la BC :	**4 points**
□ **C1 L'intervention sur le marché des changes est décidée par :**	
□ La Banque Centrale	1
□ La Banque Centrale conjointement avec le gouvernement :	0,5
□ Le gouvernement	0
□ **C2 La régulation du marché des changes est assurée par :**	
□ La Banque Centrale	1
□ La Banque Centrale conjointement avec le gouvernement :	0,5
□ Le gouvernement	0
□ **C3 L'emprunt sur marché des changes est fait par :**	
□ La Banque Centrale	1
□ La Banque Centrale conjointement avec le gouvernement :	0,5
□ Le gouvernement	0
□ **C4 Le management de la stratégie des changes est assuré par :**	
□ La Banque Centrale	1

☐ La banque Centrale conjointement avec le gouvernement :	0,5
☐ Le gouvernement	0
D Indépendance fiscale ou financière :	**6 points**
☐ **D1 La responsabilité de la politique monétaire est assumée par :**	
☐ La Banque Centrale	1
☐ La Banque Centrale conjointement avec le gouvernement :	0,5
☐ Le gouvernement	0
☐ **D2 L'arbitrage en cas de conflit est tranché par :**	
☐ La Banque Centrale conformément à la loi	1
☐ Le CE de la Banque Centrale et le gouvernent/parlement	0,5
☐ En dehors de la Banque Centrale	0
☐ **D3 Le financement monétaire du Trésor est :**	
☐ Interdit	1
☐ À l'intérieur des 20 % des recettes fiscales de l'année précédente	0,5
☐ Supérieur à 20 % des recettes fiscales de l'année précédente :	0
☐ **D4 Les conditions de prêt sont déterminées par :**	
☐ La Banque Centrale	1
☐ La Banque Centrale et le gouvernement	0,5
☐ Par le gouvernement	0
☐ **D5 la durée des avances au Trésor :**	
☐ Est inférieure à 6 mois	1
☐ Est inférieure à 1 an	0,5
☐ Est supérieure à 1 an	0
☐ **D6 le taux d'intérêt appliqué :**	
☐ Le taux du marché	1
☐ Inférieur au taux du marché	0,5
☐ Pas d'intérêt	0

Annexe 3
Solvabilité et souténabilité budgétaires

$s^* = B/Y(r-y)$
$s^{**} = \beta(r-y)+ (1-u)X/Y\beta^*(r^*+\bar{e}-x)-1/V(\pi+y)$
β^*: stock de la dette extérieure
π: taux d'inflation
$\bar{e}$: variation du taux de change réel
B : stock de la dette publique
V : vitesse de circulation de la Base

		2001	**2005**	**2010**	**2013**	**prév. 2014**
Dette publique intérieure en % pib	b*	0,045	0,062	0,042	0,052	0,055
Dette publique en % pib	b	0,974	0,952	1,055	0,449	0,47
Tx intérêt réel	r	0,102	0,053	0,012	0,055	0,03
Tx crois pib réel	y	0,038	0,015	0,019	0,025	0,045
Dons ext en % du pib	u	0,03	0,04	0,004	0,031	0,04
1-u	1-u	0,97	0,96	0,996	0,969	0,96
Ratio Export/PIB	X/Y	0,27	0,259	0,291	0,269	0,31
Tx intérêt réel effectif	r*	0,045	0,045	0,045	0,03	0,025
Dépréciation réelle du change	e	0,1	0,2	0,252	0,005	0,005
Croissance réelle export	x*	0,089	0,018	0,026	0,021	0,025
(r*+e-x*)		0,056	0,227	0,271	0,014	0,005
(1-u)x/yb*(r*+e-x)		0,014	0,054	0,083	0,002	0,001
Vitesse de circulation	v	9,4	13	21,7	16,8	15
Degré de liquidité	1/v	0,106	0,077	0,046	0,060	0,067
Taux d'inflation	p	0,054	0,15	0,208	0,105	0,08
1/v(p+g)		0,010	0,013	0,010	0,008	0,008
Solde primaire de solvabilité	**s***	**0,062**	**0,036**	**-0,007**	**0,013**	**-0,007**
Solde primaire de Soutenabilité	**s****	**0,007**	**0,040**	**0,069**	**-0,005**	**-0,009**
Solde primaire effectif		-0,08	-0,023	-0,058	-0,05	-0,05
Ajustement solvabilité budgétaire		0,142	0,059	0,051	0,063	0,043
Ajustement soutenabilité budgétaire		0,087	0,063	0,127	0,045	0,041
PIB		5961	14793	32537	36002	37620
S* : contrainte budgétaire de solvabilité		**848**	**875**	**1647**	**2285**	**1616**
S**contrainte budgétaire de soutenabilité		**517**	**930**	**4126**	**1630**	**1560**

Annexe 4
Test de racine unitaire sur l'équilibre du marché des changes en Guinée

Les différentes variables du modèle présentent l'état de stationnarité suivant :

CR : stationnaire en niveau avec une constante ; t = -2,89, Pr = 0,05, I(0).

Dci : stationnaire en niveau avec une constante ; t = -5,24, Pr = 0,00, I(0).

Dppp : stationnaire en première différence avec une constante ; t = -5,02, Pr = 0,00, I(1).

ePFUM : stationnaire en niveau avec une constante ; t = -3,29, Pr = 0,02, I(0).

ePFPM : stationnaire en première différence avec une constante ; t = -8,12 ; Pr = 0,00, I(1).

ePMUM : stationnaire en première différence avec une constante ; t =-6,89 ; Pr = 0,00, I(1).

ePMPM : stationnaire en première différence avec une constante ; t =-3,04 ; Pr = 0,03, I(1).

MD : stationnaire en première différence avec une constante ; t =-3,34 ; Pr = 0,04, I(1).

R : stationnaire en niveau sans constante ni trend ; t=-2,33 ; Pr = 0,02, I(0).

MD* : stationnaire en première différence avec constante et trend ; t = -4,02 ; Pr = 0,01, I(1).

Rer : stationnaire en première différence avec constante ; t = -3,87 ; Pr = 0,00, I(0).

T : stationnaire en première différence avec constante ; t = -3,83 ; Pr = 0,00, I(1).

md : stationnaire en niveau avec constante, t = -2,92 ; Pr = 0,05, I(0).

md* : stationnaire en niveau avec constante, t = -4,08 ; Pr = 0,02, I(0).

Y : stationnaire en première différence avec constante ; t = -3,48 ; Pr 0,01, I(1).

Y* stationnaire en première différence avec constante ; t = -7,46 ; Pr 0,00, I(1).

'μ : stationnaire en niveau avec constante ; t = -3,48 ; Pr = 0,01, I(0).

rerPFPM : stationnaire en niveau sans constante ni trend ; t =-1,78 ; Pr = 0,07 I(0).

MD2 : stationnaire en niveau avec constante ; t =-7,24 ; Pr = 0,00, I(0).

MD3 : stationnaire en niveau avec constante ; t = -3,98 ; Pr = 0,00 I(0).

Références bibliographiques

A. Ashsan, M. Skuly & J. Wickramanayoke : *Determinants of Central Bank independence and governance : problems and policy implications.* JOAAG vol 1 N° 1 2006 Monash University Australia.

A. M. Dalandi : *An Evaluation of the impact of Central Bank of Nigeria monetary policy on the developement of the Nigeria economy.* MBA/ADMIN/41920/2004-2008 Ahmadu Bello University-October 2005.

A. Siri : *Règle de politique monétaire optimale pour la future Banque Centrale des pays de la CEDEAO* ; une analyse VAR. JEL C01, E42, E61, F31.

A. Delage et A. Massiera : *Le franc CFA, bilan et perspectives.* L'Harmattan 1994.

Amao : *Rapport sur la convergence macroéconomique 2007/* Guinée. Juillet 2008.

B. Gnimassou : *Taux de change et mésalignement du Franc CFA avant et après l'introduction de l'euro.* EconomiX-CNRS, Université de Paris-Ouest Nanterre La Défense.

B. Ka : *Degré de convergence des chocs macroéconomiques, choix de régime de change et dynamique d'intégration dans la CEDEAO.* UCAD octobre 2013.

Banque de France : Rapports annuels de la Zone Franc 1994, 1995, 2000, 2004, 2010, 2011.

BCEAO : Évolution de la convergence macroéconomique au sein de l'Union économique et monétaire ouest-africaine. Janvier 2009.

C. Couharde, I Coulibaly et O. Damette : *Taux de change d'équilibre et processus d'ajustement du Franc CFA.* JEL : C23, F31, 01.

C-O Chukwuka : *Why devaluation has not succeeded in Nigeria ?* Double gist ; com April 2013.

De Grauwe : *L'économie de l'intégration monétaire.*

Dr E. Addison : *Lessons from inflation targeting in developing countries, the case of Ghana.*

Dr Keshab R. B. & Mark K. A : *The effects of exchange rate on the trade balance in Ghana : evidence from cointégration analysis.* August 2005.

Dr Yves Ekoué Amaïzo : *Union monétaire et convergence.* Amaïzo. Info. Économie et management N° 114 janvier 2005.

F. Larchevêque et J. P. Testenoire : *Les enjeux de l'indépendance des Banques Centrales.*

F. Mishkin : *Monnaie, banque et marchés financiers.* 7e éd. Pearson Education 2004.

Felwine Sarr : *La souténabilité de la politique budgétaire dans la zone UEMOA : essai d'évaluation théorique et empirique* ; LEO, Université d'Orléans, janvier 2005.
G. Jacoud : *L'Europe monétaire ; zone euro : une monnaie, une pluralité de défis.* A. Colin 2006.
G. S. Epiphane : les politiques commerciales, l'union douanière (TEC) et le renforcement du marché régional de la CEDEAO. Études et document N° 10 ; février 2010.
J. T. Mathew : Measuring Central Bank Independence in twenty five countries : a new index quality.
J. Uzondu : Devaluing the Naira through the Black door. Nigerian Newsworld 08/01/2011.
J. C. Nascimento : *Analyse économétrique du choix d'un régime de change optimal pour une économie restreinte.* Revue financière vol 5, N° 2 CAEM 1984.
J. Lama : *Étude sur l'harmonisation des critères de convergence dans l'espace CEDEAO ; commission de la CEDEAO, rapport final,* Conakry juin 2011.
J. L. Guérin et A. Labrêche-Revil : *Intégration commerciale et intégration monétaire.* CEPII N° 204, septembre 2001.
M. Dembo Toe : *Calcul de l'indice des conditions monétaires dans l'UEMOA.* Juin 2012
M. A. Loto : *Does devaluation improve the trade balance of Nigeria (a test of Marshall-Lerner conditions).* Journal of economics and international finance ; vol. 3 (11), octobre 2011.
M. F. Touré : *Monnaie, change et inflation en Guinée.* L'Harmattan 2010.
M. Kassé : *Intégration et partenariat en Afrique, de l'UEMOA au NEPAD.*
MPC of BOG.
O. Ouédraogo : *Une monnaie unique pour toute l'Afrique de l'Ouest.* Karthala.
O. Ouédraogo : *Plaidoyer macroéconomique pour l'Afrique.* Karthala 1999.
P. Masson et C. Pattillo : *Une monnaie unique pour l'Afrique ? Finances et développement* décembre 2004.
P. Hugon : *La Zone Franc à l'heure de l'euro.* Éd Karthala, Paris 1999.
R. D. Asante et P Masson : *L'élargissement de l'union monétaire en Afrique de l'Ouest : le pour et le contre.* Finances et développement, mars 2001.
S. Dabone : Le *projet de zone monétaire unique en Afrique de l'ouest : Fondements, état des lieux et analyse prospective.* IDRI 2007.
S. J. Guillaumont : *L'indépendance de la Banque Centrale des États de l'Afrique de l'Ouest : une réforme souhaitable.* CERDI, CNRS-Université d'Auvergne.
WAMI/IMAO : Cotation et change dans les monnaies locales de la ZMAO. Rapport révisé/ Accra, Ghana avril 2007.

Remerciements

Mes vifs remerciements s'adressent tout d'abord à la BICIGUI et à la Banque Centrale qui ont bien voulu chacune en ce qui la concerne soutenir cette recherche de fond en comble et dont

La direction des études d'une part, celle du marketing d'autre part m'ont apporté une effective collaboration dans la recherche, la collecte et le traitement des données. J'associe également à ces remerciements le centre de documentation de la BCEAO.

Par ailleurs, je voudrais remercier tout particulièrement Dr Joachim Lama directeur national de l'économie au ministère de l'économie et des finances, Dr Cheick A. Tidiane Sylla ancien Vice-gouverneur de la BCRG, Dr Alain Fonteneau directeur des finances d'IRB (BNP Paribas) pour leur contribution technique efficace, sans oublier El hadj Saïdou Dara Barry,

Diatta Kaïbaye, Alhassane Yattara et Mamadi M Traoré tous de la BICIGUI.

Un ouvrage peut être un assemblage de plusieurs idées émanant de nombreux auteurs de divers horizons qui ont travaillé sur le même sujet et qui ont été souvent cités tout au long de cet ouvrage ; qu'ils en soient tous chaleureusement bien remerciés à leur tour.

Enfin toute ma profonde gratitude à M. Ibrahima Soumah, Amadou Kane, Jean-François Fichaux... du Conseil d'Administration de la BICIGUI.

À tous encore une fois merci.

Liste des tableaux

Liste des graphiques

Liste des régressions économétriques

Régression 22	Change et croissance économique en ZMAO	MVCE	250
Régressions 23	Change et inflation en CEDEAO	MVCE	251

MCO : Moindres Carrées Ordinaires
MVCE : Méthode Vectorielle à Correction d'Erreurs
VAR : Méthode d'Autorégression Vectorielle

Table des matières

Économie et Entreprise aux éditions L'Harmattan

Dernières parutions

REGARDS CROISÉS SUR LE CODESIGN
L'expérience du codesign dans trois écoles d'ingénieurs de Lille
Sous la direction de Roche Claude
Le codesign est une pratique de conception collaborative apparue récemment dans l'univers de l'innovation. Il promeut une approche transdisciplinaire de la conception, permettant notamment de confronter les expertises pointues à la vision des simples usagers. Cet ouvrage répond à plusieurs interrogations : comment concevons-nous le codesign et son animation, comment les étudiants ont-ils vécu cette expérience, quels en sont les effets sur la formation et au-delà leur impact prévisible en entreprise ?
(31.00 euros, 308 p.)
ISBN : 978-2-343-03761-5, ISBN EBOOK : 978-2-336-35142-1

POUR UNE POLITIQUE DU RISQUE
Comprendre et agir
Sous la direction de Bernard Guillon
Les contributions ici réunies portent attention à de nouveaux secteurs comme à des initiatives proactives dans l'univers particulier du risque. Que l'on ait à faire à des entreprises privées, à des groupes liant les sociétés aux structures publiques ou encore à des collectivités territoriales, ces travaux montrent la nécessité d'adopter une vision managériale des problèmes ouvrant la voie à de réelles opportunités.
(Coll. Recherches en Gestion, 37.00 euros, 360 p.)
ISBN : 978-2-343-03780-6, ISBN EBOOK : 978-2-336-35267-1

GÉOSTRATÉGIE DES ENTREPRISES
Propositions pour la zone OHADA
Garrier Claude - Préface Mamadou Koulibaly
L'auteur montre aux entrepreneurs africains que l'étatisme français est préjudiciable à la croissance de leur activité. Les propositions pour la zone OHADA sont aussi nécessaires pour les PME d'Europe souvent plus grosses que leurs cousines africaines et d'autant plus en mesure de «monter à l'assaut» commercial de la planète. L'ouvrage expose les modes de raisonnement du géo-stratège et présente divers outils juridiques.
(Coll. Le droit en marche, 38.00 euros, 378 p.)
ISBN : 978-2-343-03376-1, ISBN EBOOK : 978-2-336-35230-5

DIRIGEANT (LE) DE SOCIÉTÉS COMMERCIALES (Tome 1)
Le dirigeant sociétal officiel
Ayangma Ayangma Joseph - Préface de Jean Gatsi
Le véritable dirigeant n'est pas nécessairement celui qui trône au sommet de la pyramide sociétale. Le dirigeant connu, dont il est question dans ce premier tome, est simplement un manager officiellement consacré et, par voie de corollaire, hissé au sommet de la pyramide sociétale. Il est légalement et solennellement le gestionnaire sociétal et engage éventuellement, en cette qualité, sa responsabilité.
(Coll. Harmattan Cameroun, 33.00 euros, 328 p.)
ISBN : 978-2-343-02509-4, ISBN EBOOK : 978-2-336-35205-3

DIRIGEANT (LE) DE SOCIÉTÉS COMMERCIALES (Tome 2)
Le dirigeant sociétal effectif
Ayangma Ayangma Joseph
Préface de Jean Gatsi
Le véritable dirigeant de la société commerciale, c'est-à-dire celui qui détient le pouvoir et l'exerce directement ou indirectement dans la société commerciale, serait le dirigeant le dirigeant effectif ou «en veilleuse». Il décide et fait prévaloir sa rationalité au dirigeant officiel, qui se charge de l'appliquer. Celui-ci devient une sorte d'agent d'exécution, à défaut d'être spectateur de l'exercice du pouvoir managerial. Pourtant, le dirigeant en veilleuse n'a pas toujours recours à un pouvoir de fait pour s'imposer dans la gestion.
(Coll. Harmattan Cameroun, 37.50 euros, 372 p.)
ISBN : 978-2-336-30128-0, ISBN EBOOK : 978-2-336-35206-0

COMMENT (RE)FAIRE DE LA FRANCE UN PAYS ENTREPRENANT ?
Daniel Laurent, Lirzin Franck - Préface de Claude Bébéar ;
avec la collaboration de Hubert Lévy-Lambert
Comment relancer l'économie française et en exploiter le formidable potentiel ? Le pays a déjà été confronté à des situations semblables à la fin du XIXe siècle ou après 1945, et chaque fois il a su se réinventer. Après Friedman et Keynes, voici venu le temps de Schumpeter et de la «destruction-créatrice». Loin du déclinisme actuel, ce livre montre au travers d'exemples précis que les initiatives se multiplient pour créer un nouveau «modèle français», original et performant.
(19.00 euros, 184 p.)
ISBN : 978-2-343-00992-6, ISBN EBOOK : 978-2-296-53749-1

FILIÈRE (LA) PORCINE EN FRANCE
Le porc français a-t-il un avenir ?
Marzio Antoine
Consommerons-nous encore du porc français dans dix ans ? Et de quelle qualité ? Après une visite détaillée de la filière, ce livre analyse la question environnementale, du bien-être animal, des surconsommations vétérinaires, de l'hyperconcentration des élevages en Bretagne, et propose des solutions axées sur le redéploiement géographique, la diversification des races de porcs et des techniques d'élevage et la montée en gamme.
(23.00 euros, 232 p.)
ISBN : 978-2-343-00634-5, ISBN EBOOK : 978-2-296-53791-0

ÉCONOMIE (L') SOCIALE ET SOLIDAIRE ET LE TRAVAIL
Sous la direction de Patrice Braconnier et Gilles Caire
Dans un contexte où l'accès à l'emploi se fait toujours plus difficile et où les conditions de travail se durcissent, l'économie sociale et solidaire est-elle en mesure de proposer des façons de «travailler autrement» ? Existe-t-il une spécificité de l'emploi et de l'organisation du travail dans le champ de l'ESS ? Entre travail et bénévolat, entre salariat et entrepreneuriat, entre employeurs et employés, les frontières au sein de l'ESS sont floues. Mais peut-elle encore proposer de nouvelles utopies en matière de travail ?
(Coll. L'esprit économique, série L'économie formelle, 26.00 euros, 252 p.)
ISBN : 978-2-343-00563-8, ISBN EBOOK : 978-2-296-53764-4

ART (L') DE LA CRISE
Prévenir, contenir et sortir d'une situation sensible
Fusalba Thierry
L'objectif de cet ouvrage est de proposer aux organisations prises dans le maelström des événements une méthode fiable et performante qui leur permette d'avoir des points de repères solides afin d'élaborer une stratégie de sortie de crise efficace. L'auteur propose une réflexion sur la stratégie, sur l'organisation et l'entraînement des cellules de crises, sur l'exploitation des enseignements ainsi que sur le management et la communication de crise.
(34.00 euros, 332 p.)
ISBN : 978-2-343-00042-8, ISBN EBOOK : 978-2-296-53717-0

CONTRÔLE (LE) DES CONCENTRATIONS TRANSNATIONALES
Burnier Da Silveira Paulo
Préface de Bruno Lasserre ; avant-propos de Vinicius Carvalho
Les concentrations transnationales augmentent et les systèmes de contrôle des concentrations se multiplient. Alors que les enjeux économiques revêtent désormais une dimension internationale, les mécanismes juridiques de régulation demeurent cantonnés à une échelle nationale ou régionale. Le risque : être confronté à des décisions contradictoires ou incohérentes rendues par différentes autorités de la concurrence... Des mécanismes de régulation s'imposent, ainsi que l'adoption par l'OMC de règles contraignantes.
(39.00 euros, 406 p.)
ISBN : 978-2-336-29198-7, ISBN EBOOK : 978-2-296-53776-7

DES HOMMES ET DES RISQUES
Le rôle des assurances dans la construction des sociétés humaines
Nabeth Marc
Préface de Jean-Hervé Lorenzi - Postface de François-Xavier Albouy
Il est difficile d'imaginer un monde sans assurance ni protection sociale de nos jours. Pourtant, pour plus de 80% de la population des pays en développement, l'absence d'assurance est une réalité tangible. Les témoignages que ces personnes nous livrent sur leur perception des risques et leur créativité pour y faire face démentent de nombreux préjugés religieux, sociaux et culturels. L'enjeu est stratégique : il révèle le rôle essentiel de l'assurance dans la construction des sociétés humaines.
(Coll. Affaires stratégiques, 20.00 euros, 194 p.)
ISBN : 978-2-343-00120-3, ISBN EBOOK : 978-2-296-53744-6

INTELLIGENCE STRATÉGIQUE ET ÉNERGIE : UN TANDEM INDISSOCIABLE AU SERVICE D'UNE NOUVELLE GÉOPOLITIQUE
Du Castel Viviane
Voici un éclairage sur les enjeux énergétiques de demain, à travers la grille de lecture que propose l'intelligence économique et stratégique. Celle-ci permet, grâce à ses capacités d'analyse et d'investigation, de se projeter dans l'avenir, d'anticiper les évolutions et de se positionner en leader sur le marché international de l'énergie.
(Coll. Intelligence stratégique et géostratégie, 28.00 euros, 276 p.)
ISBN : 978-2-336-00726-7, ISBN EBOOK : 978-2-296-53876-4

DES MARCHÉS SANS FOI NI LOI
Bensebaa Faouzi, Boudier Fabienne
Tout est vendable, tout est échangeable, tel est le credo des « drôles de marchés ». Parmi eux, les « marchés sans foi ni loi ». Jetant aux orties le sacré, contournant la règle ou profitant de ses imperfections, ils sont peu visibles du grand public. Pourtant, les pratiques que l'on y découvre sont inédites et permettent souvent à des acteurs situés à la marge du système de se rencontrer. Ces « marchés sans foi ni loi » peuvent tout aussi bien être facteurs de désordre et de transgression que sources de créativité.
(Coll. Drôles de Marchés, 14.00 euros, 132 p.)
ISBN : 978-2-343-00469-3, ISBN EBOOK : 978-2-296-53537-4

PROJETS ET ENTREPRENEURIAT AU SEIN DES PAYS ÉMERGENTS
Coordonné par Robert Paturel
Voici les dernières investigations réalisées dans des pays émergents. Le rôle de trois institutions de formation dans le développement de l'entrepreneuriat est exposé, puis des particularités de trois autres contrées permettant de voir la façon dont leur entrepreneuriat est stimulé sont relevées. Enfin, ce livre étudie l'entrepreneuriat féminin : objet d'un projet d'envergure au Maroc, il est analysé différemment à Madagascar et en Turquie.
(CEDIMES, Coll. Mouvements Économiques et Sociaux, 31.00 euros, 316 p.)
ISBN : 978-2-343-00345-0, ISBN EBOOK : 978-2-296-53631-9

RAPPORTS (LES) ENTRE AUTORITÉS DE RÉGULATION EN MATIÈRE DE CONCURRENCE

Medjnah Mourad

Parce que le droit suit le mouvement du marché et compte tenu de la réalité économique des secteurs régulés, la quête d'une réelle efficacité des autorités de régulation et d'une meilleure protection de la sécurité juridique des acteurs de marché (entreprises et consommateurs) commande d'adopter une nouvelle conception de régulation, selon laquelle des rapports équilibrés entre les deux types de régulateur doivent progressivement laisser place à un processus d'intégration des régulateurs sectoriels au sein du régulateur commun de la concurrence.

(79.00 euros, 892 p.)

ISBN : 978-2-336-29750-7, ISBN EBOOK : 978-2-296-53649-4

TAUX D'INTÉRÊT ET MARCHÉS FINANCIERS

Daniel Laurent, Ruimy Michel

Les taux d'intérêt ont récemment acquis une place centrale au sein des marchés de capitaux. Cet ouvrage vise à mieux cerner le «prix de l'argent» à travers trois axes : l'évolution de la place des taux d'intérêt dans l'économie, les impacts des fluctuations sur le comportement des ménages, des entreprises et de l'État ; et enfin le marché monétaire et la courbe des taux pour décrypter les dernières évolutions de la politique monétaire. Un ouvrage didactique, illustré par de nombreux exemples.

(Coll. L'esprit économique, série Cours Principaux, 22.00 euros, 226 p.)

ISBN : 978-2-343-00362-7, ISBN EBOOK : 978-2-296-53423-0

QUOTIDIEN (LE) DES BÂTISSEURS OU L'HISTOIRE HUMAINE D'UNE CONSTRUCTION

Revon Jacques - Préface de François Rebsamen

La philosophie dégagée à travers ce témoignage photographique se veut avant tout humaniste : un vrai patrimoine à transmettre et à faire découvrir. Les images (photos toutes réalisées par l'auteur) témoignent du travail et de l'engagement d'ouvriers, de compagnons, de cadres, tous en action, au rythme des saisons en toutes circonstances. Chaque chapitre aborde une étape de la vie d'un chantier : une phase de construction, un métier, une méthode, un événement de chantier, une cérémonie... (Nombreuses illustrations en couleur.)

(35.00 euros, 264 p.)

ISBN : 978-2-343-00100-5, ISBN EBOOK : 978-2-296-53419-3

INDUSTRIE (L') EN CALE SÈCHE – Matière premières : de la gestion des flux aux rapports de forces

Charles Thierry

À force d'abnégation les gueules noires des siècles passés ont permis le développement industriel de notre pays. «Il faut rappeler aux nations croissantes qu'il n'y a point d'arbre dans la nature qui, placé dans les meilleures conditions (...) puisse grandir et s'élargir indéfiniment» (Paul Valery, 1931) Pour l'avenir de l'industrie, la crise des matières premières et de l'énergie est mère de toutes les batailles. Quant aux choix qui s'offrent à nous, ils doivent désormais être considérés comme des choix de civilisation.

(21.00 euros, 206 p.)

ISBN : 978-2-336-00868-4, ISBN EBOOK : 978-2-296-53416-2

ART (L') DE DIRIGER ?

Lajous Olivier

L'art de diriger conduit à conjuguer de nombreux paramètres humains, techniques et financiers en vue de faire aboutir un projet dont les valeurs partagées assurent la cohésion de l'équipe qui le porte. Il suppose de la part des dirigeants la maîtrise de la savante alchimie entre savoir, savoir être, savoir-faire et faire savoir. L'autorité, le bonheur, l'esprit d'innovation, la gestion du temps et du sens sont autant d'ingrédients de cette alchimie qui fait les grands capitaines d'entreprise.

(Coll. Diplomatie et stratégie, 16.50 euros, 164 p.)

ISBN : 978-2-343-00175-3, ISBN EBOOK : 978-2-296-53352-3

L'HARMATTAN ITALIA
Via Degli Artisti 15; 10124 Torino

L'HARMATTAN HONGRIE
Könyvesbolt ; Kossuth L. u. 14-16
1053 Budapest

L'HARMATTAN KINSHASA
185, avenue Nyangwe
Commune de Lingwala
Kinshasa, R.D. Congo
(00243) 998697603 ou (00243) 999229662

L'HARMATTAN CONGO
67, av. E. P. Lumumba
Bât. – Congo Pharmacie (Bib. Nat.)
BP2874 Brazzaville
harmattan.congo@yahoo.fr

L'HARMATTAN GUINÉE
Almamya Rue KA 028, en face du restaurant Le Cèdre
OKB agency BP 3470 Conakry
(00224) 60 20 85 08
harmattanguinee@yahoo.fr

L'HARMATTAN CAMEROUN
BP 11486
Face à la SNI, immeuble Don Bosco
Yaoundé
(00237) 99 76 61 66
harmattancam@yahoo.fr

L'HARMATTAN CÔTE D'IVOIRE
Résidence Karl / cité des arts
Abidjan-Cocody 03 BP 1588 Abidjan 03
(00225) 05 77 87 31
etien_nda@yahoo.fr

L'HARMATTAN MAURITANIE
Espace El Kettab du livre francophone
N° 472 avenue du Palais des Congrès
BP 316 Nouakchott
(00222) 63 25 980

L'HARMATTAN SÉNÉGAL
10 VDN en face Mermoz, après le pont de Fann
BP 45034 Dakar Fann
33 825 98 58 / 33 860 9858
senharmattan@gmail.com / senlibraire@gmail.com
www.harmattansenegal.com

L'HARMATTAN BÉNIN
ISOR-BENIN
01 BP 359 COTONOU-RP
Quartier Gbèdjromèdé,
Rue Agbélenco, Lot 1247 I
Tél : 00 229 21 32 53 79
christian_dablaka123@yahoo.fr

Achevé d'imprimer par Corlet Numérique - 14110 Condé-sur-Noireau
N° d'Imprimeur : 113350 - Dépôt légal : novembre 2014 - *Imprimé en France*

www.ingramcontent.com/pod-product-compliance
Lightning Source LLC
LaVergne TN
LVHW011254061026
849535LV00005B/1257